Heinrich Schipperges

Die Kranken im Mittelalter

Heinrich Schipperges

Die Kranken im Mittelalter

Verlag C. H. Beck München

Mit 22 Abbildungen
(Archiv des Instituts für Geschichte
der Medizin der Universität Heidelberg)

CIP-Titelaufnahme der Deutschen Bibliothek

Schipperges, Heinrich:
Die Kranken im Mittelalter / Heinrich Schipperges.
– 3., erg. Aufl. – München : Beck 1993

ISBN 3-406-33603-5

ISBN 3 406 33603 5

Dritte, ergänzte Auflage. 1993

Satz: Hieronymus Mühlberger GmbH, Gersthofen
Druck- und Bindearbeiten: Ebner Ulm
Gedruckt auf alterungsbeständigem (säurefreiem) Papier,
gemäß der ANSI-Norm für Bibliotheken
Printed in Germany

Inhalt

Dritter Teil

Einrichtungen des öffentlichen Gesundheitswesens

Vierter Teil
Sinn von Kranksein und Leiden

Anhang

Vorwort zur ersten Auflage

Das Mittelalter ist in den letzten Jahren in überraschendem Ausmaß in den Mittelpunkt des öffentlichen Interesses gerückt. Dies gilt für die dramatischen politischen Ereignisse dieses Jahrtausends ebenso wie für seine noch weithin unerschlossene Wirtschafts- und Sozialgeschichte. Es gilt nicht zuletzt auch für die Medizin.

In keinem Kulturkreis und zu keiner Epoche waren Gesundheit und Krankheit stärker mit den existentiellen Fragen des Menschen verbunden als im Mittelalter. Im Kranksein erfuhr der Mensch die Erlösungsbedürftigkeit der ganzen Schöpfung, und in der Heilung sah er ein Zeichen ewigen Heils.

Als Kranken bezeichnen wir heute einen Mitbürger, der nach einer bestimmten Diagnose einer ärztlichen Therapie zugeführt wird und damit den Status eines «Patienten» erhält; er bleibt solange «krank», bis er von einem Experten wieder «gesund» geschrieben wird. Das Mittelalter dachte da anders. «Kranksein» war damals kein festumrissener Status, wie auch «die Krankheiten» kaum begrifflich genauer zu fassen waren. Dies gilt auch für das islamische Mittelalter, für die Welt des kranken Menschen in der arabischen Hochkultur, auf die wir immer wieder einen Blick werfen. Auch dort ging es bei der Krankheit um den ganzen Menschen in seiner labilen Existenz, um Heilung und Heil.

Was uns bei der Lektüre mittelalterlicher Texte zunächst ins Auge fällt, ist die Selbstverständlichkeit, mit der scheinbar polar gespannte Begriffe wie Natur und Geist oder Leib und Seele als ein Ganzes gefaßt und in eins gedeutet werden. Dies wird besonders deutlich, wenn wir erleben, wie Arzt und Patient, beide, einander in der Unsicherheit ihrer Existenz begegnen, wie beide auch zu einem Vertrauensverhältnis finden, das den ganzen Menschen in einen therapeutischen Prozeß bringt, in dem die «Barmherzigkeit» wichtiger ist als das Heilmachen um jeden Preis. Aus dem Wissen um das grundsätzlich gebrochene Dasein stammt nicht zuletzt auch die Sorge, eine Grundhaltung des mittelalterlichen Menschen, die keinen von der Fürsorge ausschließt.

Was uns heutige Menschen, die wir alle einmal mit dem «System Medizin» als einer Behandlungs- und Versorgungseinrichtung in Berührung kommen, am meisten imponiert, ist die Sorge für das Gesundsein, ehe man krank wird, sind die oft so erstaunlichen Regeln einer gesunden Lebensführung im Alltag, wie sie nur kommen können aus der Weisheit einer in Erfahrung gereiften Lebensordnung, die ihre Richtlinien aus der großen, uns übergeordneten Naturordnung nimmt.

Die Natur erscheint dem mittelalterlichen Menschen niemals als eine selbständige, uns übermächtigende Kraft, die wir bewältigen oder gar beherrschen sollten, sondern als geschenkte Kreatürlichkeit, als uns aufgegebene Schöpfung, als ein Acker, den wir zu bestellen haben. Nur so läßt sich von einer «Heilkraft der Natur» sprechen und von natürlichen Heilmaßnahmen, wie sie uns so reichlich mit Pflanzen und Steinen und allen Dingen dieser Erde in die Hand gegeben sind. Krankheiten wie auch Heilmittel werden durchgehend als Zeichen empfunden, die es anzunehmen und zu deuten gilt.

Mit den «Kranken im Mittelalter» tritt uns eine Welt an Not und Elend, aber auch an Fürsorge, Hilfe und mitmenschlicher Haltung vor Augen. Texte und Bilder regen den Leser dazu an, sich weiter zu vertiefen in eine Welt, die uns vielfach noch unbekannt und doch so vertraut ist.

Heidelberg, im Herbst 1989 Heinrich Schipperges

Vorwort zur dritten Auflage

Das Buch «Die Kranken im Mittelalter» hat durchweg freundliche Aufnahme gefunden, was sicherlich dem wachsenden Interesse am Mittelalter zu verdanken ist, aber auch dem existentiellen Stellenwert von Kranksein und Leiden im Leben des Menschen.

Einige Fehler und Verwechslungen konnten korrigiert werden. Von fachkundiger Seite wurde eine weitergehende Dokumentation wichtiger Texte gewünscht. Beigefügt wurde daher ein Literatur-Nachtrag, der sowohl dem Beleg der angeführten Quellen dienen als auch dem interessierten Leser weiterführende Darstellungen zum Themenkreis «Kranke im Mittelalter» empfehlen sollte.

Heidelberg, im Frühjahr 1992 Heinrich Schipperges

Dialogisches Vorspiel

«Wir Menschen, wir alle, von Mühsal beladen, von Nöten geplagt, von Drangsal verfolgt, wir finden uns wieder in der Situation des leidenden Hiob. Wir tragen – mit dem Apostel Paulus – unsere Krankheit im Fleische, tragen zeitlebens mit uns diesen Stachel des Todes. Wir alle befinden uns in der Lage eines Reisenden, des ‹homo viator›, der unterwegs – ‹in statu viatoris› – allein von der Hoffnung lebt und sein Heil zu wirken hat unter Furcht und Zittern.»

Mit diesen eindrucksvollen Worten führt uns ein Klosterarzt aus der Zeit um das Jahr 800 ein in die Welt des kranken Menschen. Mit ganz einfachen Gedanken will der uns unbekannt gebliebene Mönch seine Erfahrungen mitteilen, nicht im Ciceronischen Stil und nicht nach eleganter Manier der Humanisten, sondern mit den schlichten Worten der Bibel und seiner klösterlichen Überlieferung, in der literarischen Form eines fingierten Dialogs.

Am Anfang dieses Gespräches steht das Bild von der Welt und vom Menschen. Aus Gott geht alles, die Fülle der Schöpfung, hervor, und alles ist gut: «Denn Gott schuf Himmel und Erde, das Meer und alles, was darin lebt. Des Herren ist daher die Fülle des Erdkreises mit allem, was darin wohnt. So ruft auch der Psalmist zum Herrn: Dein sind Himmel und Erde; die Fülle der ganzen Schöpfung hast Du gegründet.» Und so ist alles gut. Wenn trotzdem das Böse in Erscheinung tritt und so viel Übles sich zeigt wie auch die Krankheit, dann ist es sich selbst sein eigener Urheber, und nicht Gott.

In dieser Situation aber muß der Arzt alles, was die Natur bietet, als Hilfe annehmen und benützen, auch die Schriften der heidnischen Gelehrten, diese allerdings mit Kritik und Distanz, nach dem Wort, daß man Gold auch auf dem Misthaufen findet. Der Mensch in seiner Not soll also Weisheit und Wissen suchen, wo er sie findet, vor allem aber jene Weisheit, welche die Alten «Philosophie» nannten.

Das Grundgerüst der frühmittelalterlichen, philosophisch begründeten Wissenschaftstheorie ist denkbar einfach. Es gibt nur drei Wissenschaften: die *Logik*, die das scholastische «Trivium» mit Grammatik, Dialektik, Rhetorik umfaßt; die *Physik*, zu der alle Realwissenschaften des «Quadrivium» zählen und damit auch die Medizin, und die *Ethik* mit ihrem Grundgefüge der Kardinaltugenden, der Klugheit, Gerechtigkeit, Tapferkeit sowie dem Maßhalten.

In dieses System wird nun systematisch eingebaut auch das ärztliche Tun. Die Heilkunst ist die Wissenschaft von der Heilbehandlung. Sie ist erfunden worden zum Maßhalten des gesunden Leibes (ars conservandi sanitatem) und zur Heilung des kranken Körpers (ars restituendi sanitatem). Der Wert einer solchen Wissenschaft ist schon vielfach im Alten Testament dokumentiert und noch einmal besonders schön beim Apostel Paulus, der die Heilkunst geradezu ein «Geschenk des Heiligen Geistes» genannt hat.

Das Amt des Arztes wird als ein zweifaches verstanden: die Krankheit zu heilen und die Gesundheit zu behüten. So schon Augustinus in seiner «Enarratio in psalmum VII», wo es heißt: «Zweifach ist der Auftrag der Heilkunst: die Krankheit zu heilen und Gesundheit zu bewahren.» Auch bei Thomas von Aquin lesen wir: «Die Medizin hat zweierlei Aufgaben. Die eine besteht darin, das Krankhafte hin zur Gesundheit zurückzulenken. Dies braucht der Kranke. Die andere Aufgabe richtet sich nach vorwärts, hin auf die vollkommene Gesundheit. Dies gilt nicht für den Kranken, wohl aber für den Gesunden.» In diesem zweiten Aspekt ist die Medizin Vorsorge, und diese bildet eine Stufenleiter, auf welcher der relativ Gesunde aufsteigt zu immer mehr Gesundheit bis an die Grenzen seiner natürlichen Fähigkeit, seiner «virtus», der Tugend als einem Tauglichsein.

Bleiben wir noch bei unserem frühmittelalterlichen Zwiegespräch, das uns einführt in die Welt des kranken Menschen. Warum aber, so wird energisch gefragt, befallen denn überhaupt den Menschen Krankheiten, wo der Schöpfer doch so gütig und allmächtig und auch allwissend ist?

Krankheiten – so die erste, grundsätzliche Antwort – befallen den Menschen aus dreierlei Gründen: erstens wegen der Sünde, der Urschuld, aber auch bei persönlichem Versagen, wie wir es etwa bei Saulus finden, ehe er zum Paulus wurde; zweitens zur Erprobung der Tugend, wie man das aus der Geschichte des blinden Tobias entnehmen kann; drittens aus unmäßiger Leidenschaft, wie dies aus unserem oftmals verfehlten Lebenswandel resultiert. Während für die ersteren beiden Leiden die Gnade als Heilmittel dient, brauchen wir für das letztere die Heilmittel der Medizin.

Zur Debatte steht nun die Frage, warum überhaupt noch eine Heilkunst notwendig ist, da Gott allein doch Herr über Leben und Tod ist. Hier muß der Klosterarzt zugeben, daß Gott uns prinzipiell auch ohne Heilmittel gesund machen, daß er Wunder wirken, daß er allein durch Sein Wort alles wiederherstellen kann. Und dennoch hat Gott *uns* die Sorge um das Heil der Welt übertragen. Im Verlaufe des Dialoges werden dafür weitere Beispiele von kranken Heiligen angeführt, die in ihrer Not den Arzt riefen und heilende Maßnahmen nicht verschmähten.

Dann aber folgt der entscheidende Passus, der alle Begriffe um Gesundheit und Krankheit wiederum relativiert und das Ganze nochmals in Frage stellt. Es heißt da nämlich an zentraler Stelle: «Gar heilsam (salubris) kann eine Krankheit sein, wenn sie das Herz in seiner Verhärtung aufbricht, und sehr gefährlich (valde perniciosa) ist eine Gesundheit, die den Menschen doch nur dazu verführt, weiter seinen Lüsten zu frönen.»

Gesundheit und Krankheit besagen also aus sich selbst nichts über Heil und Unheil des Menschen; beide sind äußerst relativ und bedürfen eines übergeordneten Bezugssystems. Das wird mit zahlreichen weiteren Beispielen belegt: Der Herr züchtigt, den Er lieb hat. Gott will uns heimsuchen mit Seinem Heil. Von Lastern geplagt, von Geißeln geschlagen, soll der Mensch sich nicht überheben. Und während er Schmerzen erduldet, wird er abgehalten, das Weltliche zu lieben.

Den «Sinn von Kranksein» zu verstehen, ist gar nicht so leicht. Man soll nicht murren in der Trübsal. Man soll in Geduld seine Seele besitzen. Man hat immer daran zu denken, daß die Leiden dieser Zeit nicht zu vergleichen sind mit der zukünftigen Herrlichkeit. Wir sollten wissen, daß wir sechs Tage in Mühsal arbeiten müssen, um am siebenten Tage die Ruhe des ewigen Lebens zu haben.

Weshalb bedienen wir uns trotzdem der Heilkunst, wo doch keiner von uns sein Leben ohne große Mühsal durchlaufen kann? Stehen wir nicht alle in der Situation eines Hiob und tragen mit dem Apostel «die Krankheit im Fleische»? Doch – so der Dialog – wir haben das Beispiel Jesu, der selbst in seiner Not Menschenhilfe nicht verschmähte, der sich von einer Sünderin behandeln ließ, die Öl auf seinen Leib goß, und der damit zeigen wollte, wie sehr er der Heilkunst zugetan war.

Die Anwendung von Heilmaßnahmen, die Therapie, ist Grundpflicht eines jeden Geschöpfes, und die medizinische Technik sollte möglichst gründlich erlernt werden. Allerdings ist immer daran zu denken, daß auch die Mitwirkung der Gnade, die «actio gratiarum», dazugehört. Eine autonome Heilkunst ist im Mittelalter undenkbar.

Am Beispiel der Heilung des Blindgeborenen wird «der mystische Sinn» aller Heilmaßnahmen offenkundig: «Als Jesus nämlich den Blinden sah, spuckte er auf die Erde, machte aus der Spucke einen

Brei, strich ihn auf seine Augen und befahl ihm: Geh und wasche dich im Teiche Siloe.» So ward der Blinde sehend. Es ist auf eine tiefe Weise geheimnisvoll, wie hier «die Erde» zum Heilmittel wird. Hat Gott doch beschlossen, «daß aus eben dieser Erde allen Sterblichen das Heil geboren werde, wie es auch bei einem der alten Weisen heißt: Der Allerhöchste schuf aus Erde ein Heilmittel».

Dies wird noch weiter begründet: Der Mensch, aus Erde geformt, soll aus der gleichen Erde ein Heilmittel für seine Schwäche empfangen. «Nichts erzeugt ja die Erde ohne Grund, sondern alles mit Notwendigkeit, weshalb der Psalmist sagt: Von den Früchten deiner Werke wird satt die Erde; sie erzeugt Heu für die Lasttiere und Kräuter für den Dienst am Menschen.»

Daß niemand die irdischen Heilmittel verachten solle, wird im weiteren Zwiegespräch mit zahlreichen Stellen der Heiligen Schrift belegt. So hat der Evangelist Lukas offensichtlich Erfahrungen in der Heilkunst gehabt. So gab es berühmte Märtyrer, die sich eingehend mit medizinischen Studien befaßt hatten, man denke etwa an Kosmas und Damian. Im Alten Bunde wird mehrfach betont, daß ein kluger Mann die Heilmittel nicht verschmäht und die Künste der Ärzte zu achten hat. Gott will ja, wie Jesaja bezeugt, auch in den Wundern, die von Menschen vollbracht werden, geeehrt werden.

Nur eines ist dabei wichtig: daß sich ein Mittel nur dann heilsam auswirken kann, wenn man gesund werden will, um Gutes zu tun. Wer ohne diesen Vorsatz gesund werden will, betrügt sich nur selbst. Hier endet das Gespräch. Wir sollen uns um den Leib sorgen, soviel wir vermögen. Wir sollen ihn hegen, wie er es wert ist. Aber wir sollen nicht gesund werden, um unsere Begierden zu erfüllen, sondern um Gutes zu tun.

Keine beliebige Verwendung der Gesundheit wird deklariert, keine bloße Wiederherstellung des vorigen Zustandes (restitutio ad integrum), keine soziale Brauchbarkeit und private Genußfähigkeit oder wie moderne Formeln noch lauten. Selbst bei unheilbarer Krankheit bleibt schließlich noch ein Heilmittel: die Geduld im Leiden. Leben wir doch in der Zeit der Weinlese und sollen in die Kelter gestampft werden, um später als Wein beim Königsmahle zu dienen. Wie Weizen werden wir mit einem Mühlstein zerstoßen, um als Brot beim Mahl des großen Königs aufgetragen zu werden. Wir werden von den Trübsalen geplagt, um dereinst geläutert zu erscheinen. Die letzte Entscheidung über Krankheit oder Gesundheit und über die Wirksamkeit eines Mittels sollen wir deshalb Gott überlassen. Er will, daß alle Menschen heil werden.

Wir finden diesen eindrucksvollen Dialog gebildeter Mönche aus der Blütezeit der karolingischen Renaissance in einer wertvollen Handschrift, dem berühmten «Bamberger Kodex». Er wurde um das Jahr 800 niedergeschrieben, sehr wahrscheinlich in der Abtei Lorsch an der Bergstraße, dem «Monasterium sancti Nazarii», das damals eine eigene Schreibstube besaß. Hier entstanden die bedeutenden «Codices Laureshamenses», die in alle Welt gingen und sich heute noch in London, Heidelberg, Oxford wie auch in Bamberg befinden. Der «Lorscher Kodex», wie man ihn heute nennt, war lange im Besitz Kaiser Ottos III. und ging erst aus dessen Nachlaß über Heinrich II. an das Bamberger Domkapitel über.

Der Dialog zeigt: Will man sich in die Welt des kranken Menschen im Mittelalter einstimmen, muß man offensichtlich alles vergessen, was heute an äußerem Wissen vorherrscht und unseren Alltag bestimmt, was uns heute begegnet an Krankheiten und Heilmaßnahmen. Im Mittelalter steht – jenseits aller Operationen und Institutionen – der kranke *Mensch* im Mittelpunkt.

Im Umgang mit Kranken wird besonders jener menschliche Takt kultiviert, der sich aus Kontakt und Distanz bildet. In der persönlichen Begegnung entsteht der Auftrag der «humanitas», der wörtlich heißt: «Menschen zu bilden». Damit ist jene Anthropoplastik gemeint, die bereits dem griechischen Ideal der «paideia», der Bildung durch Gymnastik und Musik, zugrunde lag.

Nach dem arabischen Mystiker Ġazzālī ist das Heilsuchen des Kranken nur dann vernünftig, wenn man Heilung erstrebt, um ein geistig sinnvolles Leben zu führen. Will man lediglich eine Gesundheit, die arbeitsfähig macht, so gilt man bereits als geistig beschränkt. Ganz verrückt aber ist augenscheinlich die Kategorie derjenigen, die gesund werden wollen, um möglichst ungestört ihren Lüsten zu frönen, die nichts anderes wollen als den «Genuß ohne Reue».

Gesundheit und Krankheit werden im Mittelalter in einem größeren Zusammenhang gesehen. Sie dienen dem Heil des Menschen. Der Mensch kann in einer Schicht seines Wesens durchaus gesund sein und zugleich in einer anderen zu Tode krank darniederliegen. So beschreibt dies auch unser Lorscher Kodex: «Gar heilsam nämlich ist eine Krankheit, wenn sie das Herz des Menschen in seiner Verhärtung aufbricht, und sehr gefährlich ist eine Gesundheit, wenn sie den Menschen nur bestärkt in seinem unseligen Trott.»

Erster Teil

Bewertung von Gesundheit und Krankheit

Kranksein als existentielles Phänomen

In den «Gesta Romanorum», einer um 1350 entstandenen Sammlung oft phantastischer Erzählungen, fragt der König den Philosophen, in welcher Gesellschaft wohl der Mensch zu leben habe. Und der Philosoph antwortet: «Mit sieben Genossen, die ihn beständig plagen! Diese aber sind: Hunger, Durst, Kälte, Hitze, Müdigkeit, Krankheit und Tod. Rüste also deine Seele gegen den Bösen, die Welt und das Fleisch, deren Krieg oder Versuchungen verschieden sind.» Es heißt dann weiter, unter Berufung auf das Buch der Weisheit: «Der Leib geht dahin wie eine Loderasche, und der Geist zerflattert wie eine dünne Luft, unseres Namens wird mit der Zeit vergessen, und niemand wird unseres Tuns gedenken!»

Die «Gesta Romanorum» bringen diese besonders eindrucksvolle Geschichte unter dem Titel «Vom Lebenslauf des Menschen». Sein Lebenslauf, befristet zwischen Tod und Geburt, ist «elend die ganze Zeit unseres Lebens». Der Mensch ist «ein Knecht des Todes, ein Gast im Raum, ein Wanderer unterwegs». Er lebt mit schlimmen Gefährten: mit Hunger und Durst, Hitze und Kälte, Müdigkeit und Krankheit, und nicht zuletzt mit dem Tod.

Was wir hier vorfinden, ist nichts anderes als die Situation des armen Lazarus, der krank und elend vor der Türe des reichen Prassers liegt. Ein Bild des Jammers, wie es oft genug in der hoch- und spätmittelalterlichen Kunst dargestellt wurde. In seiner Betrachtung vom «Liliental» gibt Thomas von Kempen seine eigene, weltabgewandte Deutung des Gleichnisses vom armen und kranken Lazarus, der ausruft: «Ich bin arm und elend, o hilf mir!» Die Klage und Bitte des Psalmisten wird von Thomas von Kempen wie folgt gedeutet:

«Dies ist die Stimme des Armen und Kranken, der von Gott das Reich Gottes erflehen will. O Armer und Kranker, ertrage geduldig die Schmerzen des Leibes und den Mangel an Speise und Kleidung noch eine kurze Weile; denn du wirst nicht lange hier sein und leiden! Danke Gott dafür, weil es leichter ankommt, mit den Armen und Schwachen in dieser Welt gegeißelt, als später mit den Reichen und Mächtigen in der Hölle gepeinigt zu werden.» Das in erster Linie will uns der arme und kranke Lazarus zu bedenken geben. «Darum sollst auch du, Kranker, nicht murren, wenn du auf kurze Zeit ungetröstet, verlassen und von Schmerzen der Krankheit geplagt wirst, sondern denke, daß dir dieses auf Zulassung der göttlichen Erbarmung widerfährt, damit du hier geschnitten, hier gebrannt, dort nicht verloren gehst.» Aus diesem Grunde soll der Kranke sein Leiden mit Geduld ertragen und sich freuen, daß er dereinst mit Lazarus eingehen wird durch die Pforten des Himmels.

Es sind vor allem die großen Gestalten des Alten und Neuen Testamentes, die dem mittelalterlichen Menschen in dieser Hinsicht mahnend und belehrend vor Augen treten: der Mensch Hiob, der da redet mit Gott, um zu klagen und auch anzuklagen; der böse Herodes, der hier auf Erden schon anfängt, seine ewige Strafe abzubüßen; der Apostel Paulus, der geschlagen wird, um vor Hochmut bewahrt zu bleiben; die Heilung des Blinden, der nicht zur Bestrafung krank wurde, dessen Heilung vielmehr dem Ruhme Gottes zu dienen hat.

Die Bewertung der Krankheit im Mittelalter ist somit äußerst vielfältig und nicht immer auf eine Formel zu bringen. Krankheit ist sicherlich zunächst der Sünde Sold; sie ist unser Erbteil und – gleichwie der Tod – unser aller Schicksal. Krankheit wird auch als Strafe für persönliche Schuld aufgefaßt, dies aber äußerst vorsichtig und nie verallgemeinernd. Krankheit kann sogar als besondere Gnade gelten, als Zeichen für Gottes Huld, als Chance, schon hier auf Erden Verfehlungen abzubüßen.

Es war für den mittelalterlichen Menschen selbstverständlich, daß das Übel in der Welt mit der Erbsünde, der Urschuld, zusammenhängt. Die Existenz von Krankheit war ein bleibendes Symptom, ein mahnendes Signal. Auch mochte die Widerwärtigkeit des Leidens immer wieder an den Urgrund und das Endziel erinnern. Krankheit machte hellhörig und sensibel. Den Kranken wie auch ihren Helfern war es eine vertraute Erfahrung, daß man «die Gesundheit» immer nur als ein wünschenswertes Ideal vor Augen haben konnte, daß man aber in dieser Welt der Not und des Elends «die Krankheiten» zu erleiden und zu tolerieren hatte. Man wußte außerdem, daß es zwischen diesen Grenzbereichen von Krankheit und Gesundheit ein unerschöpfliches Zwischengebiet gab, die «neutralitas», ein Übergangsfeld, in dem wir all jenen Mitmenschen begegnen, die einer allgemeinen Versorgung besonders bedürftig sind: den Armen und Schwachen und Bettlern, den Blinden und Waisen und Krüppeln, den Pilgern und den Verbannten, den «guten Leuten», deren Christus in seiner Güte sich annimmt.

Wie alles im Leben des Alltags gesättigt und durchtränkt war von religiösen Vorstellungen, so auch die Erfahrung des Krankseins und alle Heilmaßnahmen. Da ist oft genug die Stimmung der Traurigkeit zu finden, der Entfremdung im Elende; da wurden Stimmen laut vom «Tal der Tränen», von Schuldbewußtsein und Reue, von Askese und Umkehr, gelegentlich auch die Trauer einer Endzeitstimmung. Noch im späten Herbst des Mittelalters hat der Arzt und Philosoph Paracelsus zunächst die vier natürlichen Krankheitsursachen besprochen, ehe er sich an das «Ens Dei» wagte, an die schwerwiegende, von uns kaum noch zu beantwortende Frage, warum «alle Gesundheit und Krankheit von Gott kommt». Wir sollen an der Krankheit ermessen, «daß all unser Sach nichts ist und daß wir in keinen Dingen begründet die Wahrheit wissen». Wenn wir aber diesen letzten Grund berühren, sagt Paracelsus, so wisset: «daß Gott Gesundheit und Krankheit gibt und die Arznei darzu unsern Krankheiten» (IX, 226). Aus diesem letzten Grunde geht hervor, daß Gott immer noch «der erste Arzt» ist.

Kranksein war in seinem letzten Grund eingeborgen in die großen weltbewegenden Erscheinungen der Heilsgeschichte: in die Schöpfung, den Fall und die Erlösung. Die Haltung zur Genesung war daher getragen von Umkehr (conversio), Einsicht (discretio) und Barmherzigkeit (misericordia). Insofern kann bei allen Heilmaßnahmen durchaus von einer Ganzheitsmedizin oder auch Ordnungstherapie gesprochen werden. Wo Leben und Religiosität derart innig verflochten sind, ist auch die Krankheit und jede Art von Heilhandlung vom Glauben bestimmt. Letzten Endes ist es die paradiesische Natur der «constitutio prima», die vom Arzt wiederhergestellt werden soll.

Das Christentum wurde in diesem Sinne als eine Lebensordnung verstanden, die dem gesunden wie dem kranken Menschen zu dienen hatte. Daher neben der Trauer auch die Freude am Leben, das, was die heilige Hildegard von Bingen die «vita laeta» nannte, mehr noch: die Freude am Leibe. Der christliche Alltag bot Anlaß genug, um – wie es in der «Vita sancti Adalberti» heißt – «die Trauer mit dem Schwerte der Freude zu erschlagen».

Prinzipien der Heilkunst

«Jedes Heilmittel kommt vom höchsten Gut nach dem Worte Johannis: Der Herr des Himmels schuf Heilmittel, und der verständige Mann wird sie nicht verachten, nach dem Worte des Jacobus: Alle gute Gabe und jedes vollkommene Geschenk kommt von oben, vom

Vater des Lichtes. Nun ist aber die Heilkunde etwas Gutes, weil sie verordnet ist zu einem guten Endzweck und weil sie sich auf einen guten Gegenstand erstreckt, auf den zu heilenden menschlichen Körper nämlich.»

In den «Parabeln der Heilkunst» des Arnald von Villanova hat der auffallende Stellenwert der Krankheiten, haben die daraus abzuleitenden Prinzipien der Heilkunde und damit verbunden die sozialen Dienste am kranken Menschen, hat dieses «System Medizin» einen besonders prägnanten Ausdruck gefunden. Arnaldus wurde um 1240 bei Valencia geboren, war Lehrer an der Medizinschule zu Montpellier, wirkte als Leibarzt und Gesandter und starb Ende Dezember 1311 auf einer Seereise. Von «Parabeln», wie sie vorgezeichnet waren im alttestamentarischen «Buch der Sprüche», hat Arnaldus im Selbstverständnis seiner Zeit ganz bewußt gesprochen. Durch sie konnte er, ausgehend von den «natürlichen Dingen», auch auf eine «geistliche Weise» belehren, wie dies seit alters durch die Tugenden geschah, wenn von Weisheit und Gerechtigkeit, von Tapferkeit und Mäßigung gesprochen wurde, und damit von alledem, wodurch ein Mensch den Risiken des Lebens entkommen, wodurch er gut gemacht und geheilt werden konnte. «Daher benutzt der gefällige und wirksame Lehrer Parabeln, um Verborgenes durch sinnlich Wahrnehmbares zu erklären.»

In den «Parabeln der Heilkunst» des Arnald von Villanova läuft alles im Grunde genommen auf eine Prinzipienlehre der Medizin hinaus: zu handeln nach klaren Richtlinien. Da der Kranke einer ganz bestimmten Hilfe bedarf, muß auch der Behandelnde das Wirken seiner Kunst auf ein bestimmtes Ziel richten. «Nur wer», sagt Arnaldus, «die Natur der Körper, die Arten der Krankheiten, die Verschiedenheit ihrer Ursachen und die Kräfte seiner Heilmittel kennt, wird mit Überlegung handeln und kann den Kranken mit seiner Kunst helfen.»

Der Allmächtige, so beginnt Arnaldus seine Parabeln, habe die ganze Medizin geschaffen, und sie diene dem Menschen im Ganzen. Sie sei nicht nur Mittel zur Erhaltung der Gesundheit, sondern auch zur Vervollkommnung des Lebens. Vom Höchsten geschaffen, diene sie den leiblichen Bedürfnissen, sei aber auch Heilmittel, «Antidotarium», für alle geistigen Belange. Schon Hippokrates habe daher die Heilkunst als die edelste aller Wissenschaften bezeichnet.

Auch die Heilung als solche, die «medela», stammt vom höchsten Gut als dem absoluten Heil. Sie kommt als wohltätige Heilmaßnahme der körperlichen wie der geistlichen Hinfälligkeit des Menschen entgegen. Denn durch die Heil-Mittel, die «medicamina», vermag ein guter Arzt nicht nur den Säftehaushalt umzuformen und auszugleichen, er wird damit auch den Menschen auf einen Gott wohlgefälligen Lebenswandel führen können. Auf diese Weise wird die irdische Medizin zu einem Wegweiser zum Himmel.

Als Mittel der Heilkunst, als «medicatio» im engeren Sinn, werden sodann die Arzneimittel und die Chirurgie angeführt, die wiederum begründet und begleitet werden von der Diätetik. Ein wirklicher Arzt kann nur der genannt werden, der die «lebensnotwendigen Dinge» kennt und unterstützt, der also Diätetik betreibt. Sie in erster Linie lehrt uns das vernünftige Maß, die «ratio mediocritatis», die uns das Nützliche vom Schädlichen unterscheiden läßt und uns zeigt, was zuviel oder zuwenig ist.

Aus der nüchternen Einsicht in die Vielfalt der Säftekonstellationen wird der Arzt freilich nie zu einer apodiktischen Gewißheit kommen, sondern sich mit einer Beurteilung der Indizien begnügen müssen. Ärztliche Aufgabe ist in erster Linie die «regula artis», die ebenso maßvolle wie mäßigende Kunst der Regulation, die um die Ordnung in der Vielfalt der Heilmittel bemüht ist.

Als Motiv der Heilkunde und Motivation zum Eingriff gibt Arnald von Villanova die Nächstenliebe an, genauer: die Liebe zum Nutzen des Nächsten zu Ehren des himmlischen Lammes unter Zeugen der großen Autoritäten. Nur so erreicht die Medizin ihr wahres Ziel: die Erhaltung der Gesundheit (conservatio sanitatis) und die Vollendung des Lebens (perfectio vitae).

Heilkunde ist dabei in erster Linie ein Schutzmittel, eine «custodia»; sie ist der Schutz jener «dispositio naturalis», die Gesundheit genannt wird. Der Arzt ist letztlich der Partner der Natur, ein «socius naturae», im Auftrage Gottes. Denn die Natur ist in allem der Meister und der Künstler, der Arzt ist nur der Diener. Ein «socius naturae» ist aber auch der Kranke selber, ein wenn auch leidender Partner der Natur, der seine eigenen natürlichen Hilfskräfte im Verein mit dem Arzt zu mobilisieren hat.

Weiter heißt es: «Denn ein Arzt muß erfolgreich in Taten, nicht in Worten sein, weil die Krankheiten nicht durch Reden, sondern durch das Wesen und die Kräfte der Dinge vertrieben werden.» Der Arzt hat dem Kranken in seiner Not so schnell wie möglich Hilfe zu bieten, und er soll bei jedem spezifischen Eingriff den gesamten Organismus günstig zu beeinflussen suchen und alle äußeren Lebensumstände berücksichtigen. Ein guter Arzt wird seine Behandlung nicht mit den wirksamsten, sondern mit den sichersten Mitteln durchführen; er wird die Krankheit lieber mit medizinisch wirkenden Speisen als mit reinen Arzneimitteln austreiben. Daher heißt es in der Zweiten Doktrin: «In allen Fällen, in denen die Gesundheit mit Hilfe von Nahrungsmitteln wiederhergestellt werden kann, ist der Gebrauch von Arzneien ganz und gar zu vermeiden.»

Ein besonnener und kluger Arzt, meint Arnaldus, werde sich mit dem Einsetzen von Medikamenten nie beeilen, wenn ihn nicht die Not dazu zwinge, «da auch schwach wirkende Mittel schädlich sind, wenn der Körper ihrer nicht bedarf». Diese Vorsicht gelte besonders bei Jugendlichen und Kindern, wo Arzneimittel immer bedenklich seien. Menschen, die in der Jugend zu oft Arzneimittel nähmen, würden daher früh über die Beschwerden des Greisenalters zu klagen haben.

Ein guter Arzt wird mit möglichst einfachen Mitteln versuchen, dem Ausbruch einer Krankheit zuvorzukommen. Das Schwergewicht der Therapie liegt demnach auf einer möglichst individualisierenden Prophylaxe und einer differenzierenden Regelung der Lebensweise. Auch bei der Anwendung von Heilmitteln wird die psychische Einstellung des Patienten beachtet: «Für den Arzt kommt alles darauf an, daß er in rechter Weise die Leidenschaften der Menschen benützen kann und ihr Vertrauen zu gewinnen und ihre Einbildungskraft in Bewegung zu setzen versteht: Dann kann er alles ausrichten.»

Was aus diesen Prinzipien der Heilkunst spricht, war keineswegs die Dialektik vertrockneter Scholastiker, sondern ein höchst lebendiges therapeutisches Muster: Der Arzt hatte in Praxis und Theorie jene Mitte und produktive Spannung zu halten, die zwischen der reinen Forschung und der bloßen Praxis lag. Es kann dabei nicht deutlich genug herausgestellt werden, daß die Medizin in erster Linie ein Wissen um Gesundsein, eine Theorie der Gesundheit war, und erst in zweiter Hinsicht eine mehr oder weniger erfolgreiche Krankenversorgung. Medizin war die Wissenschaft vom Zustand der Gesundheit, von ihrem Verlust und ihrer Wiederherstellung. Sie war Physiologie, Pathologie und Therapeutik. Mit einem Satz: «Die Heilkunde ist für alle Menschen da», für Kranke und Gesunde.

Aus dieser Prinzipienlehre der Heilkunst ergibt sich in soziologischer Hinsicht, daß der Arzt als «Diener der Natur» zwar auf Alter, Geschlecht und Konstitution zu achten hatte, niemals aber auf den Rang und die Stellung der erkrankten Person. Das wird auch deutlich, wenn es abschließend ohne Rang und Ansehen um die Lebensordnung des Genesenden geht. Da wird die ruhige und reine Luft als «ein Freund der Rekonvaleszenten» gepriesen. Da geht es um mäßige

Nahrungsaufnahme und die rechte Verdauung der Speisen zur «Stärkung der Glieder des Genesenden». Neben den reinen Nahrungsmitteln wird auf «aromatische Getränke» Wert gelegt. Waschungen des Körpers wie auch angenehme Bewegungen sind beim Heilungsvorgang von Nutzen. Nicht zu vergessen die heilbringenden Affekte: «Durch liebliche Melodien und den Anblick anmutiger Dinge erblüht der Mut des Genesenden von neuem.» Das ganze Fluidum einer erfreulichen Daseinsgestaltung dient der Heilung. «Die Herrlichkeit der Sterne, die mannigfaltige Kostbarkeit der Edelsteine, die grüne Pracht der Pflanzen und die klare Reinheit des Wassers erquicken das Auge.»

Mit diesen Prinzipien der Heilkunst fällt schließlich Licht auf die soziale Eingliederung der Erkrankten: All die Tag für Tag anfallenden Leiden und Beschwernisse können nie von einem einzelnen ertragen werden, sie bedürfen vielmehr einer durchgehenden Solidarisierung. Für die soziale Einstellung zur Krankheit werden wir im folgenden weitere Zeugnisse, und nicht nur aus dem abendländischen Mittelalter, heranziehen.

Fürsorge für die Kranken

Die Medizin im arabischen Mittelalter

Es ist sicherlich kein Zufall, daß Arnald von Villanova, von dem wir wissen, daß er Arabisch und Hebräisch verstand, sich mit Vorliebe auf arabische Quellen beruft, vor allem auf den «Canon medicinae» des Avicenna (980–1037). Als Leibarzt an der päpstlichen Kurie in Rom und Avignon war Arnaldus des öfteren mit speziellen diplomatischen Aufgaben betraut und erhielt ein besonders lebendiges Bild von der großen Rezeptionsbewegung der griechisch-arabischen Kultur, die mit dem 12. und 13. Jahrhundert einsetzte und nicht von ungefähr den jungen Universitäten Europas ihr Format und Profil verleihen sollte. In seinem «Paradies der Weisheit» hatte der arabische Arzt Aṭ-Ṭabarī bereits im 11. Jahrhundert seinen Zeitgenossen empfohlen: «Man soll in keinem Lande wohnen, in dem es vier Dinge nicht gibt: eine gerechte Regierung, brauchbare Heilmittel, fließendes Wasser und einen gebildeten Arzt.»

Wir würden die Welt des kranken Menschen im Mittelalter nicht voll erfassen, würden wir nur die Erfahrungen des christlichen

Abendlandes aufgreifen und nicht auch die Zeugnisse aus der arabischen Hochkultur berücksichtigen.

Mit der Hidschra, der Lösung des Propheten Muḥammad von seinen Verwandten in Mekka, hatten die Araber im Jahre 622 die weltpolitische Bühne betreten. In wenigen Jahrzehnten hatten sie den Vorderen Orient und große Bereiche des Mittelmeerraumes unter islamische Herrschaft gebracht. Mit der Festigung des neuen Imperiums unter den Umaiyāden kam es im 8. und 9. Jahrhundert bereits zu einer raschen Hellenisierung und einer damit verbundenen Rezeption der antiken Wissenschaften.

Im Jahre 1258 fällt Bagdad unter den Mongolenstürmen. Die arabische Kultur verlagert sich in den Westen, wo unter den Umaiyāden in Cordoba und Sevilla neue politische und geistige Zentren entstehen. Nach einer kurzen Herrschaft der Timuriden (1369–1494) kommt es in den Spätphasen des islamischen Imperiums zu drei großen, einander überschneidenden und rasch ablösenden Herrschaftsbereichen: dem Reich der Perser (Safaniden), der Türken (Osmanen) und der Inder (Mogulkaiser). Mit dem 15. und 16. Jahrhundert kann das arabische Mittelalter als abgeschlossen gelten.

Mit diesem islamischen Imperium zwischen dem 7. und 15. Jahrhundert steht nicht nur ein gewaltiges Reich mit straffer politischer Verwaltung und geregelten wirtschaftlichen Verhältnissen vor uns, sondern auch eine Macht an kultureller Assimilationskraft. Um die Mitte des 9. Jahrhunderts bereits sind die Araber im Besitz der antiken Realwissenschaften. Sie kennen den ganzen Aristoteles und lesen Galen und damit das «Corpus Hippocraticum». Der «neue Aristoteles» wurde zum Leitbild der mittelalterlichen Wissenschaften in West wie Ost.

Die Stationen auf diesem Wege waren die Gelehrtenschulen von Alexandreia, die Akademien von Nisibis und Gundeshāpūr und das «Haus der Weisheit» zu Bagdad. Von dort aus gelangte nach einem weiten Umweg das Wissen nach Salerno und Toledo, der Brücke arabischer Tradition ins Abendland. Im 12. und 13. Jahrhundert finden wir es dann an den Schulen von Chartres, Oxford und Paris, der Wiege der europäischen Universitäten.

Das überraschende Auftreten und die auffallend rasche Verbreitung griechisch-arabischer Wissenschaften im lateinischen Mittelalter werden von der modernen Geschichtsschreibung als ein kulturhistorisches Ereignis ersten Ranges gewürdigt. Für die Entwicklung der abendländischen Medizin sollten sie von entscheidender Bedeutung werden.

Wie der kranke Mensch – gleich welcher Gesellschaftsschicht – ein sinnvolles Verhältnis zu Leben und Tod suchte und fand, das zeigt sich besonders eindrucksvoll in der Kulturgeschichte und Mystik des arabischen Mittelalters. Der kranke Mensch als Person wird hier als selbstverständliches Glied der Gesellschaft, der «Gemeinde Muḥammads» (umma Muḥammadīya), geachtet. Über seine Stellung informiert uns in erster Linie jene Quelle, die das Leben eines gebildeten Muslim bestimmte: seine Religion, der Islam. «Islām» bedeutet soviel wie «Hingabe, sich seinem Gotte ergeben». Wer in dieser Weise «hingegeben» lebt, ist ein «muslīm»; er ist eingetreten in den «Stand des Heils». Aus der gleichen Sprachwurzel kommt auch der arabische Schlüsselbegriff für die Heilkunde, «salām», was auch Frieden heißt, mehr aber Harmonie bedeutet: das Ganze und damit das Gesunde, das Heile. «Salām» meint jene «integritas», welche die Verantwortlichkeit einer Persönlichkeit und damit die volle Individuation ausmacht. Die Integration der muslimischen Lebensweise erstreckte sich auf das Selbstbewußtsein, das eine Trennung in Somatisches und Psychisches gar nicht vollzog, und auf die Bildung der gesamten Persönlichkeit, die niemals scharf zwischen dem religiösen oder dem wissenschaftlichen, zwischen einem politischen oder mehr künstlerischen Lebensstil unterschieden hat.

Zwar haben verschiedene islamische Theologen und Mystiker versucht, die Medizin zu relativieren und der Krankheit einen «höheren» Sinn beizumessen. So schreibt Al-Baiḍāwī am Ausgang des 13. Jahrhunderts: «Krankheit im eigentlichen Sinne liegt in dem vor, was dem Körper widerfährt und ihn aus dem ihm eigenen Gleichgewicht wirft, um auf diese Weise eine Störung der Funktion hervorzurufen. Im übertragenen Sinne gibt es aber auch Krankheiten, welche die Vollkommenheit der Seele beeinträchtigen, wie Unwissenheit, Aberglaube, Neid oder Haß. Diese verhindern die Erlangung der Tugenden und führen zum Verlust des wahren, ewigen, zukünftigen und edlen Lebens.» Für diese «Leiden» war die Medizin offensichtlich nicht zuständig.

Hingegen hat der Prophet Muḥammad seine Gläubigen durchgehend gelehrt, den Arzt zu achten, die Heilmittel zu ehren, den Sinn des Leidens zu erkennen, die läuternde Kraft der Krankheit verstehen zu lernen, ohne das Vertrauen in Gottes Fügung zu verlieren. In der «Prophetenüberlieferung» – Aussprüchen, die man dem Propheten Muḥammad in den Mund gelegt hat – heißt es: «Wenn ein Kranker irgend etwas begehrt, so soll man es ihm verschaffen.» Der Dienst am Kranken ist geradezu Gottesdienst. So lautet ein anderer Propheten-Spruch (Hadīth): «Gott schuf keine Leiden, ohne daß er nicht gleichzeitig ein Mittel dagegen geschaffen hätte. Wenn du das richtige Mittel findest, wird jede Krankheit mit Gottes Erlaubnis geheilt.» Daher der Auftrag an die Gläubigen: «Ihr, die ihr Gott dienet, heilt!»

Das durch die Schöpfungsordnung legitimierte Heilmittel zu finden, wird daher zur eigentlichen Aufgabe der Ärzte. Ein Zeitgenosse des Propheten, der Arzt Al-Ḥāriṯ b. Kalada, vergleicht den Menschen mit einem Ackerboden, der bei Pflege gedeiht und der dahinkümmert, wenn ihm keine rechte Sorge zuteil wird. Auch Muḥammad soll nach der frommen Überlieferung auf Schritt und Tritt Ratschläge erteilt haben, die sich nicht nur mit Problemen des Krankenbesuches, des Aderlasses, der Empfehlung oder Ablehnung bestimmter Heilmittel beschäftigten, sondern auch mit einer möglichst hygienischen Lebensführung in allen Lebenslagen.

So verkündet der Prophet anläßlich der Waschvorschriften in der Sure V, 7 ausdrücklich: «Allah will euch nicht in Schwierigkeiten bringen. Er will euch nur reinigen und seine Gnade an euch erfüllen, auf daß ihr dankbar sein möchtet.» Reinigung zielt dabei immer auf Heiligung, wie ja auch – nach Sure IX, 28 – das Symbol für die Ungläubigen in ihrem Schmutz gesehen wird.

Die Überlieferung berichtet, daß der Prophet Muḥammad jeden Abend seine Zähne reinigte und noch auf dem Totenbett nach einem Zahnstocher verlangte. Seinen Diener Zaid b. Ḫālid ernannte er zum «Herrscher des Zahnstochers». Zur Zahnpflege wurde dabei seit den frühesten Zeiten ein «miswāk» benutzt, ein aufgefasertes Holzstäbchen, wobei sich das Stammwort auf «siwāk» bezieht, das Mark der «Salvadora Persica». Mit Tinkturen, Boraxwasser, später auch mittels kleiner Bürsten und Pinsel wurde die Mundpflege stetig verbessert und kultiviert. Für den gläubigen Muslim bildete das Reiben der Zähne die letzte rituelle Handlung vor dem Sterben: Der «Geist» sollte lauter und rein zu Allah eingehen!

Da nun aber – so der Arzt und Philosoph Avicenna – der Mensch seiner Natur nach ungesichert und verlassen sei, ein biologisches Mängelwesen, habe der Arzt ständig aktive Gegenmaßnahmen zu ergreifen, die niemals zufällig und von Fall zu Fall, sondern stets begründet und bewußt durchgeführt werden sollten. Denn nicht der Heileffekt mache einen Arzt, sondern allein die Kunst und deren wissenschaftliche Begründung. Daher wird die Lebensführung des ganzen Menschen, das «regimen sanitatis», der vollen Verantwortung des Arztes anheimgegeben. Der Arzt hat demnach den Auftrag, die Integrität des Organismus in seiner vitalen Harmonie zu erhalten, wobei er stets die Grenze zu respektieren und Übergriffe zu vermeiden hat. Eine solche maßvolle Mitte aber kann nur aus der Gesinnung des Herzens erwachsen, worauf wiederum Maimonides, jüdischer Leibarzt eines Kalifen im 12. Jahrhundert, aufmerksam macht, wenn er sagt: «Die Medizin weist nur hin auf das Nützliche, und sie warnt vor dem Schädlichen; sie zwingt aber nicht zum Nutzen, und sie straft nicht für den Schaden.»

Aus diesem Geiste hat um die Mitte des 13. Jahrhunderts der Arzt und Jurist Naṣir ad-Dīn aṭ-Ṭūsī für seinen Fürsten eine «Ethik des Hausvaters» geschrieben, in der in allen Punkten das Tun des gebildeten Arztes mit dem Handeln des umsichtigen Hausvaters verglichen wird. Beide haben es mit der Verwaltung eines Organismus, mit einer Ökonomie zu tun, die nur von einem sittlichen Bezugssystem aus gesteuert werden kann. Deshalb sei es ein Grundgesetz für den Ökonomen, es in allen Dingen so zu machen wie der Arzt: «Dieser prüft den menschlichen Körper unter dem Gesichtspunkt desjenigen Gleichgewichts, das je nach der Zusammensetzung der Glieder dem Ganzen zuteil wird. Wenn an einem Gliede eine Störung auftritt, so achtet der kundige Arzt bei der Heilung auf den Nutzen aller anderen Glieder. Genau so aber muß der Leiter eines Hauswesens verfahren.»

Wegen dieses umfassenden Bezuges beim ärztlichen Eingriff hat der jüdisch-arabische Arzt Isaac Judaeus die medizinische Kunst mit jenem überaus behutsamen Handwerk in Verbindung gebracht, das, als Feinkunst des Bewahrens und Veredelns, mit dem Anbohren einer kostbaren Perle zu tun hat. In die gleiche Richtung führt ein arabisches Sprichwort, das lautet: «Wer sich mit der Bearbeitung von Perlen beschäftigt, der muß Sorge tragen, daß er ihre Schönheit nicht zerstört. Ebenso ziemt es dem, der menschliche Leiber, die edelste Schöpfung der irdischen Welt, zu heilen versucht, daß er behutsam und liebevoll mit ihnen umgeht.»

Diese ganz besondere Neigung eines mitfühlenden Herzens aber hat der arabische Mystiker Ġazzālī einmal als die mildeste Arznei angesprochen, eine Gesinnung, von der er glaubt, daß sie wie ein tiefes Meer sei, «in welchem die meisten Menschen versinken». «Denn was da im Grunde des menschlichen Herzens vor sich geht, das ist verborgener als der schwarzen Ameise Tritt in finsterer Nacht auf schwarzem Gestein.»

Die Stellung des Kranken in der arabischen Hochkultur

Die großartige, in der Medizingeschichte viel zu wenig beachtete Auffassung des Islams von der Individualität wie Sozialität eines gesunden wie kranken Menschen und die damit verbundene Polemik gegen die hellenistische wie gnostische Wertstruktur fanden einen repräsentativen Niederschlag bei Al-Ġazzālī, dem vieldiskutierten Algazel der lateinischen Scholastik. Abū Ḥāmid Muḥammad b. Muḥammad al-Ġazzālī (was wörtlich «Der Spinner» bedeutet) wurde 1059 zu Ṭōs in Ḫurāsān geboren, wo er auch 1111 verstarb. Die philosophische und theologische Bildung verdankte er dem Imām al-Ḥaramain (gest. 1085). Seine Lehrtätigkeit an der Niẓāmīya zu Nīsābur unterbrach er 1095, um sich als wandernder Derwisch und Eremit ganz der Askese zu widmen. Sein Hauptwerk mit dem Titel «Erneuerung der Religionswissenschaft» (Iḥyā' ʿulūm ad-dīn) bietet ein reiches Panorama individueller Lebensformen.

In einem Werk mit dem Titel «Elixier der Glückseligkeit» hat Ġazzālī die Pflichten des gebildeten Gläubigen zusammengestellt. Eine besteht darin, daß man seinen kranken Bruder zu besuchen habe. Hierzu soll Muḥammad, der Gesandte Gottes, gesagt haben: «Wer einen Kranken besucht, der erhält einen Platz im Himmelreich, und wenn er von dem Besuch zurückkehrt, so werden siebzigtausend Engel über ihn bestellt, die Segnungen über ihn sprechen bis zur Nacht.» Auch soll der Kranke selber, der ein Heilmittel einnimmt, auf denjenigen vertrauen, der das Mittel geschaffen hat, nie aber auf das Medikament allein.

Von den großen Ärzten der arabischen Hochkultur ist immer mit Emphase betont worden, daß der kranke Mensch eine besondere Rolle in der Gesellschaft spiele, und daß er als Betroffener auf besondere Achtung und spezifischen Beistand angewiesen sei. Nach einer alten arabischen Überlieferung, dem «Ṭibb an-nabī», soll Hippokrates zu einem seiner Schüler gesagt haben: «Die beste Behandlung eines Kranken besteht in deiner liebenden Fürsorge für ihn, in deiner interessierten Anteilnahme an allen seinen Angelegenheiten, in deiner Kenntnis seiner leiblichen Verfassung sowie der aufmerksamen Anerkennung seiner jeweiligen sozialen Situation.» Profitieren wird davon in erster Linie der Patient, der das wichtigste Element im System der Heilkunde ist. Das alte hippokratische Diktum, wonach zur Medizin neben der Krankheit und dem Arzt immer auch der Kranke gehöre, wird erstmals bei den Arabern zum Gegenstand einer wissenschaftlichen Erörterung.

Daß zur Krankheit wie zum Arzt auch der Kranke selber ein besonderes Verhältnis haben sollte, wußten die arabischen Ärzte nicht nur aus den Schriften des Hippokrates, sondern auch aus eigener Erfahrung. Es gab offensichtlich auch damals schon so etwas wie eine

Ethik für Patienten, eine Zusammenarbeit (heute nennt man das «compliance»), worauf wiederum Ġazzālī hinweist, wenn er argumentiert: «Der vollkommene Arzt wird nicht jeden Kranken heilen können, sondern nur den, von dem er hofft, daß er die Arznei und den ärztlichen Rat annehmen werde. Wenn die Krankheit eine chronische ist oder eine unheilbare Wunde, so nimmt dieselbe keine Heilung an, und der Scharfsinn des Arztes besteht darin, daß er dem Kranken klarmacht, mit seiner Krankheit zu leben. Wenn ein Wissender und Suchender fragt, und wenn seine Opposition nicht der Halsstarrigkeit entstammt, dann ist dieser der Heilung fähig, und es ist erlaubt, daß du dich mit der Lösung seines Problems beschäftigst. Kommen seine Fragen aber aus Mißbehagen, Groll, Neid oder purer Aufsässigkeit, dann ist er keiner Heilung fähig, und alles Antworten wäre unnützes Spiel. Unheilbar ist nämlich die Dummheit. Hierzu hat Jesus gesagt: Ich bin nicht zu schwach, Tote zum Leben zu erwecken, aber ich bin zu schwach, einen Dummkopf zu heilen.»

Dieses Verhältnis der Gegenseitigkeit wird sofort einleuchtend, wenn wir eine der liebenswertesten Literaturgattungen des arabischen Mittelalters heranziehen, den «Adab». Der Begriff «adab» meint soviel wie «feine Bildung», «gutes Benehmen» und «höfische Sitte». «Adab» ist das «Buch der Etikette» und auch der «schönen Künste». Im 9. Jahrhundert wurde dieses «gute Benehmen nach der Tradition der Vorfahren» bereits systematisch in die Medizin eingebaut. Der bedeutende Arzt Isḥāq b. ʿAlī ar-Ruhāwī schrieb ein spezielles Buch der feinen Bildung für den Arzt («Kitāb al-adab aṭ-ṭabīb»), das nicht nur ein Studienführer für den Anfänger sein wollte, sondern auch ein Vademecum für Fortgeschrittene. Darin lesen wir: Der gebildete Arzt trägt Verantwortung für die gesamte Existenz des Menschen in gesunden wie kranken Tagen; der Arzt stellt damit auch an den eigenen Stand die höchsten Anforderungen. Die Medizin steht daher nicht nur neben der Philosophie, sie übertrifft die Philosophie, welche nur der Seele hilft, während die Heilkunde für Leib und Seele verantwortlich ist. Die Anweisung für den Arzt erstreckt sich bis auf die kleinsten Einzelheiten des Verhaltens: Es gibt da genaue Anweisungen für die Kleidung, die Parfüme und für die Redensarten des Arztes, für Visiten und Blumenschmuck der Krankenzimmer; ebenso beschäftigt sich das Werk mit den entlegensten Dingen der Drogenkunde, wie etwa mit der Lagerung der Waren, ihrem Ankauf, den Mischungsmöglichkeiten der Arzneimittel und ihren Wirkungsgraden. Praktische Heilkunst und wissenschaftliche Medizin sind hier in keiner Weise getrennt.

Zu dieser «feinen Bildung» gehört auch, daß sich der Arzt systematisch aller Wissenszweige bedient, die einen geistigen Horizont repräsentieren. Darüber hinaus wird aber ein noch so geschulter Arzt erst dadurch zu einem «adīb», daß er seiner trockenen Disziplin einen spirituellen Hauch und einen gewissen Charme (ẓarf) verleiht und damit aller ärztlichen Kunst ein geistiges Fluidum vermittelt. Es ist genau dieser «adab», diese «feine Bildung», die einen Arzt erst vollkommen macht, indem er damit seinen «ʿilm», das bloße Wissen, ergänzt und ausrundet. Er erhält so einen besonderen Schliff und jene Eleganz, die auch seinen bevorzugten Rang in der Gesellschaft begründet.

Wie sehr es in der Heilkunst auf die soziale Situation und auf persönliches Taktgefühl ankommt, zeigt das für einen islamischen Gläubigen so heikle Verhältnis zum Weingenuß. Beim Trinken von Wein – so heißt es – sei allein das Motiv maßgebend: «Dieser Tropfen ist an sich schon gut» – schreibt der Universalgelehrte al-Ǧāḥiẓ (777–869) einem Freunde –: «Ihn anzubieten, ist eine edle Tat, aber ihn von Dir zu erhalten, das ist noch viel edler!» Was alles kann ein solcher Tropfen nicht zustande bringen: kranke Blicke erhellen und schwache Leiber heilen, die Dichter begeistern und den Durst löschen. «Er ist es, der den Greisen das Temperament der Jugend und der Jugend die Munterkeit der Kindheit verleiht. Alles, was der, der ihn trinkt, fürchten muß, ist, daß seine Freude in Ausgelassenheit und die Ausgelassenheit in Unbändigkeit übergeht.» Nicht zuletzt vermag der Wein aus der Hand des Arztes die Kompliziertheit der Etikette zu mildern und die Last der Würde zum Schwinden zu bringen.

Ar-Ruhāwī kann den Arzt wegen dieser Verbundenheit mit allen Belangen des täglichen Lebens geradezu als den «Wächter der Seelen und der Leiber» bezeichnen. Während der Philosoph nur die Führung eines geistigen Lebens in die Hand bekommt, vermag ein gebildeter Arzt den gesamten Lebensstil eines Menschen zu beeinflussen. Auch die seelischen Leiden weiß der Arzt zu behandeln, wie er andererseits bei jeder körperlichen Krankheit auch die psychische Disposition des Patienten mitberücksichtigt. Dem ärztlichen Aufgabenbereich sind damit prinzipiell keine Grenzen gesetzt.

So zählt die Medizin auch völlig selbstverständlich zu den vier Grundlagen der Bildung; sie rangiert neben der Astronomie, der Geometrie und der Musik gleichberechtigt im Bildungskatalog. «Denn von der Medizin», so al-Ǧāḥiẓ, «hängen ab das Wohlergehen des diesseitigen Lebens, die Gesundheit des Körpers, die Heilung der Krankheiten und alles, was sich daraus ergeben mag.»

Die überwältigenden Zeugnisse aus arabischen Quellen erster Hand legen uns nahe, Abschied zu nehmen von dem Klischee der Lehrbücher, als sei die Krankheit damals ein definierbarer Naturprozeß gewesen, gegen den der Arzt seine mehr oder weniger treffsicheren Waffen gerichtet habe. Arzt und Kranker existierten vielmehr in einer gemeinsamen, primären Lebenswelt, wo ein Leidender in Not um Hilfe rief und ein wissender Helfer ihm beistand, um die Not zu wenden und das Los zu erleichtern, wobei die humane Sphäre des «adab» das Fluidum vermittelte.

In seinem «Elixier der Glückseligkeit» hat Ġazzālī die Sphäre des «adab», diesen Grundpfeiler menschlicher Existenz, als «Herz» bezeichnet. Dem hat er nun den «Leib» als zweiten Pfeiler gegenübergestellt: «Und auch dessen Schöpfung ist gar wunderbar. In jedem seiner äußeren und inneren Organe liegt ein tiefer Sinn und eine wunderbare Weisheit verborgen.» Ġazzālī exemplifiziert die Weisheit des Leibes an einigen anatomischen Modellen und nennt die Anatomie «eine erhabene Wissenschaft», betont aber sofort, daß sie nur ein «Schlüssel zur Erkenntnis der Weisheit und Güte des Schöpfers» sei. «Und nur aus diesem Grunde ist sie eine edle Wissenschaft, nicht darum, weil der Arzt ihrer bedarf.»

Für das geordnete Leben des einzelnen in der Gemeinschaft ist die «Wissenschaft vom Herzen» weitaus bedeutender. Denn «der Leib ist nur das Reittier, der Reiter aber das Herz. Zweck der Schöpfung aber ist der Reiter, nicht das Reittier». Und Ġazzālī betont: «Das Reittier ist da um des Reiters willen, nicht der Reiter um des Reittiers willen.»

Die Gemeinschaft und der einzelne stehen in einem ausgewogenen, wechselseitigen Verhältnis, das sich auf die Rolle des Arztes wie des Patienten auswirkt. Ġazzālī hat immer wieder betont, daß es gar nicht so einfach sei, diesen Rollen gerecht zu werden. Nicht zuletzt versteht man vom «adab» aus, warum das ärztliche Tun das vermittelnde Medium zwischen dem öffentlichen Heil (salus publica) und dem privaten (salus privata) wurde, und warum der Arzt als «hakīm» zu den Grundpfeilern des theokratischen Imperiums gehörte, gleichrangig neben dem Richter (qādī), dem Vorbeter (imām) und dem Heerführer (amīr).

Die Kranken in der christlichen Gesellschaftsordnung

Eine derart geschlossene Einordnung des kranken Menschen in die Gemeinschaft, wie in der arabischen Hochkultur, wird man in der christlichen Gesellschaftsordnung nicht so ohne weiteres finden. Forschen wir nach der sozialen Lebensform des Kranken und Gebrechlichen, so stoßen wir zunächst auf die kirchlichen Instanzen; erst im späteren Mittelalter befassen sich neben der Kirche (sacerdotium) auch der Staat (imperium) und die Wissenschaften (studium) als autonome Mächte mit den Kranken. Die Kirche also erscheint zunächst als die «eine große kommunistische Anstalt der Solidarität und Versorgung aller», wie sie Ernst Troeltsch (1923) genannt hat: «... nur den Deklassierten, den Kranken und Abnormen brauchte die kirchliche Liebestätigkeit, vor allem die der Orden, vorwiegend zu dienen.»

Im Prolog zur «Regula» des heiligen Benedikt, die für Jahrhunderte das «Grundbuch mittelalterlichen Zusammenlebens» war, wird des Menschen Wandel im irdischen Leibe nicht nur als große Chance für die Ewigkeit angesehen, sondern auch als Auftrag einer intensiven Weltgestaltung. Gerade der einfache Mensch soll die Bodenkultivierung wie auch die Seelenformung betreiben. Als Modell hierfür dient das Leben der Mönche, die sich als Bruderschaft in Christo, als eine brüderliche Kampfgemeinschaft verstehen, um in der Zucht ihrer Regel Gott und den Menschen zu dienen und auch für die Kranken zu sorgen.

Im Jahre 529 hatte Benedikt von Nursia (um 480–543) auf dem Monte Cassino ein Kloster gegründet und seinem Konvent eine Regel gegeben. Benedikt, in Nursia in den Sabinerbergen geboren und in Rom gebildet, verließ die Welt, durchlebte eine Phase der Abgeschiedenheit im sabinischen Subiaco und begründete nach mehreren mißglückten Versuchen seine Mönchsgemeinschaft auf dem Berg bei Casinum zwischen Rom und Neapel an der Stelle eines alten Apollotempels.

Mit der Sorge für Gesunde und Kranke ist laut Benedikt von Nursia dem Mönch die Sorge für Seele wie Leib anheimgegeben. Der Mensch wird zur Gesundheit verpflichtet. Krankheit ist ein Opferaltar, auf dem der «defectus naturae» sich läutert, und sie erweist sich als Gnade, wenn man sie im Geiste Christi geduldig erträgt. Im 36. Kapitel der Regula lesen wir: «Für die Kranken muß man vor allem und über alles besorgt sein. Man soll ihnen dienen wie Christus selbst, dem man ja wirklich in ihnen dient. Denn Er hat gesagt: Ich war krank und ihr habt Mich besucht, und: Was ihr einem von diesen Geringsten getan habt, das habt ihr Mir getan.» Es hat daher eine persönliche Verpflichtung und eine Herzenssache des Abtes zu sein, daß die Kranken in keinem einzigen Punkte vernachlässigt werden (curam autem maximam habeat abbas). «Andererseits sollen aber auch die Kranken bedenken, daß man ihnen Gott zu Ehren dient, und

Abb. 1: Frauen bei der Krankenpflege
(Kölner Meister, Ende des 14. Jahrhunderts,
Altartafel des Wallraf-Richarts-Museum, Köln)

Die hl. Elisabeth von Thüringen (1207 bis 1231) besucht im Geiste christlicher Caritas einen Kranken und erweist ihm, liebevoll unterstützt von einer Helferin, die notwendige Basispflege.

sie sollen nicht durch überflüssige Ansprüche die sie bedienenden Brüder betrüben. Aber selbst solche Querulanten ertrage man mit Geduld, um sich einen um so höheren Lohn zu verdienen.»

Da Kranksein als schicksalhafter Bestand menschlicher Existenz angesehen wird, verbleiben die Kranken im Verbund der schlichten sozialen Systeme. Sie werden betreut und versorgt im familiären Verband, verbleiben damit auch in der Gemeinschaft und durchweg in den Lebensformen einfacher bäuerlicher Daseinsbereiche.

Nach christlichen Vorstellungen weiß jeder in dieser Gemeinschaft, daß das Reich Gottes inwendig in ihm ist; aber ein jeder fühlt sich auch berufen, auf seine Weise Zeugnis zu geben und sein Licht vor den Leuten leuchten zu lassen, in seinem jeweiligen «Status» Zeuge zu sein und mit seiner leibhaftigen Existenz Kunde zu geben. Leben kann nach diesen Leitlinien gar nicht anders als im Leibe gedacht werden. «Daher existieren beide, Leib und Seele, trotz ihrer verschiedenen Naturen, dennoch als eine einzige Wirklichkeit, und so lebt denn auch der Mensch in seiner so ganz konkreten Verfassung: oben wie unten, außen wie innen, allüberall existiert er als Leiblichkeit. Und das ist das Wesen des Menschen.» So beschreibt es die heilige Hildegard von Bingen, und weiter: «Wie wäre Gott auch zu erkennen, wenn nicht diese Herrlichkeit allüberall von ihm ausginge? Denn es gibt kein Geschöpf, das nicht aus diesem Urglanz heraus seine innere Strahlung hätte, sei es als Grün oder als Samen, als Blüte oder in seiner Schönheit – anders wäre es ja kein Geschöpf!» Das leibliche Leben des Menschen in der Welt erscheint somit als ein einziges Gespräch um das Heil.

Mit diesen sehr konkreten Leitlinien fällt ein grundsätzliches Licht auf die mittelalterliche Physiologie und Pathologie. Krankheit kann nicht einfach als ein pathogenetischer Prozeß beschrieben werden, sondern wird als ein Unterbleiben oder Unterlassen, ein Defizit (status deficiens) interpretiert, als ein Verfehlen und Ermangeln. Demgegenüber kann ein Prozeß, eine «creatio», nur dem Gesundungsprozeß zugesprochen werden, der aus dem lichten Grün der «viriditas» seine schöpferische Kraft zieht, ein Ordnungsprozeß, der eine ganze Welt in Ordnung setzt und in Gang hält.

Der ganze Mensch ist generell als «natura pathologica» anzusehen; alles unterliegt dem Verfall und der Verformung, einem «modus deficiens», der im Grunde die physiologische Grundverfassung des Menschen kaum noch durchschimmern läßt. Gerade mit diesem krankhaften Zustand (destitutio) ist aber auch die Erinnerung an den Ursprung (constitutio) und an die letzte Bestimmung des Menschen (restitutio) verbunden. Unter dem Urbild des «homo constitutus» finden wir bei Hildegard von Bingen eine komplette Physiologie des Menschen in seiner «constitutio prima», so wie sie eigentlich gedacht war. Dieser Mensch war ganz licht, leuchtete in einem «lumen corporis». Alle Welt stand ihm in seiner «natura gloriosa» zur Verfügung.

Unter diesem Aspekt erst verstehen wir des Menschen Krank-Sein, den «homo destitutus» in seiner «natura deficiens», im Notstand der «destitutio» und «deformatio» und «degeneratio». Seinen ursprünglichen Stand hat der «homo destitutus» grundsätzlich verloren, er wurde hinfällig und krank und führt jetzt eine Existenz der Sorge und der Angst. Er ist korrupt und nähert sich dem Nichts, indem er sein Werk verwirkt und am Wort versagt. Er verliert die lebendig erhaltende Grünkraft, die «viriditas». Er entgleist ständig in seiner labilen Komplexion, er wird krank. Kranksein ist somit kein Geschehen, sondern ein Unterbleiben, kein produktives Agieren, sondern ein Deformieren. Es handelt sich nicht um einen Krankheitsprozeß, sondern eher um eine Fehlentwicklung, eine Desintegration, eine Tendenz zum Nichts und somit eine partielle Vernichtung.

Bezog sich das Schlüsselbild der «constitutio» auf den ursprünglichen Stand des Menschen, seine Verfassung im Urbeginn, so meint die «destitutio» dementsprechend die Entartung, den Fall, die Verformung, die Mißstimmung und das Mißverhältnis, wie wir es selbst dann kennen, wenn wir nicht eigentlich krank sind. «Restitutio» endlich bedeutet die Wiederherstellung und Übereinstimmung, die Ganzheit des Menschen, vergleichbar jener «integritas», die das arabische Wort «salām» umschreibt, was nicht nur Frieden heißt, sondern eher das Ganze und Heile, die integrierte Natur des Menschen; es meint seine Restauration und Rehabilitation, eben sein Heil.

Krankheit als Erlebnis einer Grenzsituation

Kranksein und Leiden werden von jedermann als Erleben einer Grenzsituation aufgefaßt und durchgestanden. Im Mittelalter finden wir jedoch hervorragende Persönlichkeiten, die existentielle Grenzzustände erlebt haben, welche kaum noch mit normalen Maßstäben zu messen sind. Wir haben es hier mit ekstatischen Phänomenen zu tun, die bis zur Besessenheit reichen, mit mystischen Erscheinungen, die wir modernen Menschen gar nicht wahrnehmen würden. Diese

Grenzzustände sollen nun in ihrer Eigenartigkeit und Einzigartigkeit modellhaft gezeichnet und vorgestellt werden, wobei sie ein Licht werfen auf das Phänomen der Krankheit und dessen Grenzen.

Die Mystik des Islam

Da erscheint uns zuerst – so großartig wie unvergleichlich – Muḥammad, der Prophet, ausgeliefert seiner Schau himmlischer Offenbarungen, unterworfen der Fülle seiner Gesichte, die ihn erfüllt zurück läßt, voll des göttlichen Geistes. Muḥammad war gerade 40 Jahre alt und hatte das keineswegs exzentrische Leben eines Kaufmanns geführt, als er in eine Krise geriet und den Zustand der Inspiration erlebte. Sein Biograph Ibn Isḥāq berichtet recht plastisch, wie mit einem Male in den Tälern Mekkas Steine und Bäume den Propheten zu grüßen begannen und er «mancherlei Merkwürdiges zu sehen und zu hören» bekam. «Dann kam Gabriel zu ihm und brachte ihm, was ihm Gottes Gnade bestimmt hatte.»

Muḥammad las in der Ekstase, was Gabriel ihm zeigte. Die ekstatischen Anfälle sind von Ibn Isḥāq und anderen Zeugen eingehend beschrieben. Es kam zu Schweißausbrüchen, jede Bewegung wurde bebend, aber ohne Zuckungen und Zungenbiß: nichts, was auf eine Aura optischer oder akustischer Art oder auf einen epileptischen Anfall hingewiesen hätte. Man hat es hier eher mit einer Narkolepsie zu tun, einem typisch affektiven Tonusverlust, der jederzeit induziert werden kann. Auch bei späteren Offenbarungen ließ sich der Prophet den Schleier reichen, und man konnte ihn unter seiner Umhüllung stöhnen und röcheln hören. In Schweiß gebadet kam er zu sich, so wie er vom Berge Hira zum erstenmal völlig verstört zu seiner Frau Chadīdscha gelaufen kam, mit den ersten Versen der Sure 74 auf den Lippen: «Du, der du dich eingewickelt hast – du Verhüllter – steh auf nun – und warne – oder mahne!»

Die eindeutige Abgrenzung solcher Inspiration vom pathologischen Sachbereich, der in dem Begriff «madschnūn» (von «dschanna» = bedecken, verhüllen; passivisch: besessen sein und in wahnsinnige Erregung geraten) nicht ohne weiteres gegeben ist, wurde vom Propheten scharf gezogen. So in der Sure 34, Vers 45: «Sag: Ich ermahne euch zu einem allein: Tretet zu zweit oder einzeln vor Gott und denkt hierauf nach: Euer Landsmann ist doch nicht besessen! Er ist nichts als einer, der euch vor einer schweren Strafe warnt.»

In der späteren Mystik hat sich vor allem Ġazzālī gegen die primitive Auffassung von einer krankhaften Besessenheit gewandt, in der man «die körperliche Erwerbstätigkeit und die geistige Initiative aufgeben und wie ein weggeworfener Tuchfetzen auf die Erde fallen müsse, wie das Fleisch auf den Hackklotz. Doch nur Narren können so denken! Wie sollte man eine religiöse Station erreichen durch Dinge, welche die Religion verbietet?» Was die Religion gerade fordert, ist am ehesten in einem Hadīth, einer Prophetenüberlieferung, zum Ausdruck gekommen, wo es heißt: «Ich, so spricht Gott, liebe den Gottsucher. Wenn ich ihn aber liebe, werde ich sein Auge, mit dem er sieht.» Von hier aus ist es nur noch eine Stufe zu der bekannten mystischen Weisheit: «Wer da ein Herz hat, der werfe sein Auge fort: dann wird er sehen!»

Wir kommen damit zu jenen Texten der islamischen Mystik, die sich auf die «Theorie der Einheit» (tauḥīd) konzentrieren, aus der das mystische Gottvertrauen (tawakkul) fließt. Wir stoßen in den traditionellen Belegen auf zahlreiche Stufen einer anthropologischen Betroffenheit und Erfülltheit bis zu jenem Grenzfall hin, wo die Ergriffenheit derart absolut geworden ist, daß der Erfüllte kein «lahu» (für sich) mehr sprechen kann, da seine Person versunken ist in den Seinsgrund.

Nur aus diesem religiösen Grund und auch Abgrund heraus begreift man, warum im Islam ausgerechnet der Kranke in ein besonderes Verhältnis zu Allah trat und warum er in der islamischen Gesellschaft durchaus respektiert wurde. Er in erster Linie trägt jene Fessel zur Schau, wie Ġazzālī einmal schreibt, womit Allah gerade den gefangen hält, den er von seinen Geschöpfen besonders liebt. Wie stark diese religiöse Auffassung von Krankheit sich durchsetzen konnte, zeigt wiederum die Mystik. Unter pathologisch bedingten Visionen und Auditionen erst erreicht ein Mystiker die Stufen zum Geheimnis (sirr). Die Stufen selbst heißen «Vorfälle» und führen über «Standplätze» (maqām) zum sogenannten «Zustand», dem «hāl». Innerhalb dieser Phasen ist, wie bei allen analytischen und kathartischen Prozessen, die Zensur eines Hüters der Schwelle zu überwinden, ehe der Mensch in den Urstand der Einigung und Einung gerückt wird. Die mystische Literatur beschreibt sehr eindrucksvoll, wie aus dem Zustand des «kuschīd», der asketischen Mühung, nach und nach ein «kaschid», ein Zustand der Ziehung wird: Dem Eingeweihten ist das dumpfe Triebleben zu einem hellen Zug geworden, der ihm zwar den Boden der äußeren Existenz fortreißt, der ihm damit aber den Grund der Welt und ihre Abgründe erscheinen läßt.

Es ist kein Zufall, daß sich die Mystiker mit Vorliebe zweier psychopathologischer Grenzzustände bedienen, des Erlebens eines Rausches als einer dinglichen Entwerdung und des Erlebens der Liebe als einer personalen Einung. Erotische Ekstase und alkoholischer Rausch sind die Wege zu einer «unio mystica». Allah ist dabei die Schenke, oft genug auch der Schenke, der schöne Freund und Geliebte. Selbst die Bildersprache der ewigen Glückseligkeit ist oft ein Symbol für exzentrische Zustände, die am Rande des Pathologischen liegen: So verheißt Gottes Güte im Paradies die Befriedigung der beiden mächtigsten Triebe, des Geschlechts- und Nahrungstriebes.

In diesem Sinne der Erfülltheit und Ergriffenheit darf man den ganzen Islam eine Religion der «Besessenheit» nennen, wofür nicht von ungefähr auch der Name spricht: Islam meint, seine Hingabe an Gott bezeigen. Was Goethe auf den ebenso tiefsinnigen wie resoluten Vers gebracht hat: «Wenn Islam gottergeben heißt, im Islam leben und sterben wir alle.» In der Tat heißt «Allah» nichts anderes als «das Ziel des Herzens und des Auges», und mit «islām», der Infinitivform des vierten Stammes, ist jene innere Haltung gemeint, in der ein Mensch im Hinblick auf Gott sich selbst völlig aufgibt. Die Partizipalform «muslīm» bezeichnet dann einen, der in diesem Sinne von seinem Gott besessen ist.

Die Visionen der heiligen Hildegard

Noch ein christliches Beispiel bliebe anzufügen, bei dem wir nur einige wenige Jahrhunderte weitergehen müssen, um auf gleiche Erfahrungen zu stoßen: auf eine «Inspiration» im wörtlichen Sinne von Überhauchtwerden, Pneumatisiertsein und im Zustande einer Ergriffenheit sein.

Erfüllt von zitternder Furcht und doch gehalten wie eine leichte Feder, die sich ohne Gewicht sicher im Winde treiben läßt, so beschreibt im 12. Jahrhundert die heilige Hildegard die Erlebnisse ihrer Vision: «Ich sehe diese Dinge nicht mit den äußeren Augen und höre sie nicht mit den äußeren Ohren, auch nehme ich sie nicht mit den Gedanken meines Herzens wahr noch durch irgendwelche Vermittlung meiner fünf Sinne. Ich sehe sie vielmehr einzig in meinem Bewußtsein, mit offenen leiblichen Augen, so daß ich dabei niemals die Bewußtlosigkeit einer Ekstase erleide, sondern wachend schaue ich dies, bei Tag und Nacht... Und wie Sonne, Mond und Sterne in Wassern sich spiegeln, so leuchten mir Schriften, Reden, Kräfte und gewisse Taten der Menschen unmittelbar in diesem Lichte auf.» Dieses Licht ist nicht an den Raum gebunden und ist auch der Zeit entrückt.

Auch hier brechen durch den schwerfälligen scholastischen Text die Züge der gleichen Begeisterung: Worte wie blitzende Flammen, Bilder wie Wolken im Äther, die Hingerissenheit des Instruments, das als eine «tuba» nur den höheren Klang vermittelt. Die unsägliche Freude in der Begeisterung schließlich, die Furcht und Trauer davonnimmt und das Gefühl reiner Jugendlichkeit zurückläßt.

Weiter heißt es über die Vision in dem merkwürdigen Schreiben «De modo visionis suae», das Ende des 12. Jahrhunderts die Äbtissin Hildegardis an den Mönch Wibert von Gembloux gerichtet hat: «Und ich werde durch Krankheiten stark gehemmt und oft derart in schwere Schmerzen verstrickt, daß sie mich zu Tode zu bringen drohen. Doch hat Gott mich bis jetzt immer wieder neu belebt. Alles, was ich in der Schau sehe und lerne, das behalte ich lange Zeit in meinem Gedächtnis, weil, sobald ich es sehe oder höre, es in mein Gedächtnis eingeht. Ich sehe, höre und weiß gleichzeitig, und wie in einem Augenblick erlerne ich das, was ich weiß. Was ich aber nicht sehe, das weiß ich nicht, denn ich bin ungelehrt und wurde nur unterwiesen, in Einfalt Buchstaben zu lesen. Und was ich schreibe, das schaue und höre ich in der Vision und setze keine anderen Worte als die, die ich höre, und in ungefeilten lateinischen Worten, so wie ich sie in der Vision höre, kundtue. Denn ich werde in der Schau nicht gelehrt, wie die Philosophen zu schreiben. Die Worte in dieser Schau klingen nicht wie die aus Menschenmund, sondern sie sind wie eine blitzende Flamme und wie eine im reinen Äther sich bewegende Wolke. Die Gestalt dieses Lichtes vermag ich aber nicht zu erkennen, wie ich ja auch die Sonnenscheibe nicht ungehindert anschauen kann.

In diesem Lichte sehe ich zuweilen, aber nicht oft, ein anderes Licht, das mir das ‹Lebendige Licht› genannt wird. Wann und wie ich dies schaue, kann ich nicht sagen. Aber solange ich es schaue, wird alle Traurigkeit und alle Angst von mir genommen, so daß ich mich einfach wie ein junges Mädchen fühle und nicht mehr wie eine alte Frau.»

In diesem Schreiben berichtet Hildegard von Bingen auch ausführlich von ihren leidenden Erfahrungen, die offenbar notwendig – wie wir sehen werden – mit dem Erlebnis der Vision verbunden sind. Sie begreift sich als einen armen, hinfälligen Menschen, der ständig von zitternder Furcht erfüllt ist: «Denn keine Sicherheit irgendeines Vermögens kann ich an mir wahrnehmen. Doch strecke ich meine Hände zu Gott empor, daß ich von Ihm gehalten werde, wie eine Feder ...»

Drei schwerwiegende Krankheitsphasen sind es, von denen Hildegard mit eigenen Worten berichtet. Die erste ernste Erkrankung beginnt zu einer Zeit, als sie unter großen äußeren Schwierigkeiten ein neues Kloster gründen und juristisch absichern muß. Die zweite Krankheitsphase fällt in die Jahre 1158 bis 1162, die mit großen inneren Unruhen im Kloster verbunden sind. Die dritte Phase liegt zwischen 1170 und 1173. Wie der zeitgenössische Chronist berichtet, befiel sie jedesmal dann eine Krankheit, wenn sie aus weiblicher Furcht zögerte oder zweifelte, den Auftrag des göttlichen Willens durchzuführen. Im hohen Alter erst empfand sie «Überdruß am gegenwärtigen Leben und wünschte täglich, aufgelöst und bei Christus zu sein». Ein letztes Mal wurde sie von einer schweren Krankheit heimgesucht und ging dann – so die «Vita» – «in ihrem zweiundachtzigsten Lebensjahr am 17. September in einem seligen Sterben hinüber zu ihrem himmlischen Bräutigam».

Noch eindrucksvoller schildert Hildegard ihre pathische Verfassung in dem ersten uns erhaltenen Brief, den sie an Bernhard von Clairvaux gerichtet hat. Sie bekennt sich auch hier als «paupercula forma feminae», als die armselige Gestalt einer Frau, und sucht bei dem damals schon weitberühmten Manne Trost. Sie schaut auf zu ihm wie zu «einem Menschen, der in die Sonne blickt und sich nicht fürchtet, sondern sehr kühn ist. Und ich habe geweint, weil ich so sehr erröte und so zaghaft bin.»

Hildegard klagt, daß sie, von schweren Krankheiten getroffen, «aufs Lager niedergeworfen» werde, so daß sie sich nicht aufzurichten vermöge. «Trauernd klage ich deshalb vor dir: Ich werde so leicht niedergeschlagen vom fallenden Hebebaum der Kelter in meiner Natur, der aus der Wurzel stammt, die durch diabolischen Einfluß in Adam entsprang, so daß er ausgewiesen wurde in die heimatlose Welt.» Hildegard erwartete Hilfe von der starken Natur des großen Bernhard, der ständig den Baum des Lebens emporrichtete und Sieger in seiner Seele blieb: «Und du richtest nicht allein dich selbst, sondern auch die Welt zum Heile auf. Du bist der Adler, der in die Sonne blickt.»

Einstellung zu Leben, Leiden und Tod

In einem der am häufigsten gelesenen Bücher des Mittelalters, dem Tierbuch «Physiologus», wird eine merkwürdige Geschichte von einem Vogel erzählt, der um das Schicksal des Kranken besser Bescheid weiß als jeder noch so erfahrene Arzt.

«Ist ein Vogel, der heißt ‹Caladrius›, der Goldregenpfeifer. Von ihm wird gesagt, er sei ganz weiß und keinerlei Schwärze an ihm. Und sein Kot heilt die blödsichtigen Augen. Und an den königlichen Höfen ist er zu finden. Und wenn jemand krank wird, dann erkennt man mit seiner Hilfe, ob der Kranke sterben wird oder wird gesund werden. Man bringt ihn nämlich zu dem Kranken und setzt ihn vor diesen auf das Bett hin. Ist nun die Krankheit des Menschen zum Tode, dann wendet der Regenpfeifer sein Gesicht von dem Kranken ab, und alle erkennen, daß er stirbt. Ist aber die Krankheit des Menschen zum Leben, dann schaut der Regenpfeifer unverwandt nach dem Kranken, und dieser öffnet seinen Schnabel über des Menschen Mund und trinkt die Krankheit in sich hinein und fährt hoch zur Sonne und verbrennt seine Unkraft und macht sie zunichte, und der Kranke genest.»

Der «Physiologus», was soviel heißt wie «Der Naturforscher», enthält aus der Antike überlieferte Tiergeschichten – vom Löwen, vom Adler, vom Elefanten, vom Einhorn, vom Pelikan u. a. – und wurde um das Jahr 200 n. Chr. zusammengestellt. Er war neben der Bibel das am meisten übersetzte Buch des Mittelalters überhaupt. Eine frühe lateinische Übersetzung wurde bereits unter dem Namen des Ambrosius von Mailand in Umlauf gebracht. Die griechischen Kirchenväter schöpften ebenso daraus wie die syrischen und arabischen Gelehrten. Ende des 8. Jahrhunderts kennen wir bereits eine angelsächsische Bearbeitung und seit dem 11. Jahrhundert auch eine mittelhochdeutsche.

Der «Physiologus» weiß von diesem Totenvogel Caladrius noch weiteres zu berichten; es heißt im Anschluß an diese Erzählung: «Wohlgetan ist es nun, dies zu nehmen und hinüberzutragen auf das Bildnis unseres Heilandes Jesus Christus: Ganz weiß nämlich ist unser Herr, und hat keinerlei Schwarzes an sich. Denn er hat gesagt: Es kommt der Fürst der Welt, und an mir wird er nichts finden. Denn er hat keine Sünde getan. Als er nun zu den Juden kam, die sich ihm nicht wollten zukehren aus selbsteigener Verkehrtheit, wandte er seine Gottheit von ihnen ab. Aber er kam zu uns, die wir krank waren und in unserer Not zu ihm hin liefen, und er hob auf unsere Schuld und trug unsere Krankheit. Und wurde erhöht zum Kreuz. Denn er ist, sagt der Prophet, in die Höhe gefahren und hat das Gefängnis gefangen und hat uns wieder gesund gemacht.»

Die Parallele der Tierwelt zur Erlösungstat Christi ist überraschend, aber sie findet sich in fast jeder dieser 55 Geschichten. Da ist die Rede vom Pelikan, der sich die Brust aufreißt, um mit seinem Blut die toten Jungen zu erwecken. Da ist die Rede vom Löwen, der mit offenen Augen schlummert, wie auch der Herr zur Rechten des Vaters immerdar wacht. Da wird die rührende Geschichte vom Einhorn erzählt: «Ist ein kleines Tier, ähnelt einem Zicklein, hat aber einen gar scharfen Mut. Nicht vermag der Jäger ihm zu nahen, darum daß es so große Kraft hat. Es hat aber ein einziges Horn, mitten auf dem Haupte.» Will man dieses wunderliche Tier fangen, legt man ihm eine reine Jungfrau in den Weg: «Und da springt das Tier in den Schoß der Jungfrau, und sie hat Macht über es, und es folgt ihr, und sie bringt es ins Schloß zum König.»

Diese Tierbilder werden alle übertragen auf das Bildnis des Heilandes Jesus Christus, so auch die «Erzählung vom Regenpfeifer», dem Caladrius, griechisch «Charadrios». Der Regenpfeifer ist ein hochbeiniger, kräftig gebauter Watvogel mit einem kurzen Schnabel, der sich einer mehr pickenden als stochernden Nahrungsaufnahme bedient und der an sandigen Meeresküsten oder Ufern von Binnenseen lebt – und heute vom Aussterben bedroht ist. Auf biologische Aspekte freilich geht der «Physiologus» nicht ein; das Buch konzentriert sich auf die moralische Nutzanwendung. «Wohlgesprochen hat also der Physiologus über den Goldregenpfeifer. Wenn er aber nun nach dem Gesetz unrein ist, so mag einer fragen, wie er dann auf das Antlitz des Herrn könne übertragen werden? Man erkenne jedoch, daß Christus die unreine und bresthafte Art auf sich genommen hat. So ist ja auch die Schlange unrein, und doch hat von ihr Johannes Zeugnis abgelegt, indem er sprach: Wie Mose in der Wüste eine Schlange erhöht hat, also muß des Menschen Sohn erhöhet werden. Denn zwiefältiger Art, löblich und tadelig, ist alle Kreatur! Wohl also und nach Fug hat der Physiologus geredet vom Goldregenpfeifer.»

Moderne Medizinhistoriker haben den «Physiologus» immer nur als ein Kuriosum betrachtet, als ein lästiges Anhängsel aus dem Aberglauben der Spätantike, vermischt mit dem abstrusen Wunderglauben unreifer christlicher Gemeinden. Sie haben sich geärgert über die mangelhafte Naturbeobachtung, über die Mirakelsucht, über das naive Weitererzählen solcher Geschichten. Vor allem aber bemängelten sie die völlig unkritische Vermischung von Naturkunde mit religiösem Erleben. Doch gerade das ist das Geheimnis dieses Buches: daß es Kreatürliches und Göttliches zugleich betrachtet und beides auf die menschliche Situation hin auslegt. Wie oft mögen kranke Menschen, hilflose Ärzte, mitleidende Angehörige auf den Totenvogel gewartet haben, der das Schicksal des Kranken vorausschaut. Im «Physiologus» geht es denn auch in keiner Weise um die «Natur», um die Eigenschaften der Steine, der Pflanzen, der Tiere; hier geht es vielmehr um die «Tugend» der Tiere, um ihre innere Kraft, die in so rührender Eindringlichkeit zu dem Menschen zu sprechen weiß.

Wir finden die sprechenden Bilder all dieser Tiergestalten heute noch in den romanischen Kapitälen und den Portalen gotischer Kathedralen. Darüber hinaus sind alle diese Symbole – Adler, Löwe, Pelikan, Einhorn – längst schon zu Emblemen geworden, für traditionsbewußte Apotheken gleicherweise wie für die banalen Gasthäuser. Es sind ganz alte Zeichen, die uns zu künden wissen von Leben, Leiden und Tod.

Was uns an der mittelalterlichen Heilkunde, die immer auch eine Heilskunde war, überrascht, ist der Tatbestand, daß Leben und Sterben einfach zusammengehören. Dies ist auch gar nicht anders möglich bei einem Wesen, das – wie es bei Augustinus heißt – von da ab schon im Tode sei, da es in diesem Leibe zu leben beginne (De civitate Dei 13, 10). Die «Ars moriendi» war daher immer auch Teil der «Ars vivendi», und sie hat sich im späten Mittelalter erst als eigene Literaturgattung herausgelöst, als «Die Kunst des heilsamen Sterbens». Leben und Sterben bildeten zunächst eine Einheit. Der Tod gehörte zum Leben. Der aufgeklärte Hallenser Kliniker Johann Christian Reil noch wunderte sich in seinem «Entwurf einer allgemeinen Therapie» (1816) darüber, daß wir zwar seit längerem eine eigene Hebammenkunst etabliert hätten, aber keine ebenbürtige Kunst, wie man aus diesem Leben einigermaßen «erträglich» wieder hinauskomme. Die Kunst zu leben beginnt bereits mit der frühesten Kindheit, umgreift alle Lebensalter und schließt auch das Sterben ein; sie kommt daher an kein Ende.

Das kranke Kind

Das frühe und hohe Mittelalter ist voll von Zeugnissen, die zeigen, wie der Mensch mit Krankheitserfahrungen aus seiner frühen Kindheit weiterlebt und ihre so großen Gefahren nie los wird. Da geraten schwächliche Kinder in Lebensgefahr, werden wundersam gerettet und lernen Chancen wie Risiken kennen. Da lesen wir in der Lebensbeschreibung des heiligen Ulrich («Vita Oudalrici») um das Jahr 980: «Ulrich, glücklichen Andenkens, entstammte einem hochadeligen alemannischen Geschlecht und war das Kind frommer und edler Eltern; sein Vater hieß Hubald und seine Mutter Dietbirg. Obgleich er in der üblichen Weise gestillt und mit der größten Sorgfalt gepflegt wurde, war er von einer solchen Magerkeit – wobei jedoch sein

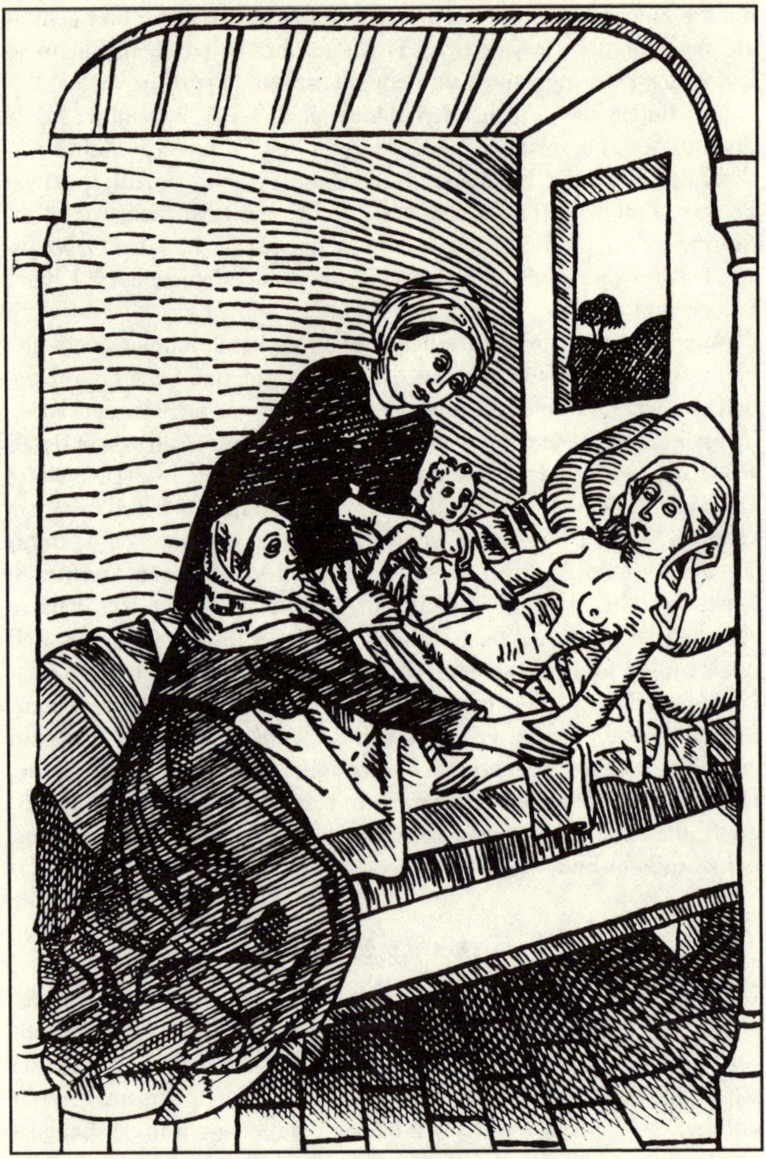

Abb. 2: Hebammen bei einer Schnittentbindung
(Holzschnitt aus dem «Seelenwurzgärtlein» des Conrad Dinkmuth, 1483)

Die Entbindung durch Kaiserschnitt ist im Mittelalter häufig zur Darstellung gekommen; der Eingriff selber wird weniger oft durchgeführt worden sein, da in der Regel das Leben der Mutter geopfert werden mußte.

Körperbau ohne Fehl war –, daß seine Eltern sich schämten, sein Gesicht einen Fremden sehen zu lassen. Vater und Mutter konnten sich nicht erklären, warum sein Körper so schwach und unansehnlich blieb und zerbrachen sich oft den Kopf darüber; in der zwölften Woche nach seiner Geburt kam ein unbekannter Kleriker durch Zufall zu ihnen, bat für einige Tage um Gastfreundschaft und wurde freundlich aufgenommen. Während er mit ihnen zur Essenszeit im Saal des Hauses zusammensaß, hörte er das Kleinkind in der Kammer weinen und wollte wissen, wer oder wessen das sei. Aus Scham über sein abgezehrtes Aussehen wollten sie es ihm nicht sagen; doch er sagte: ‹Wenn ihr wollt, daß es gesund wird, muß es schnellstens entwöhnt werden.› Doch sie gaben nichts auf seine Worte, und das Kind wurde weiter gestillt. Am anderen Tag aber hörte es der Kleriker wiederum und fragte: ‹Warum habt ihr meinen Rat nicht befolgt?› Sie aber mißachteten noch immer seinen Rat und glaubten ihm nicht. Als er jedoch am dritten Tag das Wimmern, schwächer als vorher, vernahm, sagte er zu ihnen: ‹Durch eure Nachlässigkeit bringt ihr dieses Kind ins Verderben. Ihr könnt sicher sein, wenn es nicht abgestillt wird, so wird es noch in dieser Nacht sterben; wird es aber entwöhnt und gerettet, so wird Gott in Zukunft Großes durch ihn bewirken.› Da endlich gehorchten sie ihm und gaben dem Kind andere Nahrung. Von diesem Augenblick an gedieh es, machte von Tag zu Tag Fortschritte und erlangte ein so prächtiges Aussehen, daß seine Eltern es mit Wonne betrachteten und anderen Leuten zeigten. Tag und Nacht priesen sie Gott für die Errettung ihres Kindes und dafür, daß er ihnen einen solchen Gast gesandt hatte, der die Ursache des Übels erkannt und ihnen offenbart hatte; und deshalb glaubten sie auch, was er über die Zukunft gesagt hatte.»

Die Kindersterblichkeit war bei aller Fürsorglichkeit während des ganzen Mittelalters – und bis weit in die Neuzeit hinein – erschreckend hoch. Man schätzt, daß über 50 Prozent aller Lebendgeburten bereits im Kleinkindalter sterben mußten. Der Nürnberger Patrizier Ulman Stromer (1329–1407) etwa schrieb in der Zeit von 1396 bis kurz nach 1400 die Chronik seiner Familie (mit insgesamt 153 Personen innerhalb von sieben Generationen) und berichtet darin, daß sein Großvater 11 Kinder hatte, sein Vater Heinrich 18 «lebendiger Kinder» hinterließ und seine Tochter Anna, die mit 15 Jahren heiratete, acht Kinder zur Welt brachte, von denen fünf starben. Es muß allerdings zugegeben werden, daß wir über die Kindersterblichkeit im Mittelalter weitgehend auf Schätzungen angewiesen sind. Erst im Zuge neuzeitlicher Kirchenreformen wurden die Pfarrer angehalten, die Geburts- und Sterbedaten ihrer Pfarrkinder genauestens in den Kirchenbüchern zu registrieren.

Das Kind war im Mittelalter keineswegs ein weniger geliebtes Wesen als heute, und die Eltern trauerten sehr, wenn ein Kind durch frühen Tod verloren ging. «Dulcis mi puer!» klagte im Jahre 1484 der Wiener Stadtarzt Johannes Tichtel. Über alles habe er seinen kleinen Jungen geliebt, schreibt 1398 der Arzt Antonio da Romagno. Und der Augsburger Burkard Zink (1396–1474), dessen Töchterchen Anna 1429 mit neun Jahren starb, rief aus: «Das war sicher als ein hüpsch kind, daß im jederman zarten muest!»

Philippe de Navarre schrieb um 1260 einen Traktat «Les quatres âges de l'homme» («Die vier Lebensalter») und bemerkte darin über die Kindheit: «Die Liebe in denen, die die Kinder aufziehen, insbesondere bei Vater und Mutter, bei Großvater und Großmutter, wächst und verstärkt sich immer mehr.» Es sei zwar allgemein bekannt, so Philipp von Navarra , «daß die Kinder von ihrer Geburt bis zur Vollendung des zehnten Lebensjahres in großer Gefahr des Todes oder des Leidens schweben: die einen dadurch, daß sie, solange sie klein sind, mit den Frauen zusammen in einem Bett schlafen, die anderen durch Feuer, Wasser oder Sturz oder durch andere vielfache Ursachen von Unglücken, welche zum Teil durch mangelnde Aufsicht, zum Teil durch Unglücksfälle geschehen. Im allgemeinen aber sagt man, daß man sein Kinde vor Feuer und Wasser behüten soll bis zum siebenten Jahr.»

Wächst das Kind heran, so beginnt auch schon die Aufzucht, eine «Zucht» im wahrsten Sinne des Wortes, wenn man den Bußpredigten des Berthold von Regensburg (um 1260) glauben will. Wichtiger erscheint die Pflege und hygienische Führung der Heranwachsenden. So erscheint im «Ehestandsartzneibuch» (Erfurt 1534) ein Traktat des Augsburger Arztes Bartholomaeus Metlinger mit dem Titel «Kindspflegung» (1473). Da heißt es: «In solcher Meinung, daß die Glieder der Kinder geführt werden und wachsen mögen durch Speise, und daß die Überflüssigkeit der Kost verzehret würde durch die Übung, mit welchem sie in ihrer Gesundheit bleiben mögen. Dadurch Gott dem Allmächtigen Ehr', Würde und Lob gesagt sei.»

Kinderpflege und Fürsorge wird auch in Walter Ryffs «Frauen Rosengarten» (1545) großgeschrieben: «Die weinenden Kinder möge man auf dreierlei Weise stillen und ihre Schmerzen lindern: als mit Säugen, mit mäßiger Bewegung und mit lieblichem Gesang.»

Auch in den nicht gerade zahlreichen Familienchroniken spielt das Kind eine besondere Rolle. Immer wieder wird die «Fürsorge» der

Abb. 3: Frauen bei der Geburtshilfe
(Fresko von Giotto di Bondone, um 1235, S. Croce, Florenz)

Eine spätmittelalterliche Darstellung der Geburt Mariens zeigt die verschiedensten Dienste, die – harmonisch abgestimmt – ausschließlich von Frauen in häuslicher Umgebung verrichtet werden: das Baden und Wickeln des Säuglings, die Reinigung der Mutter, das Herbeiholen von Speisen für die Wöchnerin sowie die Vorbereitung zum Stillen durch die Amme.

Mutter gerühmt. Des öfteren ist von «Zärtlichkeit» die Rede, die man den Kleinen entgegenbringe. Das Klima in diesem Familien-Verbund – wobei «Familie» erst spät auftritt und oft als «Geschlecht» oder «Haus» bezeichnet wird – war ausgesprochen gefühlsbetont. Im Mittelpunkt stand immer das «ganze Haus», eine kleine «Ökonomie», getragen von der Kernfamilie aus Eltern und Kindern, aber auch von der größeren Gruppe, dem «Haus» eben.

In seiner «Chronica» (um 1285) berichtet Salimbene von Parma schließlich von einem merkwürdigen, gefühllosen Experiment an Kleinkindern, das er Kaiser Friedrich II. von Hohenstaufen zuschreibt: «Seine zweite Wahnidee war, daß er in Erfahrung bringen wollte, welche Art Sprache und Sprechweise kleine Kinder nach ihrem Heranwachsen hätten, wenn sie vorher mit niemandem sprächen. Und deshalb befahl er den Ammen und Pflegerinnen, sie sollten den Kindern Milch geben, also sie an ihren Brüsten saugen lassen, sie baden und waschen, aber in keiner Weise mit ihnen kosen und zu ihnen sprechen. Er wollte nämlich erforschen, ob sie die hebräische Sprache sprächen, die ja die erste gewesen ist, oder die griechische oder die lateinische oder die arabische oder aber die Sprache ihrer Eltern, von denen sie abstammten. Aber er mühte sich vergebens, weil die Kinder oder vielmehr die Säuglinge ohne Ausnahme starben. Denn sie konnten nicht leben ohne das Händeklatschen und Winken, das fröhliche Lächeln und die Koseworte ihrer Ammen und Pflegerinnen. Daher nennt man ‹Wiegenlieder› jene Lieder, die die Frau singt, wenn sie die Wiege schaukelt, um ein Kind einzuschläfern, Lieder, ohne die nun einmal ein Kind schlecht schlafen und Ruhe finden kann.»

Probleme im Reifungsalter

Im Reifungsalter ist es vor allem die sexuelle Problematik, die auch im Mittelalter besondere Aufmerksamkeit fand. Angesichts der nicht gerade überwältigenden Zeugnisse beschränken wir uns auf ein einziges Dokument, das allerdings die Situation dramatisch genug darstellt.

Im 13. Jahrhundert schrieb Johann von Wesel für einen Karthäusermönch einen Traktat über den Umgang mit Sexualproblemen (Cod. lat. V. a. 2, Kgl. Bibl. Stockholm, f. 286^{v}–288^{r}). Darin gibt ein Mönch seinem geistlichen Vater gegenüber beredten Ausdruck über die ihn ständig bedrängenden Sexualprobleme. Der Traktat beschäftigt sich mit der Enthaltsamkeit als möglicher Krankheitsursache und mit der Frage, was man dagegen tun könne, ohne «unkeusch» zu sein und Lustgefühle zu empfinden.

Da heißt es (in der Übersetzung nach Elsässer, 1934): «Du hast mich, Vater, gebeten, eine nach meinem Urteil wahre, heilsame und nützliche Antwort auf eine Frage zu geben, welche folgendermaßen lautet: Ob es erlaubt sei, einen Samen, der in seiner Natur verdorben ist und den menschlichen Körper vergiftet, auf irgendeine künstliche Art nach und nach herauszubefördern, jedoch ohne Gefühl oder Lustempfindung oder dergleichen.»

Auf eine höchst umständliche Weise – und mit den Vorstellungen der griechisch-arabischen Säftelehre – wird zunächst einmal die «Natur» des männlichen Samens zu erklären versucht. Der Samen ist, wie alle anderen Säfte, ein Produkt der Verdauung. Er dient naturgemäß der Erhaltung der Art, kann aber auch bei fehlerhafter Verdauung als ein «Überschuß der Verdauung» den Organismus vergiften und sollte daher tunlichst aus dem Körper entfernt werden, was augenscheinlich nicht ohne Probleme möglich ist.

Die Antwort des älteren Bruders und geistlichen Vaters ist nicht weniger umständlich als die Frage: «Um es ganz klar auszusprechen: Was nicht von Gott ausdrücklich verboten ist, oder was nicht aus dem göttlichen Gesetz rechtlicherweise als verboten abgeleitet werden muß, das halte ich für erlaubt. Der Ehebruch zum Beispiel, der von Gott ausdrücklich verboten ist, ist nicht erlaubt. Unzucht zu treiben aber und den Samen aus seinem Gefäß zu ergießen, obwohl es nicht ausdrücklich verboten ist, wird doch aus dem Gesetz Gottes und aus der Strafe, mit der solche Handlungen belegt sind, als verboten abgeleitet. Daher ist dieses beides nicht erlaubt. Wer aber wollte die Ursache ihres Verbots angeben? Wer könnte zu seinem Herrn sagen: Warum machst du das so? Wird das Werk etwa seinen Meister fragen: Warum hast du mich so gemacht? Der Grund des göttlichen Verbotes scheint jedoch der zu sein, daß man vom Samen keinen anderen Gebrauch machen soll als seinem Zweck entspricht, den Gott und die Natur ihm zuerteilt haben, und der darin besteht, etwas sich Ähnliches zu erzeugen und das Erzeugte bis zum Abschluß seiner Entwicklung aufzuziehen, bis es selbst imstande ist, sich in seinem Sein zu erhalten.»

Das Problem ist nun von der physiologischen wie theologischen Seite her klar genug umrissen, um auf das Keuschheitsgelübde der Mönche angewandt zu werden: «Aus diesen Zusammenhängen folgt, daß anscheinend niemand vor einer derartigen Prüfung der eigenen Kräfte nach dem Rate Christi Keuschheit geloben soll. Ebenso scheint daraus zu folgen, daß der, der schon vorher weiß, glaubt oder fürchtet, durch die Enthaltsamkeit krank zu werden oder seinen Tod zu beschleunigen, nur törichterweise die Keuschheit verspricht. Es soll so sein, Vater, daß der, der die Keuschheit geloben will, eine Prüfung seiner Kräfte vorgenommen hat und nicht unwissend sei über das, was ihm in Zukunft durch die Bewahrung der Keuschheit bevorsteht, und dann soll er geloben und sein Gelübde halten. Darüber ist deine Frage bis jetzt erwogen und noch nicht entschieden wegen der Schwierigkeit der uns noch immer bevorstehenden Aufgabe, wovon wir schon anfangs sprachen.

Wenn nämlich dem Enthaltsamen eine Krankheit zustößt, so würde er am wenigsten glauben, daß es durch die Keuschheit der Fall sei; und wenn er sie sodann der göttlichen Entscheidung überläßt, so versucht er augenscheinlich den Herrn. Das aber verbot Gott mit den

Worten: Du sollst Gott, deinen Herrn, nicht versuchen. Wenn er aber auf eine künstliche Art der schon vorhandenen oder ihm nah oder fern bevorstehenden Krankheit begegnen will, so scheint er in das Laster der Unzucht zu verfallen, weil eine Krankheit, die durch die Enthaltsamkeit verursacht ist, nur durch das Entgegengesetzte ihrer Ursache zu heilen ist. Der Enthaltsamkeit aber ist entgegengesetzt die Unenthaltsamkeit; daher wird die Krankheit, welche aus der Enthaltsamkeit entstanden ist, nur durch Unenthaltsamkeit geheilt werden.

Um dir auf deine Frage endgültig zu antworten, wäre in wenigen Worten etwa folgendes zu sagen: Jemand, der durch ein Gelübde zur Enthaltsamkeit gezwungen ist, darf keineswegs seinem Fleische das entziehen, was zur Erhaltung des menschlichen Lebens notwendig ist, aus der Veranlassung heraus, daß kein Kampf gegen das Leben des Fleisches stattfinde. Es wird dies dadurch veranschaulicht, daß man sich selbst töten und Selbstmörder werden würde, wenn man seinem Fleische Lebensnotwendiges entzieht.»

Daraus folgt dann der Schluß, daß das Lustgefühl im Fall der Krankheitsvorkehrung keine Sünde ist: «Es beweist dies, daß der menschliche Wille, der mit dem göttlichen Willen übereinstimmt, durch eine ungewollte, eigene Verfehlung nicht von diesem abweicht, sondern richtig und ohne Sünde bleibt. Der göttliche Wille aber, der das bewegende Element aller Dinge ist, insofern sie werden und sind, will, daß die erzeugte Natur sich auf natürlichem Wege reinigt; daher wird auch der Wille des Menschen, der dasselbe will, in Übereinstimmung mit dem göttlichen sein. Ich habe ausdrücklich gesagt, daß er durch keine absichtliche Verfehlung abweicht. Zum Beispiel wollte der Wille des Herrn, daß sein Sohn im Fleische litt, und dasselbe wollte der Wille der Juden; aber dieser Wille wurde Sünde, weil er sich durch eine absichtliche Verfehlung vom göttlichen Willen unterschied. Denn sie verrieten ihn aus Neid. So will also im Vorsatz der göttliche Wille die Reinigung der Natur. Wenn aber der menschliche Wille jene auch wollte und sie endlich zum Vergnügen in Gang brächte, nicht zur Gesundheit oder sowohl zur Gesundheit wie zum Vergnügen und nicht zur Gesundheit allein, so wird der menschliche Wille nicht mit Gott übereinstimmen wegen der vorsätzlichen Verfehlung, da er die Reinigung zum Vergnügen will, wenn auch in Übereinstimmung mit dem göttlichen Willen in dem Gewollten.

Ich denke, zur Erläuterung des oben Gesagten grenze ich folgendes ab: Das Gelübde der Keuschheit wird nur durch den gegensätzlichen, wirksamen Willen zur Unkeuschheit gebrochen. Aber in dem nunmehr zur Rede stehenden Fall ist der Wille zur Unkeuschheit nicht wirksam, weil er die natürliche Reinigung gar nicht zurückzuhalten vermag, und er ist dem Gelübde nicht entgegengesetzt... Daher wird das Lustgefühl im vorliegenden Fall ohne Sünde sein.»

Das Frage- und Antwortspiel ist auf seinen Höhepunkt gelangt, wobei noch die Theorien der Mediziner in Erwägung gezogen werden: «Als vierte und letzte Antwort, möchte ich folgende geben: Ein Mensch, der der Keuschheit ergeben ist und sich vom Willen zur Fleischeslust in Wahrheit enthält, kann erlaubterweise für seine Gesundheit Sorge tragen und seinen Körper von der Infektion des verdorbenen Samens nach guter Kenntnis des Körpers mit Hilfe der Medizin, sei es prophylaktisch oder therapeutisch, heilen. Ich möchte glauben, daß das die Wahrheit ist, die sich aus dem Gesagten ergibt.»

Das Alter als Krankheit

Wie lange wohl reift er aus, der Mensch? Wie wird man dabei unterscheiden können zwischen einem gesunden Wachsen und einem pathologischen Verfallen? Nach der jüdischen Überlieferung des Mittelalters kommt es mit dem Alter von 40 Jahren bereits zu auffälligen biologischen Mangelerscheinungen. Die Rekonvaleszenz läßt deutlich nach. Bestimmte Medikamente üben keine rechte Wirkung mehr aus. Der jüdische Dichter Samuel ben Nagid, der im Jahre 1056 im arabischen Andalusien starb, sagt über sein eigenes Altern: «Von sechzig an gibt es für mich nicht mehr Lachen im Mund und Gesang auf den Lippen.»

Auf der anderen Seite gibt es reichlich Zeugnisse für eine Hochschätzung des Alters. Schönheit und Kraft zieren das Alter, Reichtum und Weisheit, Ehre und Weißhaarigkeit sowie die Fülle der Kinderschar. Immer wieder wird aus dem Buch der Sprüche zitiert, wo es heißt: «Graues Haar ist eine herrliche Krone, auf dem Weg der Gerechtigkeit wird sie gefunden» (Prov 16, 31), oder auch: «Die Krone der Alten sind Kindeskinder, und der Stolz der Kinder sind ihre Väter» (Prov 17, 6). Im ganzen aber überwiegen doch die Erfahrungen der Hinfälligkeit beim Älterwerden, so daß «alt» und «krank» oft als identisch gelten. So wird das Alter als eine Last angesehen, die Hilfe erfordert, eine Bürde, die auf die Schulter der Gemeinde verteilt werden sollte.

Eine durchaus pessimistische Weltansicht beherrscht die Lyrik des blinden Sängers Abū'l-ʿAlāʾ al-Maʿarrī (973–1057), eines der größten syrischen Dichter. Als Vierjähriger verlor er, was damals häufig vorkam, durch die Pocken sein Augenlicht. Er studierte gleichwohl, konnte bald zahlreiche Handschriften auswendig, machte weite Bildungsreisen und lebte auch nach seinem Ruhm in einfachsten Verhältnissen. Meist von einem Diener oder seinem Blindenführer begleitet, kam er auch an die Höfe, wo er durch seine vegetarische Lebensweise und durch seine Unabhängigkeit großen Eindruck machte. Er starb im Alter von 84 Jahren. 180 Dichter sollen an seinem Leichenzug teilgenommen haben, 84 Gelehrte sprachen an seinem Grab einen Nachruf.

Das Leben wird von ihm ganz allgemein als eine Krankheit verstanden, gegen die nur ein Kraut gewachsen sei, der Tod. Es sei wohl am besten, sich zeitig von der Welt zurückzuziehen, mit ein paar Freunden auszukommen, wie ein einsames und sanftes Tier zu vegetieren. Noch besser sei es, nicht geboren zu sein, um so aller Qual und Unrast von vornherein zu entgehen. Den wahren Frieden schenke einzig der Tod: «Uns alle sucht er heim, zuhaus und unterwegs. Genau wie wir will auch die Erde ihre Speise haben; sie ißt und trinkt des Menschen Fleisch und Blut. Mir scheint, der Halbmond an dem Firmament, er ist des Mondes krummer Dolch; der erste Strahl des Tageslichts, er ist ein Schwert, vom Morgengrauen jäh gezückt.»

Demgegenüber stellt Arnaldus von Villanova im christlichen Mittelalter das Älterwerden in einen eher kosmologischen Bezug. Vom Alterungsprozeß befallen sei mit dem Makrokosmos Welt auch der Mikrokosmos Mensch, der «minor mundus». Beim Älterwerden sei neben der physiologischen Basis auch der moralische Habitus von der Säftemischung abhängig. Den Greisen empfiehlt Arnaldus daher gegen die Beschwerden des Alters neben dem Ausgleich des Säftesystems auch die Lektüre der Heiligen Schrift.

Im «Rosenroman», einer mit symbolischen Figuren angereicherten Dichtung des 13. Jahrhunderts, führt uns Guillaume de Lorris (ca. 1230) unter den Lastergestalten auch das «Alter» vor, das als Krankheit erscheint und in der Gestalt einer gebrechlichen, alten Frau wie folgt vorgestellt wird:

«Bei der Traurigkeit befand sich auch eine Frau, die das Alter darstellte. Sie war, nach ihrer Gewohnheit, einen Schritt zurück. Mit Mühe hielt sie sich aufrecht, so alt war sie und in die Kindheit zurückgefallen. Ihre Schönheit war zerstört, häßlich war sie geworden. Ihr Haupt war ergraut und weiß, als stände es in Blüten. Es wäre bestimmt kein großer Schaden, wenn sie sterben würde, und auch kein großes Unglück, denn ihr Körper war ausgetrocknet vor Jahren und zerfallen. Ihr Gesicht war welk geworden, das ehemals hübsch und voll gewesen; jetzt war es mit Falten übersät. Ihre Ohren waren runzelig. Alle Zähne hatte sie verloren, nicht einer war ihr geblieben. Sie war so alt, daß sie keine vier Schritte ohne Stock gehen konnte. Die Zeit, die Tag und Nacht fortschreitet ohne Rast und Ruh, sich von uns trennt und heimlich entflieht, so daß es scheint, sie verweile einen Augenblick, sich indes nie aufhält, nie aufhört, vorwärts zu eilen, so daß wir den gegenwärtigen Zeitpunkt nicht denken können (denn – wie die Gelehrten sagen, wenn ihr sie fragt – bevor ihr einen Augenblick gedacht hättet, wären schon drei verflossen); die Zeit, die sich nicht aufhalten kann, die jeden Tag vergeht, ohne je wiederzukehren wie das Wasser, das zu Tale stürzt und keinen Tropfen zurückfließen läßt; die Zeit, gegen welche nichts besteht, weder Eisen noch irgend ein harter Stoff, und die alles zerstört und zerfrißt; die Zeit, die alle Dinge wandelt, die alles wachsen läßt und nährt und alles verbraucht und verzehrt; die Zeit, die unsere Väter altern ließ, Könige und Kaiser nicht verschonte, die auch uns altern läßt, wie es in ihrer Macht liegt, wenn der Tod ihr nicht zuvorkommt: sie hatte diese Frau so schrecklich angefaßt, daß sie nach meiner Meinung sich nicht mehr helfen konnte und zur Kindheit zurückkehrte. In der Tat hatte sie nicht mehr Kraft und Verstand als ein Kind von einem Jahre. Und doch war sie, soviel ich weiß, verständig und unbescholten gewesen in ihrem besten Alter. Aber jetzt war sie unvernünftig und dumm geworden. Sie hatte, wie ich mich entsinne, ihren Körper mit einem gefütterten Mantel recht gut geschützt. Sie mußte sich warm anziehen, sonst würde sie frieren. Alte Leute fühlen die Kälte bald; ihr wißt wohl, daß es ihre Art ist.»

Eine Grundfrage, die sich die arabischen wie lateinischen Scholastiker des öfteren gestellt haben, war: Kann man sein Leben überhaupt vor dem Tode bewahren? Es konnte nicht ausbleiben, daß bei den so beliebten wissenschaftlichen Disputen um Leben und Tod der Alte und Kranke oft in den Mittelpunkt der Auseinandersetzungen geriet. So fragte der jüdische Gelehrte Josef ben Jehuda seinen Meister Maimonides, der im 12. Jahrhundert als Leibarzt in Kairo wirkte, ob die Lebensdauer eines Menschen ein für allemal und unabänderlich bestimmt sei, oder ob man wohl durch Ergreifen besonderer Vorsichtsmaßnahmen seine Lebensfrist verlängern könne? Der Fragestellung vorausgegangen war eine Exegese des Textes bei Jesaja 38, 12, wo es heißt: «Meine Zeit ist dahin und vor mir aufgeräumet wie eines Hirten Hütte. Und reiße mein Leben ab wie ein Weber. Er sauget mich dürre aus. Du machest es mit mir ein Ende, den Tag vor Abend.»

Für den Arzt Maimonides ist die Antwort eher eine medizinische als eine theologische. Sie lautet: Der Mensch hat aus seiner eigenen Natur heraus Einfluß auf sein Leben; er ist daher auch verantwortlich für seine Gesundheit. Maimonides vergleicht das Leben mit einem Licht, das zu wenig Luft bekommt oder im Öl erstickt, oder im Rauch und im Wind steht, oder das Öl fließt aus, oder ein Gefäß wird darüber gestülpt, oder was sonst alles mit einer Lampe passieren kann.

Der Mensch ist daher grundsätzlich zur Vorsicht und Vorhut angehalten. «Wenn du ein neues Haus baust, sollst du ein Geländer um dein Dach machen, damit du nicht, falls einer von ihm abstürzt, Blutschuld auf dein Haus lädst.» Vorsicht ist daher immer mit Verantwortung verknüpft, wie es ja auch im Buch der Sprüche (10, 27) heißt: «Gottesfurcht vermehrt unsere Tage, die Jahre der Frevler aber werden verkürzt.» Maimonides schließt den Diskurs mit Jesaja 38, 5: «Ich habe dein Gebet gehört; ich habe deine Tränen gesehen, und so füge ich deinen Lebenstagen noch fünfzehn Jahre hinzu.»

An verschiedenen Stellen spricht Maimonides von den «Gegenmaßnahmen», die der Mensch, das biologische Mängelwesen, in seinem Lebenskampf einfach ergreifen muß, will er Bestand haben. Diese Maßnahmen können nur durch systematisches Denken vollzogen werden. «Und wenn du dir einen Menschen vorstellst, der dieser geistigen Fähigkeit beraubt wäre und dem man nur seine animalischen Fähigkeiten gelassen hätte, er würde auf der Stelle zugrundegehen.»

Daß letzten Endes gegen den Tod, ach den harten, auch für den Arzt kein Kraut gewachsen im Garten, war zu einem Allgemeinplatz auch in der arabischen Literatur geworden. «Der Arzt kann sich nur bemühen um das Leben», schrieb im 12. Jahrhundert Ibn Buṭlān: «Es liegt nicht in der Kraft der Heilkunst, jeden Kranken zu heilen. Würde jeder Mensch, der den Arzt konsultiert, gesund werden, würde niemand mehr sterben. Aber die Lebensfrist ist von Gott festgesetzt. Da gibt es keinen Ausweg. Den Tod kann man nicht überlisten. Es liegt einfach nicht in unserer Macht, die Lebensfrist zu verlängern.»

Mancher gläubige Patient mag in schwere Gewissenskonflikte geraten sein vor der Frage, ob und wieweit man überhaupt die Hilfe des Arztes in Anspruch nehmen dürfe. Lehrte die Religion doch, daß im Gottvertrauen mehr Heilkraft liege als bei allen medizinischen Maßnahmen. Wer sich daher an den Arzt wende in der Hoffnung, von ihm geheilt zu werden, zeige damit allein schon, daß er das Heil nicht von Allah erwarte. Der «Verzicht auf die ärztliche Behandlung» galt daher bei vielen islamischen Mystikern als besondere Tugend, die «Verzweiflung an Gottes Barmherzigkeit» als die größte Sünde.

Gegenüber der fatalistischen Ergebenheit in Gottes Willen versuchte der Kranke im christlich-abendländischen Mittelalter, möglichst lange und mit Hilfe der Ärzte auch sein leidendes Leben zu verlängern. So erschien zu Augsburg im Jahre 1472 eine «Lehre und Unterweisung, wie ein junger Mensch sich in Ehrbarkeit und guten Sitten erhalten soll». Da heißt es gleich zu Beginn: «Wilt du lang iung erscheinen / so vertreib groß sorg / wann grosse sorge machet alt scheinen» (f. 6^{b}).

Die Augsburger «Lehre und Unterweisung» bringt dann allerdings auch die altbekannten Klagen über das Elend des Alterns, die da lauten: «Denn der alte Mensch ist voller Klage und leer aller Freuden. Denn das Haupt schwindelt, das Hirn sinkt, das Gedächtnis entgeht, das Herz siecht, die Brust krachet, die Länge beugt sich, die Größe schwindet, die Stärke krankt, das Antlitz dunkelt, der Atem schmeckt, die Augen rinnen, die Nase träuft, die Zähn erfaulen, die Ohren schwellen, die Zung stammlet, die Händ erzittern, die Füße sifflen, und der Alte erzürnet bald...»

Das Alter – schreibt Isidor, Bischof von Sevilla, in seinen «Etymologien» – bringt viel Gutes und Schlechtes mit sich. «Gut ist das Alter, weil es uns von so manchen kraftlosen Herren befreit, uns nur mäßig noch mit Begierden belästigt, die Wucht der Leidenschaft bricht, die Weisheit vermehrt und reifere Beratung vermittelt. Schlecht ist es, weil Alter an sich schon ein Elend ist, voll von Schwachheiten und Haß. Krankheiten überfallen uns und letztlich das so traurige Greisenalter.»

In seinem «Ehebüchlein» (1472) antwortet denn auch Albrecht von Eyb auf die Frage, was denn wohl ein alter Mensch vom Leben noch zu erwarten habe: «Nichts denn mehr Sorg, Arbeit, Verdrießen, Schmerzen, Krankheit und Sünde.» Und wenn einer einmal ein Alter von sechzig Jahren erreichen sollte, dann erscheint er «an Herze und Geist gepeinigt». Die Augen werden trüb, die Ohren taub; die Nase trieft; die Haare fallen aus, die Glieder zittern. Er lobt das Alte und verschmäht das Neue. Der Alte «erseufzet, schlaffet und ist stets betrübt, bekümmert und krank». Der alte Mensch, er ist zu Tode betrübt.

Die «Memento-mori»-Literatur freilich mit all den Totentänzen erscheint erst am Ausgang des Mittelalters und im Überstieg in die Neuzeit, desgleichen auch die sagenumwobenen «Jungmühlen» und «Gesundbrunnen», die dem Alter neue Jugend verheißen.

Beistand in der Sterbestunde

Der kranke Mensch im Mittelalter war sich – wie wohl der Mensch zu keiner anderen Epoche – bewußt, daß es einmal ans Sterben gehen würde. Die Grundhaltung zu Krankheit und Tod muß damals eine andere gewesen sein als heute, wo wir eine mittlere Lebenserwartung von über 70 Jahren und eine zwischenzeitliche Totalversicherung aller Nöte und Leiden haben. Der Tod war im Mittelalter allen vertraut, weil er mitten im Leben stand. Die Toten ruhten denn auch rund um die Kirche, wo die Gemeinde sich regelmäßig traf, auf dem Kirchhof also und nicht in den Schrebergärtchen am Stadtrand oder auf Waldfriedhöfen. Der Tod war in der Tat ein Teil des Miteinanderlebens und wurde dementsprechend akzeptiert und kultiviert. Über Sterben und Tod berichten nicht nur unübersehbare schriftliche Zeugnisse, sondern auch Spuren in Stein: die Überreste von Gräbern, Inschriften auf Grabmalen, Skulpturen in Friedhofskapellen, ja ganze Dome, die als monumentale Grablege gedacht waren.

Ein Leben, das mit dem Sterben nicht sein Ende gefunden hatte, bewegte die Überlebenden zu betendem Gedenken, zu Almosen und karitativen Leistungen. Lebende und Verstorbene erwiesen sich als eine einander Fürbitte leistende Gemeinschaft, als solidarisch im wahrsten Sinne des Wortes. Die Lebenden gedachten im Gebete der Verstorbenen; die Abgeschiedenen vermochten für die Lebenden Fürbitte zu leisten an Gottes Thron.

Für Hildegard von Bingen war es Adams Hochmut, seine «superbia», die alle Menschen in den Abgrund des Todes gestürzt und den grünenden Lebenssaft ausgetrocknet hatte. Mit Adams Fall war im Blut die Schwarzgalle geronnen, die «melancolia», die Ursache aller Traurigkeit und der letzte Grund des leibhaftigen Verfallens und Sterbens. Der Mensch als Ganzes war verwandelt worden und erhielt eine andere Existenzweise. «Da befiel ihn eine große Traurigkeit» (Causae et curae, 145). Die todbringende Traurigkeit erhebt sich vor allem in jenen Säften, die rings um die Galle fließen und zu Überdruß, Verhärtung und Halsstarrigkeit führen. Solche Art Melancholie unterbindet die Schwungkraft der Seele, erregt Haß und andere Leidenschaften, welche die Seele morden. So kümmern die Menschen dahin und müssen sterben. Das Sterben selbst ist die Zeit des Abbruches des Zeltes. «Seufzend wandert die Seele aus und zerstört trauernd ihren Wohnsitz. Wenn die Seele angstvoll dem Leibe entschwebt, überläßt sie unter Zittern ihre Wohnstätte dem Zerfall» (Scivias 1, 4).

Abb. 4: Beistand in der Sterbestunde
(Stundenbuch der Katharina von Kleve, 15. Jh.; Pierpont Morgan Library, New York)

Die Sterbestunde symbolisiert eine Szenerie vielschichtiger Gemeinschaft. Die Freunde (oben rechts) haben Abschied genommen; der Arzt (oben links) schaut verzweifelt auf das Harnglas, das Instrument seiner Diagnose und Prognose. Eine der klagenden Frauen reicht die Sterbekerze, die andere drückt dem Sterbenden die Augen zu. Mönch und Nonne verrichten die Sterbegebete.

Kranke und Sterbende aber läßt man niemals allein. Mit wem man im Leben Freud' und Leid geteilt hat, dem steht man in der Sterbestunde helfend und tröstend zur Seite. So wie bei der Geburt zahlreiche Menschen, Angehörige und Nachbarn, die Gebärende umstehen, so nun auch in der Todesstunde. Kam es zum Sterben, so ordnete der Kranke sein Hauswesen und regelte den Nachlaß. Er rief die Angehörigen zu sich, redete mit ihnen, ermahnte sie, bat um Verzeihung, umarmte sie alle. So berichtet die Chronik über den Tod der heiligen Hildegard: «Ihre Töchter, deren ganze Freude und Tröstung sie gewesen, nahmen unter bitterem Weinen am Heimgang der geliebten Mutter teil. Denn obwohl sie nicht daran zweifelten, durch Hildegard Gaben und Fürbitten zu erlangen, so wurden sie doch beim Heimgang derjenigen, durch die sie stets getröstet worden waren, von tiefer Herzenstrauer erfüllt.»

Über die Gebräuche beim Sterben informieren uns zahlreiche Quellen im «Herbst des Mittelalters». Die Gläubigen versammeln sich um den Kranken, wenn es ans Sterben geht. Sie singen die Bußpsalmen und die Allerheiligenlitanei. Der Sterbende wird mit Weihwasser besprengt und beweihräuchert. Dem Todkranken bereits werden besondere Sterbekleider angelegt. Brennende Kerzen sind aufgestellt. Seine Hände werden gefaltet, auf seiner Brust ruht ein Kreuz. Nachts hält man an der Bahre die Totenwache.

Der Sterbende wird in der Regel auf den Boden gelagert, um möglichst nahe zu sein jener Erde, aus der er genommen. Noch bei Bewußtsein sollte der Sterbende erfahren, daß nunmehr das der Erde übergeben werde, was ihr gehört. So heißt es in der «Vita» des heiligen Anno: «Die Erde erhält nun das ihrige.» Hidda, eine adelige Frau, die auf der Wallfahrt im Heiligen Land gestorben war, hatte ihren Dienerinnen befohlen: «Nun übergebt ganz rasch meinen Leib der mütterlichen Erde» (Thietmar von Merseburg, Chronica, II, 25).

Beobachter der Sterbeszenerie glaubten vielfach Zeichen gesehen zu haben, die eine Aufnahme in die Gemeinschaft der Heiligen nahelegten. Zeichen am Himmel sprachen für die Bedeutsamkeit der Sterbestunde. So wird vom Todestag der heiligen Hildegard von Bingen berichtet, daß über dem Sterbegemach der Seherin «zwei überaus helle Bögen von verschiedener Farbe» am Himmel erschienen seien. «Sie nahmen eine große, weite Strecke ein und dehnten sich nach den vier Weltgegenden aus, der eine zog von Norden nach Süden, der andere von Osten nach Westen. Im Scheitelpunkt aber, wo die zwei Bögen sich kreuzten, strahlte ein helles mondförmiges Licht. Es leuchtete weithin und schien die nächtliche Finsternis vom Sterbehaus zu vertreiben. In diesem Licht sah man ein rotschimmerndes Kreuz, das zuerst klein war, dann aber zu ungeheurer Größe anwuchs.» Und das Licht hüllte – so schließt die «Vita» – den ganzen Berg in ein strahlendes Licht.

Im späten Mittelalter wird dann neben einer eigenen Literaturgattung zur «Sterbekunst», der «Ars moriendi», der «Todesspiegel» (Miroir de la Mort) zu einer Chronik der Laienseelsorge. Der burgundische Historiograph Chastellain schildert um die Mitte des 15. Jahrhunderts in einem solchen «Spiegel» den Tod seiner Geliebten. «Mein Freund betrachtet mein Antlitz», so spricht die Sterbende, «der harte Tod endet alle Schönheit».

Was aber gibt man einem Sterbenden für seine letzte Stunde noch als Geleit zu bedenken? Hier ein Beispiel aus der «Herberge der Armen» von Thomas von Kempen: «Der Herr ist mein Hirte, mir mangelt nichts; er weidet mich auf grüner Aue (Ps 22, 1 f.). Was hat der Mensch mehr von allen seinen Gütern und irdischen Reichtümern als Nahrung und Kleidung? Was für einen Grund hat er also, stolz zu sein? Und wenn er sterben wird, muß er alles hier zurücklassen; er nimmt nichts mit als einen dürftigen Sarg, der seinen Körper aufnimmt, in dem er begraben und den Würmern zur Speise übergeben wird. Dann muß er Rechenschaft geben vor Gott über alle Güter, die er gebrauchte; es mag viel oder wenig gewesen sein, gleich wie eine Wegzehrung war es ihm anvertraut, die nun samt Zinsen zurückgefordert wird. Wie groß und reich auch immer einer gewesen sei und in wie hohem Ansehen er stand, deswegen ist er nicht heiliger; er bleibt nicht Herr seiner Güter, sondern er ist nur ein für kurze Zeit gedungener Knecht, der unter der Gewalt seines höheren Herrn, des himmlischen Königs und ewigen Herrschers und Richters, steht, der alles mitteilt, um daraus den Gewinn guter Werke zu erzielen, aber nicht einen Anlaß zum Sündigen zu geben. Dieser milde Herr aber wird Seinen guten Knechten einen angemessenen, ja mehr als angemessenen Lohn geben: für geringe Arbeit ewige Ruhe, für kurze Traurigkeit ewige Freude, für alle Schmach und Beleidigungen, die sie für Ihn erlitten haben, die ewige Krone der Glorie (...).

Als einst ein großer Fürst sterben sollte, sprach er zu den vielen umstehenden Dienern: ‹Wer immer ein armer Schafhirt gewesen ist, kann weit sicherer sterben als ich.› Als ein anderer großer Herr schwer krank wurde, kamen viele zu ihm und baten ihn, ihnen zum Andenken und zum Lohne für geleistete Dienste einiges zu schenken. Sie sprachen: Herr, was werde ich bekommen, was werdet Ihr mir geben? Da rief er aus: Siehe, alle diese suchen nur das ihrige, keiner

Abb. 5: Der Tote redet mit Gott
(Aus: Grandes Heures de Rohan; Cod. lat. 9471, fol. 159; um 1430; BN Paris)

Auf der monumentalen Tafel eines Toten-Offiziums sieht man einen Verstorbenen, der, mit allen Attributen des Todes und des Ringens um seine Seele umgeben, mit seinem Gott redet: Er empfiehlt Gott seinen Geist, und Gott verspricht ihm sein Heil am Tage des Gerichts.

denkt an meine Seele, und ich selbst weiß nicht, wo ich heute über Nacht bleiben werde. So starb er, und zu spät erkannte er voll Reue, daß alles Irdische eitel und trügerisch ist, daß alles in einem Augenblick wie Rauch verfliegt.

Selig also, der arm an Gütern und reich an Tugenden ist, der am Lebensende voll Vertrauen mit dem Propheten sprechen kann: ‹Der Herr ist mein Hirte, mir mangelt nichts; Er weidet mich auf grüner Aue um Seines heiligen Namens willen› (Ps 22, 1).»

Todesbewußtsein und Sterbebeistand kommen am Ausgang des Mittelalters noch einmal zu einem großartigen Ausdruck bei dem Arztphilosophen Paracelsus, für den Leben nichts anderes bedeutet als Koexistenz mit dem Tode. Paracelsus spricht daher immer wieder vom «Nachbar Tod». Der Mensch, «zum Umfallen geboren», sei zeitlebens umgeben vom Tod, der «nachbarlich» neben uns hocke. Alles sei gleichsam «mit dem Tod» umgeben, wie schon das Kind den Tod mit in das Leben bringt.

Der Arzt Paracelsus läßt seine Kranken aber nicht allein mit ihrem Wissen um das Sterben. Er zeigt ihnen einen Tod, der gar nicht aus der lebendigen Natur herausgelöst werden kann, da auch er ein Zeichen jener Schöpfung ist, worauf sich menschliches Hoffen richtet. Bringt der Tod doch lediglich «eine Umkehrung und Veränderung der Kräfte und Tugenden», eine «Austilgung und Unterdrückung der ersten Natur und eine Generation der anderen und neuen Natur» (XI, 332). Der Tod erst gibt den Weg frei in die neue Welt. «Daher soll der Mensch nit mit Geschrei, sondern von innen aus dem Herzen heraus den Tod annehmen» – und auf das gepriesene Leben hoffen.

Mit dem Sterben fällt das Leben nicht zurück in den kreatürlichen Urstand. Es fällt in die neue Schöpfung, eine andere und bessere Welt, von der wir uns freilich noch kein Bild machen können: «Denn ein Mysterium ist das Ewige, davon wir keinen Grund haben, wie es sei.»

Zweiter Teil

Das Spektrum der Krankheiten

Zu Anfang unseres Jahrhunderts, so berichtet uns Reinhold Schneider in seinem Aufsatz «Der Friede der Welt» (1956), wurde in Korsbetningen, vor den Mauern und Türmen der Ruinenstadt Visby auf Gotland, das Massengrab derer entdeckt, die bei dem schauerlichen Überfall des Dänenkönigs Waldemar Atterdag im Juli 1361 im Kampf um die Stadt gefallen waren. «Von scharfkantigen Pfeilen und Ästen durchbohrte Schädel, die, wie Mönchsköpfe in der Kapuze, noch in der Eisenhaube steckten, von Schwerthieben gezeichnete oder scharf abgeschlagene Knochen lagen zwischen den schweren dänischen Ring- und Plattenpanzern, vielzinkigen Gabeln, geschwungenen Beilschneiden, den Zweihändern und durchstoßenen krummen Schilden. Es fanden sich zahnlose Kiefer, ineinander verwachsene Wirbel: Auch Greise und Krüppel kämpften in dem untergehenden Aufgebot gotländischer Bauern mit. Unter diesen Resten war das Haupt eines Ritters, an dem noch Fetzen des Rumpfes und der Arme hingen: Fleisch war zu Eisen geworden. Der Kopf und das schwarze Antlitz sind ganz von Erz umschlossen: es ist ein Schrei ohne Ende, stummer, verewigter Schrei, mitten unter uns.» Ist dieser Schrei, so schließt Reinhold Schneider, «ist er die Stimme unserer, aller Geschichte?»

Kampf und Streit, Unfälle und Zufälle, Klagen und Leiden, sie gehörten zum Alltag des Menschen, und es gibt kaum eine Quelle, die nicht von den Greueln der Verwüstungen und Verstümmelungen zu berichten wüßte. Im Waltharius-Epos des 10. Jahrhunderts wird vom «Kriegsgewitter» der Nibelungen berichtet: «Da lagen der Fuß König Gunthers, die Hand Walthers und von Hagen ein zuckendes Auge (sowie sechs Backenzähne)... Inzwischen rief Alphers Sohn mit lauter Stimme das zaghafte Mädchen herbei; sie kam und verband alle Wunden. Nachdem dies besorgt war, befahl ihr der Verlobte: Nun mische Wein, und reiche ihn Hagen zuerst!»

Krankheit, Leiden und Sterben sind im Mittelalter zutiefst mit der menschlichen Existenz verbunden. Seit Adam und Eva sich verfehlten, ist das «königliche Leben» der Stammeltern erstickt, Adams Prophetengabe verwirrt und Evas «himmlisches Schauen» ausgelöscht worden. Beide wurden an Leib wie Seele wie Geist verwandelt. Die

Menschen waren von nun an der Gebrechlichkeit verfallen und begannen ein neues Leben voll Mühsal und Last.

Mit dem Fall wurde auch die gesamte Natur in eine Katastrophe gestürzt. Die Elemente wurden verdüstert und verderbt. Alle Schöpfung wurde einer Auflösung preisgegeben und wartet auf ihre Erlösung und Läuterung. Auch alle Kultur war der Zersplitterung ausgeliefert; die Gesellschaft war zum Spielball diabolischer Machtverhältnisse geworden.

Das ist in großen Zügen die Situation des gebrechlichen, des gefallenen Menschen, der seine ursprüngliche Verfassung verloren hat, die «constitutio», seinen Wohl-Stand, so wie er eigentlich gemeint war. Der erste Mensch in seiner «genitura mystica», er war gesund an Leib und Seele und Geist. Nun hat auch er in Kranksein und Sterben das Schicksal der gefallenen Schöpfung zu erleiden.

Wieweit sich der mittelalterliche Mensch dieser Mitgift aus Adams Schuld noch bewußt war, ist schwer zu sagen. Jedesmal neu an seine Hinfälligkeit erinnert wurde er jedenfalls, wenn ihn Krankheit und Leiden überkamen. Wer krank wurde und in die Hände der Ärzte fiel, war arm dran. Davon weiß uns um die Mitte des 12. Jahrhunderts ein bekannter Dichter besonders eindrucksvoll zu erzählen, der Archipoeta.

Dem Kölner Erzbischof Rainald von Dassel berichtet um das Jahr 1165 sein Hofdichter, der Archipoeta, von seinem Krankheitsaufenthalt an der Medizinschule zu Salerno: «Dort strömt wegen der Krankheiten alle Welt zusammen... Was ich aber dort erlitten habe, das läßt sich nicht vollständig beschreiben. Schon vorher war ich von Fieber gequält und von übermächtigen Schmerzen beschwert. Hier aber kam ich so von Kräften, daß man meinte, ich könne es nicht überleben. Selbst die Ärzte sagten mir, als sie meine Symptome sahen: Dichterlein, jetzt geht es wohl zu Ende; du wirst nicht leben bleiben, sondern mußt sterben.

Aber schließlich schlug die Arznei dieses Fieber doch in die Flucht. Wie matt ich war, kann dir meine Gesichtsfarbe bezeugen; wenn ich nicht irre, ist die Blässe noch immer im Antlitz zu sehen. Ich wollte weise werden und als Arzt gelten; darüber bin ich töricht geworden und zum Betteln gezwungen. Jetzt bin ich Gefährte der Bettler, nicht mehr der Ärzte. Nackt und verwildert erscheine ich allen nur noch als Narr...»

Nach seiner Rückkehr aus Salerno, der damals wohl berühmtesten Medizinschule des Abendlandes, schreibt dieser anonyme Hofdichter seine Erlebnisse in Form dieser holperigen Verse nieder: «Niemand leugnet, daß man gern ewig rühmen wird Salern; / Um der Heilkunde Gewinn strömt ja alle Welt dorthin. / Daß mir der Salerner Lehre keiner seine Achtung wehre – / Wenn ich auch nicht sehen mag jenen falschen Menschenschlag!»

Der Archipoeta, der vermutlich einer Ministerialenfamilie entstammte, war als junger Scholar an die Medizinschule zu Salerno gezogen. Dort aber packte ihn selber eine Krankheit, die ihn zwang, alle Habe zu versetzen und – zwar genesen, aber abgebrannt – nach Deutschland zurückzukehren. Er kam davon, der Dichter, freilich nicht ungerupft: «So entblößt komm ich als Tor, ungepflegt so allen vor. / Durch mein schäbig Kleid sieht man mich als Vagabunden an.»

Der mittelalterliche Mensch wußte – wie dieser Dichter bezeugt – wenig über medizinische Fragestellungen, über die Symptomatologie seiner Krankheit etwa oder über therapeutische Maßnahmen. Gleichwohl sind wir immer wieder erstaunt, wenn wir hören, was die Kranken und ihre Angehörigen uns über ihre Krankheiten zu sagen haben. Dazu dienen zunächst die überaus zahlreichen Berichte über Wunderheilungen.

Krankenberichte bei Wunderheilungen

Wie kranke Menschen sich in Notlagen und Krisenzeiten verhalten haben, wie sie Auswege suchten aus ihrer Not und ihrem Leid, und wie sie – auf wundersame und oft recht merkwürdige Weise – Hilfe fanden, könnte uns die noch längst nicht erschlossene Mirakel-Literatur zeigen. Mirakel sind Wunder, die sich in heiligem Namen oder durch Heilige ereignet haben, die uns zugleich aber auch zeigen, wie sich der Mitmensch dem Notleidenden, dem Kranken, dem Sterbenden gegenüber eingestellt hat. Besonders anregend sind jene Mirakelbücher, die uns in zahlreichen Exemplaren aus dem 11. und 12. Jahrhundert vorliegen, vereinzelt aber auch schon aus dem Ende des 9. Jahrhunderts. Greifen wir ein besonders fesselndes «Wunderbuch» heraus: die Wunderheilungen der heiligen Walburgis, wie sie uns der Priester Wolfhard erzählt hat.

Der Mensch an sich ist in dieser Welt der Not und des Elends von Natur aus arm dran, so Wolfhard: «Die Natur des Menschengeschlechtes ist von den ersten Anfängen an unzähligen Leiden und schließlich dem Tode unterworfen. Mit Mühsal nahm sie ihren Anfang, und in ihr findet sie das Ende.» Das ist die grundsätzliche,

Abb. 6: Die Elenden flehen um Hilfe
(Fresko von Andrea Orcagna, um 1350?, Museo dell'Opera di S. Croce, Florenz)

Eine Gruppe von Krüppeln, Kranken und Bettlern fleht den Tod – die «Arznei gegen jede Qual» – als letzte Hilfe an. Im größten Elend des Menschen wird sein Wunsch nach Erlösung durch den Tod laut.

grundlegende Einsicht, wie wir sie im «Mirakelbuch» des Priesters Wolfhard lesen, der von den Wunderheilungen im Kloster Monheim zu berichten weiß. Das Elend war oft kaum zu beschreiben: «Es treten manche schon bei der Geburt blind ins Leben, andere beginnen jammervoll ihr Dasein, an allen Gliedern gekrümmt und zusammengezogen. Wieder andere hinken an beiden Füßen, andere sind durch eine schreckliche allgemeine Schwäche entkräftet. Sehr viele sind gelähmt. Viele werden von verschiedensten anderen Beschwerden bedrückt.» Das «Mirakelbuch» kommt zu dem Schluß: «Und so tragen alle, die vom Anfang an bis jetzt geboren sind, das Merkmal der Mühsal und der Sterblichkeit.»

Insgesamt schildert Wolfhard am Ausgang des 9. Jahrhunderts in den «Miracula» der heiligen Walburgis 60 Krankheiten: 54 konnten geheilt werden; in sechs Fällen blieb die Erkrankung bestehen. In einem Falle wird Heilung versprochen, wenn der Kranke mit allen Kräften an Christus, den Arzt der Ärzte, glauben kann. An Wunderheilungen werden im einzelnen berichtet: Der arme Leibolfus, von

Geburt an gelähmt und verkrüppelt, steht plötzlich auf und kann gehen, er, «der zuvor erbärmlich auf dem Gesäß kriechend mühselig die Wege seines Lebens zurückgelegt hatte». Ein blindes Mädchen kann wieder sehen; eine stumme Frau wird geheilt. Die besessene Frau Muotswinda findet sich befreit von ihrem Dämon, der sie ruhelos umhertrieb; geheilt kehrt sie nach Hause zurück. Eine Frau namens Geila aus Stopfenheim wird von ihrer Sehstörung geheilt, so daß «die Augäpfel wieder in der Burg des Hauptes kreisen und die Strahlen der Sonne sehen konnten». Der blinde Ratfried, der an beiden Augen jene üblen weißen Flecken hatte, die man Perlen nennt, erhielt auf einem Auge das Sehvermögen zurück.

Besonders einfühlsam geschildert wird der Fall eines Knaben aus dem Breisgau, der nicht auf eigenen Füßen gehen konnte, sich vielmehr mit den Händen und dem Gesäß vorwärtsbewegte. Es war am 7. Mai, als er in die Kirche kam, in der schon so viele Kranke Heilung gesucht hatten. Da wurden seine Fersen, die in Versteifung dem Gesäß angeheftet waren, spontan gelöst. Und er konnte zum ersten Male in seinem Leben «die weichen Rasenflächen der Mutter Erde betreten»!

Der Priester Wolfhard versteht es zwischendurch immer wieder, dieweil er ein neues Kapitel der Wunderheilungen einleitet, uns die allgemein gebrechliche Situation des Menschen in Erinnerung zu rufen. «Während nämlich die äußere Welt vergeht, verwelkt häufig der Leib, der eine Welt im kleinen genannt wird. Es beugt sich im Innern auch der Geist, wenn er von verschiedenen Schicksalsschlägen getroffen wird.»

Überraschend ergiebig für die Erfassung einzelner Krankheitsbilder ist eine weitere Mirakelschrift: das Buch der Wunderheilungen des Erbischofs Anno II. von Köln. Anno II. lebte zwischen 1010 und 1075 und wurde bereits 1183 heiliggesprochen. Der Mirakelbericht betont, daß kein anderer Heiliger in Deutschland durch so viele Wunder berühmt geworden sei wie Sankt Anno (Miracula II, 1). Als ein «refugium pauperum» wurde er seit der Mitte des 12. Jahrhunderts angerufen, als eine Zuflucht der Armen, der Kranken insbesondere, aber auch aller Unglücklichen, Heimatlosen, Verfolgten und Rechtlosen. Von «Heilungen» an insgesamt 307 Personen ist in den Mirakelberichten die Rede. Allein 123 geheilte Kinder werden genannt. Immer wieder ist von «zärtlichster Liebe» der Angehörigen die Rede, wenn ein Kind erkrankt oder verunglückt; alle Sorge wird aufgeboten.

Aus dieser Mirakelsammlung einige Beispiele: Ein Geistlicher namens Hermann aus dem Bistum Magdeburg war seit Jahren erblindet, als er sich in der Hoffnung auf Heilung dem Grabe des hl. Anno näherte. Der Mirakelbericht schildert die Heilung wie folgt: «Vor dem Grab des heiligen Bischofs fällt er nieder, steht auf zu einem ersten Bittgebet. Schlagartig spürt er einen stechenden Schmerz, wie von Pfeilschüssen in seinen Augen getroffen – und kann die Umstehenden mit klarem Blick sehen! Laut preist er Anno als Diener des höchsten Gottes; Klerus und Volk gibt er an diesem Feiertag Anlaß zu frommem Jubel» (Miracula I, 73).

Weitere Beispiele: «Ein kleiner Junge aus der Stadt Siegburg, der an beiden Füßen gelähmt war, konnte, obwohl er von seiner Mutter an viele Wallfahrtsorte gebracht worden war, nirgends Heilung finden. Am ersten Tage nach der Überführung des geheiligten Körpers (am 30. April 1183) machte die Mutter dem Heiligen ein Gelübde. Darauf bestieg der Knabe mit ihr unbehindert den Berg.»

«Ebenso war ein Mädchen aus der Nähe von Bonn seit dem sechsten Lebensjahre mit folgendem Leiden behaftet: Seine Zähne und Lippen waren gleichsam zusammengepreßt. So konnte es keine Wörter in deutlichen Lauten bilden. Doch durch ein gewisses Murmeln zwischen den geschlossenen Zähnen vermochte es mit Mühe anzuzeigen, was es wollte. Zudem war es nicht imstande, Speise und Trank zu sich zu nehmen. Es schlürfte lediglich auf der Seite bei den Backenzähnen durch einen kleinen Zugang etwas Flüssigkeit in sich hinein. Dieses Mädchen wurde von seinen Eltern herangeführt. Während es mit dem geheiligten Arm in Berührung gebracht wurde, brachen die verriegelten Zähne auseinander, und die Sprache wurde ihm mit dem Vermögen zu essen völlig wiedergegeben, da es Gott und den seligen Anno pries.»

Bei diesem Leiden handelte es sich offenbar um eine Kieferklemme schweren Grades, die nach einer Gelenkentzündung, aber auch als Folge schwerer Vernarbungen entstanden sein konnte. Das kranke Mädchen konnte nur flüssige Kost, etwa durch eine Zahnlücke, einsaugen. Eine natürliche oder künstliche Reinigung der Mundhöhle war unmöglich und brachte sicherlich weitere Komplikationen. Vielleicht handelte es sich hier aber auch um einen durch Schockwirkung entstandenen Krampf, der durch die Begegnung mit dem Heiligen gelöst wurde.

«Ein Schöffe und Einwohner Siegburgs, namens Richevinus, stützte sich seit zwanzig und mehr Jahren auf einen Stock. Sehr früh hatte er infolge eines Ereignisses kraftlose Füße bekommen und die Beherrschung über seinen Körper verloren. Mit Hilfe seines Stockes stieg er im Beisein einer großen Volksmenge zur Asche des Heiligen empor, die neuerlich überführt worden war. Während des Betens wurde er plötzlich gewahr, daß er in seinen Unterschenkeln kräftiger wurde, als er gewesen war. Er wunderte sich, verschwieg aber seine Wahrnehmung, weil er glaubte, daß sie vielleicht eine Täuschung gewesen sei. Und so stieg er ohne Stock hinab und stieg am nächsten Tag wieder empor, denn er wollte lieber sich selbst erproben als lügen, bis er endlich, eben erst überzeugt, allen mitteilte, was geschehen war. Dann pries er Gott, der auf solche Weise seinen Heiligen wundertätig gemacht hat.»

Daß es sich nach Auffassung der Zeitgenossen dabei nicht um bloße Suggestion und eingebildete Krankheiten gehandelt hat, bezeugt ein weiterer Fall: «Ein Mädchen aus dem Dorfe Kassel lag krank zu Bett. Auf einem Fahrzeug, einem Karren, wurde es herangeführt. Fünf Jahre lang hatte es sich nicht erheben können. Aber bald nachdem es vor dem geheiligten Körper niedergelegt worden war und Hilfe erfleht hatte, begannen sich vor dem Angesicht des staunenden Volkes die Sehnen, die unter den Knien des Mädchens mit dem Fleisch verwachsen waren, zu lösen. Ein sonderbares Geräusch war zu vernehmen, und aufrecht stellte sich das Mädchen auf seine Füße, allen bezeugend, daß nebst Gott Anno der Spender seiner Gesundheit sei. Als sie vom Wunder gehört hatten, kamen Bürger und Bekannte des Mädchens aus vorgenanntem Dorfe hinzu, um den seligen Bischof zu verehren. Sie bezeugten sowohl die Krankheit, die jenes Mädchen nicht als Einbildung, sondern tatsächlich ertragen hatte, und verehrten die Gnade, die ihm zuteil geworden, und Annos Verdienst.»

Als außerordentliche Ereignisse werden schließlich noch zwei Fälle geschildert, in denen tote Kinder wieder zum Leben erweckt wurden: «Das, was in dem Ort, der Rheidt heißt, geschah, ist in unserer Zeit sehr ungewöhnlich. Dort starb ein Kind ohne Taufe und erlitt so einen doppelten Tod. Die Eltern des Kindes flehten nun, angetrieben durch die vielfältige Kunde von den Wunderzeichen des seligen Bischofs, kniefällig, mit erhobenen Händen und unter Tränen Annos Hilfe an. Sie gelobten ihm, wenn er das Kind wieder zum Leben erwecke, dafür einen jährlichen Zins zu geben. Um ihr Verlangen und ihr Gelübde wurden sie nicht betrogen; denn nach einer kurzen Weile erlangte das Kind den Lebensgeist zurück und erhielt das Bad der Wiedergeburt. – Ähnlich erging es auch dem Knäblein eines Bauern aus Bonn. Als es an einer immer heftiger werdenden Krankheit gestorben war, und die übrigen Hinterbliebenen an den Exequien teilnahmen, ging der Bauer in den Weinberg, der bei seinem Hause lag.

Dort beugte er sich unter einem Weinstock betend nieder, rief Annos Namen an und machte ein Gelübde. Als er nach kurzer Zeit ins Haus zurückkehrte, fand er sein Kind lebend und gesund vor. Wir sahen, wie beide Eltern mit ihrem Kindlein zum Grabe des Heiligen kamen, um dort Dank zu sagen. Aus ihrem Munde vernahmen wir, was geschehen war, und wir glaubten ihren Reden, da wir es für unmöglich hielten, daß sie sich über ihre Kinder täuschten.»

Welche Krankheiten wurden geheilt? Die «Miracula Sancti Annonis» sprechen von 67 Lahmen, 41 Blinden, 17 Taubstummen, 36 Unfällen und 163 sonstigen Leiden. Unter diesen werden besonders aufgeführt: Fieber, Wassersucht, Blutfluß, Geburtsnöte, Fallsucht, Besessenheit, Zahnschmerzen, Geschwülste, Durchfall, Herzbeschwerden, Blasensteine – ein buntes Spektrum also verschiedenster äußerer Unfälle und innerer Erkrankungen.

Es ließe sich nun aus den einzelnen Krankheitsschilderungen ein ganzer Katalog von Krankheitsbildern zusammenstellen, eine Kategorientafel gleichsam nosologischer Erscheinungen: Da ist sehr allgemein von Schmerzen die Rede, die sich auf die Zähne, den Kopf, das Gehörorgan oder die Füße erstrecken. Konkreter werden verschiedene Arten von Lähmungen beschrieben, wobei vollständige oder halbseitige Lähmungen vorkommen, sicherlich auch hysterische Lähmungen. Vielfach werden Geschwülste erwähnt, wobei sich Ödeme, Bauchwassersucht oder auch entzündliche Geschwülste unterscheiden lassen. Von Herzkrankheiten ist des öfteren die Rede. Blasensteine und Hernien kommen ebenso vor wie der Schlaganfall oder die gefürchtete Epilepsie. Auffallend häufig erscheint auch die Blindheit, deren Heilung als ein besonderes Wunder erlebt wird.

Ein weiterer Katalog von Wunderheilungen wird uns in den «Miracula» der heiligen Elisabeth von Thüringen gegeben. Als Beispiel herausgegriffen sei wegen seiner Dramatik und prozeßhaft genauen Schilderung der Fall des Laienbruders Volkmar aus Reinhardsbrunn in der Diözese Mainz. Da heißt es: «Volcmarus ... sagte unter Eid, daß ihm, als er von Amts wegen in der Mühle war, ein Mühlstein seine zufällig erfaßte Hand zermahlte. Das Fleisch wurde innen und außen völlig entfernt, die Knochen zerschlagen und die Nerven zerrieben, so daß die Reste der zermalmten Hand so sehr gekrümmt und verkrüppelt wurden, daß er die Hand überhaupt nicht ausstrecken konnte. Aber als er am schwersten geplagt wurde, wachte er eines Nachts auf und in großer Heiligkeit erschien die heilige Elisabeth, die er selbst oft mit großer Andacht angerufen hatte, denn einst zu Lebzeiten war sie ihm vertraut und wohlgesonnen gewesen, während ihr

Ehemann noch lebte, der Schutzherr seiner Kirche war; sie sprach ihn so an:

‹Willst Du geheilt werden?› Darauf jener: ‹Gewiß.› Sie streckte seine erfaßte Hand aus und berührte die verwundete Stelle, und der Schmerz hörte sogleich ohne jede Verzögerung auf, und nachdem das Fleisch sowohl des inneren als auch des äußeren Teiles der Hand sofort wiederhergestellt wurde, erholten sich seine Nerven, und er konnte jene Hand ungehindert wie vorher gebrauchen. Als der Morgen kam, ging er ins Domkapitel und zeigte den Mönchen die ausgestreckte und geheilte Hand und erzählte den Wortlaut des Wunders. Gefragt nach der Zeit der Verletzung sagte er: ‹Es war im Jahre des Herrn 1233 im Winter, ungefähr 15 Tage vor dem Fest der Reinigung› (19. Januar 1234).

Gefragt nach der Zeit der Heilung, antwortete er: ‹In der nächst folgenden Fastenwoche›, an den Tag erinnere er sich aber nicht.

Eckardus, Abt desselben Klosters, erzählte, daß er ihn verletzt sah; und alles so, wie es erzählt wurde, berichtete er dem Großmeister des Deutschordens, schwörend, mit gehöriger Gewissenhaftigkeit, die man Gott und dem Papst schuldet.

Hildebrandus, Prior desselben Klosters, sagte unter Eid, daß er ihn verletzt sah und unmittelbar vor den Brüdern, wie es gesagt wurde, erblickte er die ausgestreckte Hand, die er kurz vorher verletzt gesehen hatte. Gefragt nach der Zeit, erinnert er sich nicht gut.

Conradus Suevus, ein Priester, sagte unter Eid dasselbe wie der Prior. Cristianus, Priester und Kämmerer desselben Klosters, sagte unter Eid, daß er ihn am selben Tag der Verletzung vor der großen Messe verletzt sah und er ihn wegen der starken Schmerzen bat, daß man ihm die Hand amputiert, und daß er ihn nachher öfters mit der verkrüppelten Hand sah, die von Lumpen bedeckt war; und nachdem er die so verkrüppelte Hand gesehen hatte, traf er ihn völlig gesund an. Gefragt nach der Zeit der Verletzung, stimmte er mit dem Verletzten selbst überein. Gefragt nach der Zeit der Wiedererlangung der Gesundheit, erinnert er sich nicht gut, aber sagte, kurz danach.

Eckehardus, ein Priester, sagte unter Eid, daß er den Verletzten in der beschriebenen Art und Weise sah. Gefragt nach der Zeit der Verletzung sagte er: ‹Etwa 15 Tage vor der Reinigung.› Gefragt nach der Zeit der Heilung sagte er: ‹In der Fastenzeit.› Jedoch erinnert er sich nicht genau, an welchem Tag. Gefragt, wie kurz er ihn vor der Heilung sah, sagte er: ‹Sehr kurz, denn er ging oft in den Speisesaal von Amts wegen mit den Dienern, die das Brot trugen.› Und darin stimmten alle Zeugen überein, daß sie ihn oft mit der so verkrüppelten Hand in den Speisesaal gehen sahen, und nach der Heilung hörten sie ihn öffentlich und auf verschiedenen Siegeln bekennen, daß er auf Anrufung der heiligen Elisabeth von ihr selbst, die ihm in großer Heiligkeit erschien, geheilt wurde.

Bruder Theodericus, Laienbruder desselben Klosters, stimmt unter Eid mit dem Prior fast völlig überein, ausgenommen, daß er die zermalmte Hand so sah, daß er die Handfläche in der Mitte durchbohrt und das Fleisch ganz abgetragen sah.

Gunterus, der Müller, der mit ihm in demselben Dienst stand, sagte unter Eid, daß er seine Hand sah mit losgerissener Haut und Fleisch und wie im Mörser zermalmten Knochen, so daß er es für unmöglich hielt, daß er nach dem Lauf der Natur je irgendeinen Gebrauch jener Hand machen könnte. Nachher sah er ihn ständig, weil er immer bei ihm war, wie er eine verkrüppelte Hand hatte, und als er am Abend vor der Nacht der Heilung ihn mit einer völlig toten Hand sah, zeigte er ihm am folgenden Morgen sofort die geheilte und ausgestreckte Hand, zeigte mit der Bewegung der Finger ihren freien Gebrauch und behauptete mit Freudentränen, diese Gnade von der heiligen Elisabeth, die ihm in derselben Nacht erschien, empfangen zu haben. Gefragt nach der Zeit, stimmt er mit dem Geheilten überein.

Fast der ganze Konvent des Klosters stimmt in allem mit dem Prior überein, aber erinnert sich nicht an die Zeit, denn sie bemerkten dann nichts und dachten nicht, daß es nötig wäre, es zu betrachten» (nach: Jansen, Miracula Elyzabet, 1985).

Soweit zu den Wunderkuren, in denen auf so anschauliche Weise die Kranken uns von ihren Heiligen künden. Dabei muß angemerkt werden, daß diese im späten Mittelalter geläufig gewordene Anrufung von Heiligen bei bestimmten Krankheiten dem frühen Mittelalter noch fremd war. Auf zwei besondere Wunderheiler aus dieser Zeit sollte abschließend doch aufmerksam gemacht werden, zumal sie das ganze Mittelalter in Atem hielten. Es handelt sich um die heiligen Kosmas und Damian, die nicht nur unentgeltlich heilten, daher «Anargyroi» hießen, sondern auch den durch und durch charismatischen Charakter der alten Heilkunst verkörperten. Papst Felix IV. (526–530) errichtete den «martyribus medicis» in Rom eine Titelkirche. Kosmas und Damian übernahmen später Stadtpatronate in Essen, Goslar, Florenz, Prag und Salamanca.

Die «Legenda aurea», das berühmte mittelalterliche «Buch von den Legenden der Heiligen» des Jacobus de Voragine (um 1270), weiß zu berichten: «Cosmas kommt von cosmos, das ist: Bild oder

Zier. Oder als Isidorus schreibt, so ist cosmos ein griechisch Wort und heißt zu Latein mundus: rein. Denn er war ein Vorbild anderen in seinem guten Beispiel, er war geziert mit guten Tugenden und war rein von allen Sünden. Damianus kommt von damma, das ist ein Tier von großer Demut und Mildigkeit. Oder Damianus kommt von dogma, das ist Lehre, und ana: oben; oder von damium, das ist Opfer. Oder Damianus ist soviel wie domini manus, Hand des Herrn. Denn er war mild in seinem Wandel; die Lehre von oben hatte er in seiner Predigt; er war ein Opfer in der Ertötung seines Fleisches; er war eine Hand des Herrn in den Heilungen, die er als Arzt hat vollbracht.

Cosmas und Damianus waren leibliche Brüder und wurden in der Stadt Aegea geboren von einer heiligen Mutter, die hieß Theodora. Sie lernten die Kunst der Ärzte und empfingen so große Gnade in der Kunst von dem heiligen Geist, daß sie alles Siechtum von Menschen und von Tieren vertrieben. Dafür nahmen sie kein Gut.

Es war eine Frau, Palladia mit Namen, die hatte alles ihr Gut an Ärzte gelegt; zujüngst kam sie zu den Heiligen, die machten sie gänzlich gesund. Da bot sie Sanct Damiano heimlich eine Gabe, die wollte er nicht nehmen. Da beschwur sie ihn mit also schweren Eiden, daß er es endlich nahm, nicht aus Geiz zu der Gabe, sondern daß er ihre Andacht nicht irre und den Namen des Herrn nicht verschmähe, bei dem sie ihn also beschworen hatte. Als das Sanct Cosmas erfuhr, gebot er, daß man den Leib seines Bruders dereinst nicht bei seinem Leichnam sollte begraben. Aber in der Nacht darnach erschien der Herr Sanct Cosmas und entschuldigte den Bruder bei ihm wegen der Gabe, die er empfangen hatte...

Es entschlief ein Bauer nach vollbrachter Arbeit der Ernte auf dem Felde mit offenem Munde; da kroch eine Schlange in seinen Leib. Da er erwachte, empfand er nichts und kehrte heim. Aber da es Abend war, litt er großes Grimmen in seinem Leib und rief Sanct Cosmas und Damianus um Hilfe an. Und da der Schmerz immer größer ward, floh er zu der Kirche der heiligen Märtyrer. Da entschlief er unversehens, und die Schlange ging wieder aus seinem Mund, wie sie gekommen war...

Der Papst Felix, der der achte war vor Sanct Gregorio, baute in der Ehre der Heiligen Cosmas und Damianus zu Rom eine gar edle Kirche. In dieser Kirche diente ein Mann den heiligen Märtyrern, dem hatte der Krebs ein ganzes Bein gefressen. Und siehe, als er schlief, erschienen einst Sanct Cosmas und Damianus ihrem Diener und trugen Salben und ärztlich Werkzeug mit sich. Sprach der Eine zum Andern ‹Wo sollen wir frisch Fleisch hernehmen, das Loch zu füllen, da wir das faule Fleisch müssen ausschneiden?› Sprach der Andere ‹Auf dem Friedhof zu Sanct Peter ist heute ein Mohr begraben, der ist noch frisch: von dem hole, was wir für diesen brauchen›. Also lief der Eine wohl bald zu dem Friedhof und brachte des Mohren Bein; darnach schnitten sie dem Kranken den Schenkel ab und setzten des Mohren Schenkel an die Stelle, und salbten die Wunde mit Sorgfalt; das Bein des Kranken aber taten sie an des Mohren Leib. Als der Mann erwachte und keinen Schmerz empfand, griff er mit der Hand an die Hüfte und fand sie ohne Fehl. Da zündete er ein Licht an und sah, daß nichts Böses mehr an dem Beine war; und hub an zu zweifeln, ob er es selber wäre oder ein anderer. Aber da er wieder zu sich kam, da sprang er in Freuden aus seinem Bett und erzählte den Menschen, was er im Traum hatte gesehen und wie er wäre geheilt worden. Die sandten eilends zu dem Grab des Mohren und fanden den Schenkel des Mohren abgeschnitten, und den des Geheilten in sein Grab gelegt.»

Krankheiten von Kopf bis Fuß

In der «Sapientia artis medicinae», einer Sammelhandschrift des 6. Jahrhunderts, erscheint der gesamte Organismus des Menschen in schöner, hierarchisch geordneter Gliederung. Der Kopf gilt dabei als «imperium», der Magen als «regnum». Vom Bauch heißt es, er sei ein abgründiger Schlemmer, und die Blase heißt «die Dienerin». Wenn ein Teil leidet, so sei der ganze Haushalt des Leibes beeinträchtigt.

Nur in Ansätzen läßt sich hier die mehr wissenschaftliche Anordnung der Krankheiten erkennen, wie sie uns Galen, der große griechische Arzt der römischen Kaiserzeit, mit seiner Gliederung «Von Kopf bis Fuß» vorgelegt hat. Galens Schematik sollten wir auch bei der Darstellung der Kranken im Mittelalter folgen, so fremdartig manche Krankheiten uns dabei vorkommen mögen. Moderne Wissenschaftshistoriker haben denn auch längst einen Konsens darüber erzielt, daß ältere Terminologien nicht ohne weiteres in Einklang mit heutigen Krankheitsbenennungen gebracht werden können. Die Symptome wandeln sich im Laufe der Zeit und sind nur schwer wiederzuerkennen. Nur zu oft zeigt eine neue Krankheitsform Erscheinungen, die sich sogleich wieder verändern, sobald der Organismus Abwehrkräfte entwickelt hat. Subjektiv gefärbte Beschreibungen verwirren das Bild des Krankheitsablaufs ebenso wie therapeutische Maßnahmen.

Ganz ausgeschlossen dürfte sein, von einer modernen Definition der Krankheit Aufschluß für die mittelalterliche Auffassung zu bekommen. Heute heißt es etwa: «Krank ist der Mensch, der wegen Verlustes des abgestimmten Zusammenwirkens der physischen oder psychischen oder psychophysischen Funktionsglieder des Organismus subjektiv (oder – und) klinisch (oder – und) sozial hilfsbedürftig wird» (nach K. E. Rothschuh: Was ist Krankheit? Darmstadt 1975, S. 414). Ein solcher Definitionsversuch wäre bei einem mittelalterlichen Menschen sicher auf Unverständnis gestoßen.

Weiter hilft uns in dieser Richtung die Sprachforschung. Gesundsein wird im Mittelalter mit der Vorstellung von Kraft und Unverletzlichkeit verbunden. So das althochdeutsche «gisund», das altenglische «gesund», das altfriesische «sund». Analoges bedeuten das germanische «heil», das gotische «hails», das altnordische «heill», das altsächsische «hêl». «Krank» meint demgegenüber: hinfällig sein, schwach (debilis), hinsinken, leiden, was zum Ausdruck kommt im althochdeutschen «siuh», im mittelhochdeutschen «siech», in «sucht» für Fieber oder auch «kranc» im Sinne von krumm. Der Begriff «krank» leitet sich von einem westgermanischen Wortstamm ab und bedeutet so viel wie «kringeln» = hinfällig sein (englisch: to crankle = sich winden). Im späten Mittelalter tritt das Adjektiv «krank» an die Stelle von «siech» (= elend).

Mit dem labilen Gleichgewicht seiner «natura pathologica» fühlt sich der hinfällige Mensch ausgeliefert an Angst, Sorge, Not; er fällt anderen zur Last, ist hilfsbedürftig und beansprucht auch fremde Hilfe; er ist ein «homo patiens», der gerade im christlichen Mittelalter ohne den «homo compatiens» kaum gedacht werden kann. Auf die Breite der mitmenschlichen Problematik verweisen Begriffe wie das englische ill (evil: böse), das französische malade (mal: schlecht), das russische bolnoi (bol: Schmerz) oder auch das lateinische aeger (beschwerlich).

Nach dem Schema der antiken Säftelehre wird Krankheit gewertet als eine Entgleisung aus der Harmonie der natürlichen Gleichgewichte durch eine störende Veränderung, die einmal durch Überfluß, zum anderen durch Verdorbenheit der Säfte verursacht wird. Die Störung äußert sich lokal (als Entzündung) oder allgemein (als Fieber). Sie ist abhängig von Alter, Geschlecht und Konstitution, auf der anderen Seite von natürlichen oder kulturbedingten Einflüssen. In jedem Falle muß das schädliche Etwas aus dem Körper entfernt werden.

Aus der komplexen wie labilen Säftekonstellation wie auch der elementaren Eingebundenheit in die so vielschichtige äußere Natur erklärt sich, warum so zahlreiche Formen von Krankheiten in Erscheinung treten, die auch vielfältiger Heilungsmaßnahmen bedürfen. Gesund und krank stehen durch die Elemente, die Säfte, die physischen Qualitäten und Kräfte in einem harmonischen Fließgleichgewicht, das aber ständig entgleist und wiederhergestellt werden muß. Naturalistische Säftelehre, stoische Theorien und personalistische Konzeptionen vorderasiatischer Hochkulturen verbinden sich hier bereits in der Frühscholastik mit christlichem Denken.

Isidor von Sevilla (um 620) leitet in seinen «Etymologiae» die Medizin ab vom «Maß» (a modo id est temperamento), wobei es die «Maßlosigkeit» (immoderatio) sein soll, die den Gleichgewichtsverlust und damit die Krankheiten herbeiführt (De medicina; IV, 9). Er bezieht ausdrücklich die frühmittelalterliche Konstitutionslehre auf die klassische Humoralpathologie der vier Körpersäfte (Etym. IV, 5). Das Buch «De medicina» kommt zu einer deutlichen Unterteilung in akute und chronische Krankheiten und bringt eine ausführliche Beschreibung verschiedener Krankheitsbilder, wobei die Ätiologie einzelner ansteckender Erkrankungen, wie etwa der Pest, geradezu modern anmutet: «Die Pest ist eine Ansteckung, die, nachdem sie *einen* erfaßt hat, schnell auf *viele* übergeht. Sie entsteht nämlich aus verdorbener Luft und wird durch Eindringen in die Lunge übertragen.»

Im übrigen werden in den mittelalterlichen Traktaten die Krankheiten durchweg nach dem galenischen Schema «von Kopf bis Fuß» durchgesprochen. Unter den Kopfkrankheiten spielen Augenleiden und Zahnschmerzen die Hauptrolle. Als ein eigenständiges Universalorgan wird die Haut angesehen. Gesondert kommen die Fieberarten und Vergiftungen zur Darstellung. Häufig werden Krankheiten nur nach Symptomen beschrieben, so Mißbildungen (abhominabiles), Schwächezustände (debiles), Krätzekrankheiten (scabiosi). Bestimmte Krankheitsbilder lassen sich kaum nach den Kriterien moderner Diagnostik identifzieren, so die Gicht (gutta) oder der Aussatz (lepra). Insgesamt wird keineswegs streng unterschieden zwischen krankhafter Störung (pathos), Krankheitserlebnis (aegritudo) und abgegrenztem Krankheitsbild (nosos). Gesundheit und Krankheit erscheinen nicht als eigenständige Kategorien, sondern eher als polare Existenzweisen, die das große Übergangsfeld zwischen «gesund» und «krank», die «neutralitas», einrahmen, auf welche denn auch prinzipiell die therapeutischen Maßnahmen gerichtet sind.

Ganz aus der spätantiken Säftelehre her bestimmen sich die Krankheiten in der Heilkunde der hl. Hildegard von Bingen, die als konkretes Beispiel angeführt werden soll. Unter den vier Säften werden die beiden beherrschenden als «phlegma» bezeichnet, was soviel meint wie schleimiger Stoff, die zähe Feuchtigkeit also, die im erkrankenden Organismus zutage tritt. Die beiden abhängigen Säfte heißen «livores», was auf bleifarbene, rotblaue Flecken hinweist, wie sie durch Drücken, Stoßen, Quetschen, Schlagen oder auch nach Vergiftungen entstehen. Damit kann ein pathologisches Gewebswasser, ein Eitersekret, aber auch ein flüssiger Giftstoff gemeint sein. Eine genaue Zuordnung des Livor-Saftes zum krankhaften Geschehen im Organismus scheint kaum möglich. Immerhin ist in einer Berliner Handschrift des 12. Jahrhunderts, den «Aphorismata philosophica» des Wilhelm von Doncaster, des öfteren – ganz ähnlich wie bei Hildegard – von einem «livor» die Rede, der einmal als moralischer Defekt, ein andermal als pathologischer Saft (livoris venenum) angesprochen wird (Cod. Berolin. Lat. Qu. 771 [s. XII] f. 1^r–20^v). Vielleicht haben wir bei diesem «lividen» Geschehen am ehesten noch an einen Funktionsausfall im Lymphsystem zu denken. Auch soll – nach Hildegard – ein kräftiger Aderlaß die Gefäße von dem schädlichen Livor-Stoff reinigen. Ebenso vermag heftiges Schwitzen die «livores» aus dem Körper zu vertreiben.

Lassen wir zu diesem Säfte-Spiel die heilkundige Äbtissin Hildegardis selber zu Wort kommen: «Wenn bei einem Menschen sich der schädliche Livor-Saft über seine Grenzen hinaus im Übermaß ausbreitet, dann können die Säfte nicht mehr im Frieden bleiben, es sei denn in Ausnahmefällen, wo Menschen unter Gottes besonderem Gnadenstrom stehen, der sich als Stärke wie bei Samson, als Weisheit wie bei Salomon, als Prophetengabe wie bei Jeremias oder auch auf einige Heiden, wie etwa auf Platon und seinesgleichen, erstrecken kann. Und wo andere Menschen krank und irre werden, da können diese Ausnahmen mit Gottes Hilfe ihrer Rechtschaffenheit wegen besonders stark werden; Gottes Gnade gestattet ihnen ja, zeitweilig in solcher Veränderlichkeit zu leben, so daß sie bald krank, bald wieder gesund sind, bald in Ängsten, bald wieder in Zuversicht, bald in Trübsalen und dann wieder in Heiterkeit. Gott ist es, der dieses in ihnen wieder gut macht: sind sie krank, macht Er sie heil, kriegen sie Angst, so macht Er ihnen Mut, werden sie traurig, so macht Er sie wieder froh.

Wenn bei einem Menschen nun das trockene Phlegma über das feuchte die Überhand gewinnt, das feuchte aber über das schaumige und lauwarme, dann steht dieses Trocken-Phlegma wie eine Herrin da, das feuchte aber wie die Magd und das schaumige und lauwarme wie geringes, unterwürfiges und neidvolles Gesinde. Dann wirken diese beiden nachfolgenden Säfte gemäß ihrer besonderen Funktion als der Livor-Saft jener höheren Säfte. Unter solchen Umständen ist der Mensch natürlicherweise klug, daneben aber zum Zorn geneigt und ungestüm in seinen Verrichtungen. Dabei ist er keineswegs ausdauernd, weil das Trockene seine Aktionskraft so rasch verbraucht, anderseits aber auch rasch wieder erneuert, wie eine Flamme, die leicht abfällt, aber auch schnell wieder hochflackert. So ist er gesund und kann lange leben, wenn er auch das volle Greisenalter nicht erlangt, weil er nach der Austrocknung seiner Gewebe durch das Feuer nicht mehr die ausreichende Hilfe aus dem Feuchten hat.

Bei Gelegenheit kann der schaumige oder der lauwarme Saft, die dort zusammengezogen sind, als der Livor-Saft der erstgenannten Phlegmata, das heißt der trockenen und feuchten, die ja eigentlich sich ruhig verhalten sollten, sein Maß überschreiten, wie eine Woge, die übermäßig im Wasser bewegt wird. Wenn dies der Fall ist, werden die Säfte vergiftet; aus ihnen erhebt sich dann ein solcher Sturm, daß keiner mehr mit dem anderen eine Übereinstimmung findet und sie so ihre Aufgaben nicht mehr ordnungsmäßig durchführen können. Die oben erwähnten Säfte stehen dann den beiden übergeordneten gegenüber in solchem Widerspruch, daß nun alle vier in eine Auseinandersetzung geraten. Der Mensch aber, der solches Durcheinander und solche Widersprüchlichkeit in seinem Körper auszustehen hat, wird hirnwütig werden; da nämlich seine inneren Säfte sich dermaßen widereinander auflehnen, muß jener Mensch wider sich rasen und würde sich selber umbringen, wenn er nicht in Stricke gelegt würde. Dieses sein Verhalten dauert so lange, bis sich das genannte Schaumige und das genannte Lauwarme ausgetobt haben und bis sie wieder zur alten Ordnung finden; ein solcher Mensch wird aber nicht alt.»

Soweit zum Säftehaushalt und zur allgemeinen Situation des Menschen zwischen «gesund», «krank» und «heil» mit vielen Möglichkeiten des Überganges, in denen das Leben im Alltag abläuft. Gehen wir nun den damals vorherrschenden Krankheitsbildern im einzelnen nach.

Kopfschmerzen

Nach dem antiken Schema «von Kopf bis Fuß» werden in der Regel in mittelalterlichen Heilkunden zunächst alle Leiden zusammengefaßt, die im Kopfbereich in Erscheinung treten. Einen kursorischen Überblick über die Vielfalt der Kopfleiden gibt uns die «Heilkunde» (Causae et curae) der heiligen Hildegard, wo es heißt:

«Das akute Fieber und das tägliche sowie das Drei- und Viertagefieber, aber auch andere Fieberarten berühren bisweilen die ‹melancolia›; diese sendet bei solcher Berührung einen wäßrigen Rauch zum Kopf und in das Gehirn des Menschen und läßt diesen unter heftigem und andauerndem Kopfweh leiden. Auch der halbseitige Kopfschmerz (emigranea) rührt von dieser Schwarzgalle samt den anderen schlechten Säften im Organismus her. Er befällt nur die Mitte des Kopfes, nicht den ganzen, so daß er bald auf der rechten Seite des Kopfes, bald auf der linken zu finden ist. Bei übermäßigem Vorkommen der Säfte ergreift er die rechte Kopfpartie, wenn aber die Schwarzgalle übermäßig produziert wird, die linke. Dieser halbseitige Kopfschmerz hat eine solch große Wucht in sich, daß der Mensch es bei gleichzeitigem Befallensein des ganzen Kopfes nicht aushalten könnte. Dies Leiden ist recht schwierig anzugehen, weil unter Beruhigung der Schwarzgalle die schlechten Säfte gleichzeitig angeregt werden und weil durch die Beruhigungsmittel für die schlechten Säfte zugleich wieder die Schwarzgalle zur Produktion gebracht wird; aus diesem Grunde ist es so schwierig, hier heilend einzugreifen, weil die Schwarzgalle und die schlechten Säfte nur schwer gleichzeitig ruhiggestellt werden können.

Auch ein Nahrungsmittel, welches einen feucht-triefenden Saft enthält, wie etwa der Saft der Gartenkräuter oder der Saft des Obstes, bringt dem Menschen zuweilen Kopfweh, wenn es häufig und ohne Beigabe von trockenem Brot verzehrt wird; ein solcher Schmerz aber kann bald beruhigt werden, weil er von einem nur schwachen Saft herrührt. Aber auch Phlegma kann im Menschen oft im Übermaß vorhanden sein und sich erheben, zu seinem Kopf hin ziehen und die Gefäße an den Schläfen, welche die Stirn zu stärken haben, erschüttern und so einen mehr an der Stirn lokalisierten Kopfschmerz hervorrufen.

In einem weiteren Fall wird ein Mensch ohne die leitende Aufsicht wissenschaftlicher Unterweisung und ohne jede Not rein aus freien Stücken sich mit weitläufigen Gedankenspielen beschäftigen: ein solcher nimmt dann seinen Säften die geordnete Bahn, so daß er einmal übereilig, dann wieder träge ist und im ganzen ohne rechte Gesichtspunkte für die Anordnung seines Stoffes. Dadurch wird der Kopf eines solchen Menschen von Schwindel befallen, so daß bei ihm Wissen und Gefühl nachlassen.»

Soweit zu den einzelnen Symptomen des Kopfschmerzes. Wenn sie alle zugleich auftreten, dann kann der Mensch wahnsinnig werden: «Treten aber die hier verzeichneten Qualen einmal alle zugleich auf, so daß sie gleichzeitig im Kopf des Menschen herumwüten, dann können sie ihn bis zum Wahnsinn treiben, ihn durcheinanderbringen und bar jeder Einsicht werden lassen, so wie ein Schiff, wenn es im Sturm geworfen wird, schließlich zerbirst. Daher glauben viele, ein solcher Mensch sei von einem ‹bösen Geist› (daemon) besessen; dies ist jedoch keineswegs der Fall. Die Dämonen eilen wohl zu diesem Leiden mit seinen Schmerzen hinzu und machen einen Anschlag, weil das Zum-Wahnsinn-Treiben zu ihren Aufgaben gehört; sie haben aber keine freie Verfügung über ihre Worte, weil ein solcher Mensch nicht von einem Dämon besessen ist. Darf aber einmal ein Dämon mit göttlicher Erlaubnis in einem Menschen seine Worte frei gebrauchen, dann übt er dort an Stelle des Heiligen Geistes seine Räubereien mit Worten und Wutanfällen so lange aus, bis Gott ihn davonjagt, wie er ihn ja auch aus dem Himmel hinausgeworfen hat.»

Über die Funktionsweise des Gehirns heißt es bei der heiligen Hildegard: «Das Gehirn wird betroffen sowohl von guten wie schlechten Säften des Organismus; daher ist es immer weich und durchfeuchtet. Tritt der Fall ein, daß es austrocknet, dann wird es in kurzer Zeit krank. Ist ihm doch von Natur aus das Feuchte und Fette eigen. Auch ist das Gehirn die materielle Basis für Wissen, Weisheit und Vernunft des Menschen; alle diese Eigenschaften erhält es, indem es sie ausschickt und wieder an sich nimmt; dabei hält es auch die Gedanken zurück, deren Wohnung im Herzen ist» (Causae et curae, 90–91).

Insbesondere die *Augenleiden* müssen im Mittelalter weit verbreitet gewesen sein. Dafür spricht allein schon die Vielfalt der Benennungen, angefangen von der vollständigen Erblindung (altsächsisch: blind; mittelhochdeutsch: blint), über das Tränen der Augen, die Rötung der Bindehaut und Sehstörungen wie Schielen oder flimmernder Blick, bis zu den weitverbreiteten Augenverletzungen. Beschreibung und Behandlung der Augenleiden finden ihre erste große Blüte im arabischen Mittelalter.

Die große Tradition der islamischen Augenheilkunde wird eingeleitet durch Ḥunain b. Isḥāq, der um 860 zu Bagdad seine «Zehn Bücher über das Auge» niederschrieb, wobei er Ophthalmologisches aus dem Schrifttum des Galen sammelte, einiges auch aus den Werken des Oreibasios und Paulos von Aigina. In den großen Krankenanstalten zu Bagdad, Damaskus oder Kairo gab es eigene Augenabteilungen mit ausgebildeten Spezialisten. Als ein solcher galt Abū ʿAlī Yaḥyā b. ʿĪsā b. Ǧazla al-Bagdādī (gest. 1100), der detaillierte «Vorschriften für Augenärzte» verfaßte. Der lateinischen Scholastik wurde er vor allem durch seine «Tacuini aegritudinum Buhahylyha Byngezla auctore» (1532) bekannt als «Jesus Haly», wobei man mit einiger Mühe unter dem ersten Namen den «Abū ʿAli» und unter dem zweiten den «Ibn Ǧazla», auch «Dscharolla» genannt, wiedererkennt.

Neben der Staroperation mittels der älteren Depressionsmethode führten die arabischen Okulisten die Radikaloperation des Stars durch Aussaugen über eine metallische Hohlnadel durch. Sie verbesserten die Therapie des Trachoms (Körnerkrankheit) sowie der Leiden der tieferen Augenteile. Detailliert werden auch Beschreibung und Behandlung der tierischen Schmarotzer des Auges wie etwa Lidläuse oder Fadenwürmer wiedergegeben. Vor allem aber der augenärztliche Heilschatz wurde damals beträchtlich erweitert: ʿAlī b. ʿĪsā beschreibt 143 einfache Arzneimittel zur Augenheilkunde.

Ein Zeitgenosse des ʿAlī b. ʿĪsā war ʿAmmār b. ʿAlī al-Mausilī, ein Arzt aus Mossul am Tigris, der sich gleichfalls der Augenheilkunde widmete und als geschickter Operateur galt. Unter der Regierung des Fatimiden Al-Hākim ließ er sich in Ägypten nieder und verfaßte für seinen wissenschaftsfreundlichen Kalifen eine Augenheilkunde, den «Muntaḫab fī ʾilm al-ʿayn». Aus dem Werk geht hervor, daß sein Verfasser auf weiten Reisen in Ostpersien, im Irak, in Palästina und in Syrien ärztliche Erfahrung gesammelt hat. In 125 Kapiteln bringt er systematisch eine Anatomie, Physiologie und Pathologie des Auges, denen sich bei etwa 50 Augenleiden die arzneiliche und operative Therapie anschließt. ʿAmmār betont ausdrücklich die Notwendigkeit systematischer Belehrung des Arztes wie auch eigener Erfahrung. «Ich habe dir das berichtet», so schreibt er, «damit du lernst, daß die Behandlung des Auges Wissen, Geschicklichkeit, Vorsicht, Kühnheit und Übung erfordert; denn wer keine Übung hat, der sollte lieber die Finger von den Augen lassen.»

Wesentlich bescheidener gibt sich die Augenheilkunde im lateinischen Mittelalter. So lesen wir bei Hildegard von Bingen: «Die Augen des Menschen sind als ein Gleichbild des Firmaments geschaffen. Dabei hat die Pupille Ähnlichkeit mit der Sonne; die schwärzliche oder graue Färbung rings um die Pupille ist dem Mond vergleichbar und das mehr außen liegende Weiß den Wolken. Das Auge hat seinen Bestand aus dem Feuer und dem Wasser. Durch das Feuer wird es gehalten und so gestärkt, daß es existieren kann; durch das Wasser aber wird seine eigentliche Funktion, das Sehvermögen, gewährleistet. Wenn Blut an der Oberfläche des menschlichen Auges die Oberhand gewinnt, dann erstickt es die Sehkraft des Auges, weil es dann das Wasser, das doch dem Auge das Sehen ermöglicht, austrocknet. Auf der anderen Seite hat das Wasser, das im Auge zum Sehen dienen soll, nicht genügend Kraft für diese Funktion, wenn der Fall eintritt, daß das Blut dort über das Maß verringert wird; denn gerade das Wasser, das dem Blut des Auges diese Funktion wie eine Säule tragen sollte, fehlt dann. Aus diesem Grunde werden auch bei den alten Leuten die Augen kurzsichtig, weil es bei ihnen an Substanz verliert und das Wasser samt dem Blut bei ihnen geringer wird. Darum sehen junge Leute auch schärfer als alte, weil in ihren Gefäßen noch die richtige Mischung von Wasser und Blut zu finden ist; Feuer und Wasser haben in ihnen die Wärme und Kälte noch nicht so über das Maß hinaus ausgetrocknet und verringert.

Ein Mensch mit grauen, dem Wasser ähnlichen Augen hat diese hauptsächlich aus der Luft; daher sind sie auch schwächer als andere Augen, weil die Luft durch die verschieden getönte Atmosphäre (aura) der Wärme, Kälte und Feuchtigkeit oftmals verändert wird. Darum werden auch solche Augen leicht von schlechter, weichlicher und feuchter Luft wie auch durch Nebel geschädigt; wie diese nämlich die Reinheit der Luft beeinträchtigen, so schädigen sie auch die aus Luftsubstanz entstandenen Augen.

Wer feurige Augen hat, die man mit schwärzlichen Wolken vergleichen könnte, die dicht bei der Sonne liegen, der verdankt sie natürlicherweise dem warmen Südwind. Solche Augen sind gesund, weil sie aus der Wärme des Feuers stammen. Lediglich Staub und jeglicher üble Geruch schädigt sie, weil ihre Helligkeit nicht auf Staub und ihre Reinheit nicht auf unbekannte Gerüche achtgibt.

Wer Augen hat, einer Wolke ähnlich, in welcher der Regenbogen erscheint, verdankt diese der Luft mit ihren verschiedenartigen atmosphärischen Störungen, denen ja die Beständigkeit des Trockenen oder Feuchten fehlt. Solche Augen sind krank, weil sie aus dieser unbeständigen Luft entstehen; in warmer Atmosphäre zeigen sie ein abgeschwächtes Sehvermögen, weil sie nicht dem Feuer entstammen; hingegen sind sie in reiner, regnerischer Außenluft scharfsichtig, weil sie mehr Feuchte als Feuer in sich haben. Alles glitzernde Licht, ob von Sonne, Mond oder Sternen wie auch von sonstigen Lichtern oder Edelsteinen, auf Metallen oder auf sonst irgend einem Ding, ist ihnen schädlich, weil sie von der Luft mit ihren verschiedenartigen atmosphärischen Einflüssen herkommen...

Steht das Gehirn des Menschen aus irgendeinem Grund unter zu großer Fettzufuhr, dann sendet diese Fettigkeit einen schädlichen Saft und Schweiß zu den Augen. Wenn dieser Saft und Schweiß häufig die Augen durchtränkt und ansteckt, so bekommen sie durch die dicke Beschaffenheit des Saftes und Schweißes eine weißliche Haut. Wird diese nicht sogleich, solange sie noch zart ist, entfernt, so verdickt sie sich derart, daß sie später wegen ihrer Dicke, die der Haut der Gallenblase gleicht, nicht mehr entfernt werden kann und so die weißliche Haut am Auge bildet. Dieselbe weiße Haut kann auch aus der Kälte der Säfte und aus der Schwarzgalle entstehen. Wenn sich durch schädliche Säfte im Auge irgendeines Menschen zuviel Wasser angesammelt hat, dann erstickt es das Feuer in den Augen und absorbiert es: Sie schimmern dann feucht, als weinten sie, und fangen an, schwachsichtig zu werden» (Causae et curae, 92–94).

Zu den Kopfleiden zählen schließlich noch *Zahnschmerzen* aller Art. Sie scheint es zu allen Zeiten gegeben zu haben. Wir finden Zeugnisse über Zahnschmerzen bei den alten Ägyptern wie in fernöstlichen Heilkulturen und auch im Mittelalter. Zieht man neben literarischen Quellen auch Bodenfunde heran, so sind etwa im Siedlungsraum Eltville im Rheingau bei 385 erfaßten Gräbern mehr als die Hälfte der Gebisse von Karies befallen. Das ausgewertete Material stammt aus fränkischen Bestattungen nach der Völkerwanderungszeit, ist also auf 500 bis 800 n. Chr. zu datieren. Extraktionen fanden vermutlich nicht statt. In der Regel waren es Infektionen, die Eiterherde verursachten, bis die Zähne schließlich von selbst ausfielen. Oft gingen die Entzündungen wohl auch von den Nasennebenhöhlen aus. Es gab zwar pflanzliche Mittel zur Schmerzlinderung, doch dürften diese nicht besonders effektiv gewesen sein (Radloff, 1973). Besonders im späteren Mittelalter wurden gerade bei Zahnleiden bestimmte Heilige angerufen, bevorzugt die heilige Apollonia.

Über Zahnleiden und Zahnpflege äußert sich auch Hildegard von Bingen: «Die Haut, in der nach Art einer Membran das Gehirn liegt, ist von äußerst feinen Gefäßen umgeben, die sich auch bis zum Zahnfleisch und zu den Zähnen selbst ausbreiten. Wenn diese mit schlechtem, überreichlichem und fauligem Blut angefüllt sind und durch das Schaumige bei der Gehirnreinigung beschmutzt werden, dann bringen sie Fäulnis samt Schmerzen vom Gehirn in das Zahnfleisch und an die Zähne selbst heran. Das Zahnfleisch um die Zähne wie auch die Kiefer schwellen dann an: Dann leidet der Mensch am Zahnfleischschmerz. Der Mensch muß immer wieder die Zähne zwischendurch durch Spülen mit Wasser reinigen; tut er dies nicht regelmäßig, dann entsteht als Folge mitunter im Fleisch um die Zähne ein Livor und vermehrt sich, so daß das Zahnfleisch krank wird. Auch entstehen aus dem Livor, der sich um die Zähne abgelagert hat, schon einmal Zahnwürmer, die ebenfalls das Zahnfleisch anschwellen lassen» (Causae et curae, 94).

Krankheiten im Brustbereich

Abgeleitet aus der germanischen Wurzel «swi» für «abnehmen» und «vergehen», im Mittelhochdeutschen zu «swînen» weitergebildet, tritt mit der «Schwindsucht» das Bild einer Auszehrung auf, das man sich nicht dramatisch genug vorstellen kann. Bereits die griechischen Ärzte hatten die so charakteristische allmähliche Abnahme der Körperkräfte wie der Leibesgestalt als Schmelzen beschrieben, als ein Dahinschwinden. Der häufigste Sitz des Übels wurde in der Lunge erkannt, weshalb man auch von «lungensucht» oder «lungensiechtag» sprach und zur Heilung das «lungenkrût» oder eine «lungenwurz» empfahl.

Auf einzelne Krankheitssymptome weisen Namen hin wie das altnordische «hôsti» oder das mittelhochdeutsche «huoste», woraus sich unser Husten herleitet; «gebrec» meint neben dem Zusammenbrechen auch etwa das Getöse beim Niesen; «snûfen» bedeutet starkes Atmen und Schnaufen. Aus der «Vita» Ludwigs des Frommen entnehmen wir, daß sich bei ihm im Alter der Schleim eines chronisch gewordenen Schnupfens auf der Brust verhärtet hatte, woraus dann ein Geschwür entstand. Schuld daran war das Übermaß an Schleim, das sich im Winter noch gesteigert hatte, wodurch sich nach und nach eine Verhärtung bildete und schließlich ein zum Tode führendes Geschwür (Vita Ludovici, 62; Mon. Germ. Scr. 2, 646).

Unter einem «Schlag» verstand man Lähmungserscheinungen einzelner Körperteile oder des ganzen Organismus, wobei in der Regel eine übernatürliche Gewalt mit im Spiele war. Das traf besonders für den «Schlaganfall» zu, der im Mittelhochdeutschen auch «slac gotes» hieß, was sowohl auf ein Strafgericht durch die Hand Gottes im allgemeinen angewandt wurde, als auch auf das besondere Krankheitsbild, den «Schlagfluß», analog dem «tropfe» oder «gotta».

Ein Sammelname für vielfältige, kaum noch dem üblichen Körperschema zuzurechnende Erscheinungen, von Gliederlähmungen über den rheumatischen Formenkreis bis zum Schlaganfall, verbirgt sich unter dem lateinischen «gutta» (italienisch: «gotta», französisch: «goutte», althochdeutsch: «troppho», mittelhochdeutsch: «tropfe»). Dem neueren Begriff «gicht» näher steht das «gicht bruchig», so als «darmgicht» oder auch «krampf» (= biegen, krümmen); «zippern», ängstlich gehen, führt zum «zipperlîn».

Immer wieder begegnet uns als Krankheitseinheit die Gicht (gutta), dramatisch beschrieben mit den daraus entstehenden Lähmungen und Kontrakturen, den Folgezuständen aus dem damals schon kaum

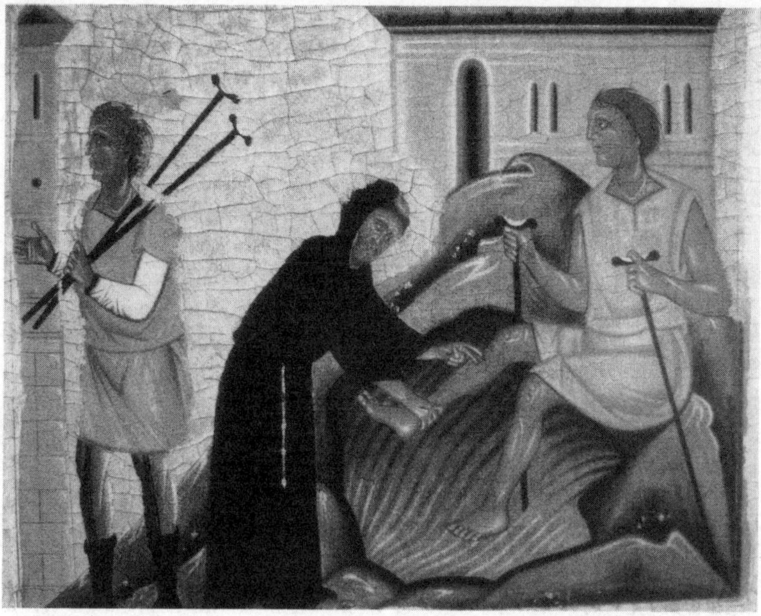

Abb. 7: Heilung eines Gelähmten
(Tafelbild aus der Luccheser Schule, um 1360; Museo Civico, Pistoia)

Der hl. Franziskus heilt einen Gelähmten. Das verkrüppelte Bein ist bereits gestreckt; die hohen Krücken dienen noch als Stütze. Auf der linken Seite des Bildes hat der Geheilte die Krücken bereits geschultert und zieht fröhlich seine Straße.

abzugrenzenden rheumatischen Formenkreis. Im Mirakelbuch des Wolfhard lesen wir: «Ein armer Mann namens Leibolf war vom Mutterschoß an so verkrüppelt und verkrümmt, daß er wie eine Mißgeburt von allen betrachtet wurde.» Er ward in der Basilika der heiligen Walburgis unter Zuckungen und Windungen geheilt. «Und nachdem alle seine Glieder gekräftigt und gestreckt wurden, stand er auf und ging umher, er, der zuvor erbärmlich auf dem Gesäß kriechend mühselig die Wege seines Lebens zurückgelegt hatte.»

In den «Causae et curae» der Hildegard von Bingen wird das Krankheitsbild der «gutta» als «Seuche» geschildert: «Menschen, die weiches, mit viel Poren durchsetztes Fleisch haben und übermäßigem Genuß von schwerem Wein sehr ergeben sind, werden häufig von der Seuche heimgesucht, welche ‹Der Tropfen› genannt wird. Bei Leuten mit weichem Fleisch fallen nämlich infolge des unmäßigen Trinkens die schlechten Säfte, die in ihnen sind, plötzlich in irgendeines ihrer

Glieder und zerstören es wie Brandpfeile oder große, unvorhergesehene Überschwemmungen, die zuweilen die Mühlen und andere Baulichkeiten in ihrer nächsten Nähe zerstören. Ebenso würden diese Säfte die Glieder, auf die sie herabtröpfeln, zerstören, wenn es nicht die göttliche Gnade und der Lebensgeist, der im Menschen ist, verhinderten. Indessen zerstören sie doch manches Glied und machen auch einige ganz unbrauchbar, wie wenn sie tot wären» (Causae et curae, 243).

Gegen die «Gicht» empfiehlt die heilige Hildegard: «Ein Mensch, der weichliches Fleisch hat und infolge von Unmäßigkeiten im Trinken an einem seiner Glieder von der Gicht geplagt wird, soll Petersilie nehmen und das Vierfache davon an Raute und in einer Schüssel mit Olivenöl rösten oder, falls er dies Öl nicht bekommen konnte, mit Bockstalg durchbraten lassen. Die Kräuter soll er so heiß, wie sie sind, auf die Stelle legen, wo er den Schmerz empfindet, und sie durch ein übergelegtes Tuch befestigen. Die Kälte des Petersiliensaftes bändigt nämlich das Anschwellen der Gichtsäfte, die Wärme des scharfen Rautensaftes hält dieselben Säfte zusammen, so daß sie nicht im Übermaß zunehmen, und das Öl oder der Bockstalg durchdringt sie und löst sie auf, und das tun sie, wenn sie in der angegebenen Weise miteinander gemischt werden» (Causae et curae, 314).

Bei schweren Fällen oder im fortgeschrittenen Zustand schreibt Hildegard von Bingen in ihrem zweiten natur- und heilkundlichen Werk, der «Physica», vor: «Wenn ein Mensch so ‹vergichtiget› ist, daß alle Glieder hinfällig werden und seine Zunge beim Sprechen versagt, dann möge man Blätter des Arongrases mit etwas Salz essen, und die Gicht wird ihn verlassen.» Unter dem Arongras haben wir vermutlich die «Herba Aaron» (Asarum Europaeum L.) zu verstehen. Weitere Gichtmittel Hildegards sollten zumindest erwähnt werden: «Eine Salbe gegen Gicht wird bereitet aus vier Teilen zerstoßenem Wermut, zwei Teilen Hirschtalg und einem Teil Hirschmark.» Wer bei einem Gichtleiden die überflüssigen Säfte in sich hat, «soll einen Ameisenhaufen mitsamt den Ameisen in Wasser kochen; er soll sich daraus ein Bad bereiten für den ganzen Körper außer für den Kopf. Für diesen ist das Wasser zu stark, so daß er daran Schaden nehmen könnte. Häufige Bäder in solchem Wasser vertreiben die Gicht.»

Die Krankheitserscheinungen im Formenkreis der «Gicht» kann man sich nicht vielfältig genug vorstellen. Die Leiden werden als Entzündung beschrieben, als Anschwellen und Zuckungen in den Gliedern. Häufig kommt es zu einem Abschuppen der Haut und dementsprechendem Jucken oder Brennen der Hautoberfläche. Besonders dramatisch wird das Gliederreißen geschildert, das mit Spannungen im Gewebe oder mit Geschwülsten einhergeht und oft bis zu krampfigen Verkrümmungen führen kann.

Ein ganzes Syndrom an Krankheiten erscheint weiterhin unter dem Namen «Krampf» (althochdeutsch: krampfo; mittelhochdeutsch: krampfe; altsächsisch: cramp). Bei einem Krampfanfall geschieht es, daß die Glieder sich «krimpfen», sich winden und biegen, sich krümmen. Die lateinischen Bezeichnungen lauten «spasmus» oder «convulsio», wie man sie etwa beim Starrkrampf (Tetanus) findet.

Krankheiten im Bauchraum

Eine große Rolle spielen im Mittelalter die Erkrankungen des Magen-Darmtraktes, wenngleich auch hier die Diagnostik äußerst schwierig bleibt. Im Vordergrund stehen die Symptome: Erbrechen und Luftfülle (ventositas), die ungenügende Verdauungstätigkeit (indigestio), die Verstopfung (constipatio) oder der Durchfall (diarria). Häufig ist auch von einer allgemeinen Schwäche die Rede oder von der Kälte im Verdauungssystem. Vielfach ist die Leber beteiligt, erkenntlich etwa an der Leberschwellung (tumor hepatis), der schlechten Säftemischung (cacocimia) oder der Gelbsucht (icterus). Zu den Leberkrankheiten zählt auch die Wassersucht (ydropsis), die einfach als ein Irrtum des Verdauungssystems angesehen wird. Sie äußert sich in Schwellungen der Extremitäten (oedema) wie auch in der Bauchwassersucht (ascites) oder dem Meteorismus (tympanites). Der Klang bei der Perkussion soll dem einer Trommel gleichen. Auch Darm- und Blasenleiden verraten sich meist durch eine drastische Ausdrucksweise, so wenn «diarria» als «dünnschysz» bezeichnet wird oder «dissenteria» als «der rot siechtag» oder auch «blutscheysz».

Verdauungsbeschwerden werden in erster Linie durch Ernährungsfehler erklärt, wobei sich im Magen Verschleimungen und Fäulnisprodukte bilden, die ihrerseits wieder den Gesamtorganismus schädigen. «Wird nun der Magen», schreibt Hildegard, «durch verschiedenartige Säfte und schädliche Speisen gereizt und die Blase durch schädliche Getränke beeinträchtigt, dann tragen beide den Eingeweiden schlechte Säfte zu; so kommt es, daß sie einen üblen Rauch zur Milz aussenden.

Die Milz wird dadurch aufgebläht, schwillt an und wird mitgenommen; durch ihre Schwellung und Schmerzhaftigkeit macht sie auch das Herz leidend und bereitet rings um dieses einen krankhaften Saft (Livor). Noch aber ist das Herz kräftig genug und gibt diesem Schmerz Widerstand. Wenn aber die aufgeführten Säfte in den Eingeweiden und in der Milz des Menschen ihr Maß überschritten und das Herz vielfach in Mitleidenschaft gezogen haben, kehren sie wieder zur Schwarzgalle zurück und vermischen sich dort mit ihr. Durch diese Mischung in Bewegung gebracht, erhebt sich die Schwarzgalle voll Unwillen, steigt mit einem schwarzen und schlechten Dunst zum Herzen hoch und ermüdet dieses durch immer neue und plötzliche Anstrengungen. Daher nehmen solche Menschen, bedrückt und verbittert geworden, nur noch wenig Speise und Trank zu sich, werden davon körperlich schwächlich und können sich oft kaum noch auf den Beinen halten. Dann leiden sie auch vielfach an Aufstoßen» (Causae et curae, 95).

Magenleiden werden hier charakteristischerweise mit Fehlformen der Ernährung in Verbindung gebracht. So lesen wir: «Der Magen ist im menschlichen Organismus so eingerichtet, daß er alle Speisen aufnehmen und verdauen kann; er ist zäh und an der Innenfläche gerunzelt, damit er die Speisen für dieses Verdauungsgeschäft festhalten kann, daß sie nicht zu schnell in die weiteren Verdauungsphasen abgleiten; so rauht ja auch der Maurer seine Steine auf, damit sie den Mörtel annehmen und festhalten, damit er nicht zerfließt oder abbröckelt. Wenn aber manche Menschen bei Gelegenheit übermäßig solche Speisen zu sich genommen haben, die roh, ungekocht, nicht ganz gar oder auch übermäßig fettig, schwerverdaulich oder aber auch saftlos und zu trocken waren, dann vermögen Herz, Leber, Lunge und die übrigen Wärmereservoirs nicht immer dem Magen mit so viel und so starkem Feuer beizustehen; so kommt es, daß die Speisen im Magen gerinnen, hart und schimmelig werden; davon bekommt dann der Magen bisweilen eine grünliche oder bläuliche oder mißfarbige Schicht oder den Livor, den sogenannten «slim», und behält diesen zurück; oder es laufen deshalb wie von einem stinkenden Dunghaufen die schlechten Säfte und schädlichen, übelriechenden Dünste durch den ganzen Organismus, gleichwie wenn grünes oder nasses Holz anbrennt, und sie breiten sich überall im Körper als eine schlechte Ausdünstung aus. Daß sich aber gewisse Speisen im Menschen verhärten, kommt von den verschiedenartigen Krankheitsmöglichkeiten her: Ist nämlich zuviel und unregelmäßig verteilte Glut im Organismus, dann wird die verzehrte Nahrung verbrannt, ist aber zuwenig und nicht recht lokalisierte Kälte in ihm, dann kann die aufgenommene Speise nicht verdaut werden; sie backt sich infolge der Abkühlung zusammen und gerinnt in ihm. So bleibt sie denn im Menschen liegen, und dieser hat hierdurch Schmerzen auszustehen» (Causae et curae, 99).

Sexualleiden

Eine große Rolle spielen die Geschlechtskrankheiten, die – als ein heikles Thema – vielfach nur indirekt angesprochen werden. Um so mehr imponiert uns die offene Sprache, die etwa Hildegard von Bingen gerade bei diesen Leiden an den Tag gelegt hat. Die Geschlechtskrankheiten werden unter den Leiden in der Lendengegend abgehandelt. Die Geschlechtsorgane gelten als der Wärmespeicher für den gesamten Organismus. «Sie halten die Schenkel des Menschen zusammen, wie bewaffnete Krieger, die ihren Herrn verteidigen.»

Es heißt dann weiter: «Dem Vermögen, das in den Lenden der Männer vorhanden ist, das heißt dem Geschlechtswind, welcher aus dem Mark hervorgeht, sind zwei in sich wieder verbundene Kräfte wie zwei Zelte beigegeben, welche die Glut, die im Manne vorherrscht, unterstützen, und die auch die feurige Kraft des Zeugungsgliedes kraftvoll zwischen sich festhalten. Und sie sind gleichsam mit einem Häutchen umhüllt, damit nichts von ihrer Kraft verlorengehe; denn diese Kraft dient ihnen dazu, den Stamm aufrichten zu können. Wenn aber ein Mann, sei es durch natürlichen Ausfall, sei es durch späteren Verlust, diese beiden Kräfte nicht hat, dann besitzt er auch nicht die männliche Grünheit und nicht jenen mannhaften Geschlechtswind, der den Stamm zu seiner Zeugungsmächtigkeit aufrichtet. Infolgedessen kann der Stamm nicht aufgerichtet werden, damit er nun seiner Bestimmung nach das Durchpflügen des Weibes wie eines Ackerlandes durchführe; hat er doch den Wind seiner Manneskraft verloren, der jenes Glied erst für seine Aufgabe, Nachkommenschaft zu erzeugen, kräftigen sollte, genauso wie auch ein Pflug das Ackerland nicht aufzureißen vermag, wenn die Schärfe des Pflugeisens verlorenging.

Das männliche Zeugungsvermögen liegt nun machtvoll in den männlichen Geschlechtsorganen; mitunter aber erhebt sich entweder durch eine schlechte Säftemischung oder durch schädliche Ausschwitzungen oder auch durch ein Übermaß des Geschlechtsbegehrens in dieser Manneskraft eine gewisse ungeordnete Feuchtigkeit oder ein Geschwür oder eine Entzündung, so daß hierdurch die Geschlechtsorgane entzündet oder durch verderbliche Geschwüre geschädigt werden.»

Hildegard gibt alsdann eine ausführliche Typologie des Sexualverhaltens, je spezifisch dargestellt am Mann oder der Frau und jeweils ausgerichtet auf die vier Temperamente: Sanguiniker, Choleriker, Phlegmatiker und Melancholiker. Jeder Typus wird sehr sorgfältig beschrieben nach Körperbau und Charaktereigenschaften, nach Neigungen zu Krankheiten und vor allem im libidinösen Verhalten.

Da heißt es etwa vom Sanguiniker, er habe eine säftereiche Konstitution und ein gut entwickeltes Gefäßsystem. Das Gehirn sei ordentlich durchblutet; er habe eine frische und angenehme Gesichtsfarbe, neige aber etwas zu Fettansatz. Seinem Charakter nach sei er beständig und frohgemut, durch Widerwärtigkeiten nicht zu hemmen. Solche Männer verhielten sich im Geschlechtsverkehr menschlich und mäßig, seien auch fähig zur Enthaltsamkeit, aber eher mit Frauen fröhlich. Den Verkehr führten sie aus in lauterem Liebesverlangen: «so daß ihr Stamm sich ehrenhaft aufrichtet und aufblüht. Daher werden solche Männer als goldenes Bauwerk in rechter Liebesumarmung gerühmt» (Causae et curae, 72).

Von einer Cholerikerin hören wir, sie habe bei zarter Muskulatur ein etwas grobes Knochengerüst, führe trockenes Blut und habe einen blassen Teint. Sie leide an Hypermenorrhöen und müsse bei vorzeitiger Menopause mancherlei Leiden durchstehen. Ihrem Charakter nach sei sie klug und wohlwollend, oft auch gefürchtet, immer aber verehrt. In ihrer Libido seien solche Frauen stets anlockend, wenn auch nicht von Dauer. Blieben sie ohne Männer, würden sie leicht krank. Hätten sie einen Mann, so seien sie gesund, blieben auch keusch und treu (Causae et curae, 88).

Erkrankungen der Haut

Die äußere Hülle des Menschen hat zu allen Zeiten Bewunderung und Faszination erweckt, oft genug aber auch Verwirrung und Schrecken hervorgerufen. Die «Haut» (integumentum) bedeutete dem mittelalterlichen Menschen weitaus mehr als nur die schützende Decke; sie galt als eines der großen Organe, gleichrangig mit Herz und Hirn, Leber und Milz.

Seit alters kannte man auf der Haut die Pusteln und Finnen, die Blattern und Schorfe, Bräune und Brand und das wilde Feuer, den Grind und die Borken, Runzeln und Warzen. Priester beschauten das «Mal» auf der Haut und erklären einen Menschen für rein oder unrein. Die Schabe war nicht nur die zum Kratzen reizende Krätze, sondern auch das, was einen so schäbig machte. Das Alte Testament, und zumal das Buch Hiob, ist voll von Krankheit, die sich in die Haut frißt, wobei das Leiden die Schönheit der Haut verschlingt (devoret pulchritudinem cutis). Es wird geschildert, wie die Haut zusammenschrumpft und eitert; sie schwärzt sich und fällt ab: «cutis mea denigrata est super me». An meiner Haut, klagt Hiob, klebt mein Gebein! Solche Hautleiden waren für das Mittelalter Ausflüsse innerer Zustände, Ausschläge, die auch «nach innen schlagen» konnten. Sie erschienen als Selbsthilfe der Natur, die die vergifteten Säfte unter Verkrustungen auf der äußeren Decke ablegte. Sie erschienen aber auch schon als einfache Alteration, als «Allergie», als ein Zeichen, daß einem nicht wohl war in seiner Haut.

Unübersehbar wird im Mittelalter die Flut an Namen für all diese Hautleiden, die uns als Krätze und Räude begegnen, als Grind und Skabies, als Rose oder Rotlauf, und die folgendermaßen heißen: «schebigkait», «der scharfe grint», «rüdigkeit», «flecht» oder «flicht» und in gesteigerter Form dann Antoniusfeuer, «wildes Feuer».

Nicht von ungefähr nehmen in der mittelalterlichen Nosographie diese Hautkrankheiten einen großen Raum ein. Bei Constantinus Africanus lesen wir, daß die Natur bestrebt sei, die schlechten Säfte an die Oberfläche zu treiben, damit das Innere des Organismus gereinigt werde. Hier an der Oberfläche würden dann die verdorbenen Säfte die wunderlichsten Blüten treiben und bildeten Flecken (macula) und Pusteln (pustula). Sie verursachten das lästige Hautjucken (pruritus) und bildeten die Blässe (pallor) oder auch die Wundrose (erysipela). Sie machten kriechende Flechten (latine serpens) oder den Linsenfleck (lentigo). Ausführlich beschrieben werden die Pocken (variolae) und nässende Hautleiden (scabies).

«Unreine Haut» wird bald schon ein Sammelname für alle Ausschläge und Entzündungen, aber auch für Leberflecken und Sommersprossen und alles, was als «Warzen» auf der Haut in Erscheinung tritt, all die «masselen, puckelen, laubflecken, sprenckel, placke, mackel» etc.

Geschwülste

Nur undeutlich und oft recht verworren zeigen sich die Übergänge vom Geschwür zur Geschwulst, unter der man eigentlich nur die entzündlichen Anschwellungen äußerer oder innerer Körperteile verstehen sollte. Hierzu gehören auch alle Schwellungen, Kallusbildungen an Haut oder Knochen oder auch die berühmte Struma, der Kropf oder der Mumps. Zu den fünf Hauptgebrechen, die an einem Menschen auftreten können, rechnet man – nach Ulrich Boners «Edelstein», einer mittelhochdeutschen Fabelsammlung (um 1350) – auch den Kropf: «was er hogrecht oder blint, hât er ein kroph oder einen grint, oder hât sîn lîp der riuden schîn.»

Unter allen Geschwülsten aber erregen auch im Mittelalter die Krebsleiden größte Beachtung als ein «um sich fressendes Geschwür», das die Alten «cancer» nannten, und wofür sich bald schon der Begriff «krebez» einbürgerte oder auch «cancer der kreps». In der arabischen Medizin werden ausführlich die verschiedenen Krebsarten geschildert, und der berühmte Arzt Abulcasis, der sich in seiner «Chirurgia» den besonderen Schwierigkeiten der Behandlung gestellt hat, schreibt:

«Die Alten sagen: Wenn der Krebs an einer Stelle ist, wo du ihn ganz ausschneiden kannst, etwa ein Krebs an der Mamma oder am Schenkel oder an ähnlicher Stelle, wo du ihn ganz herausreißen kannst, besonders wenn er sich im Anfangsstadium befindet und noch klein ist, dann soll man es versuchen. Aber wenn er schon alt und groß ist, dann darfst du ihn nicht antasten. Ich selbst habe nie einen heilen können und habe auch nie einen gesehen, der ihn geheilt hat.

Wenn der Krebs so gelagert ist, wie wir gesagt haben, dann geht die Operation folgendermaßen vor sich: Zunächst wird der Kranke von seiner schwarzen Galle mehrfach gereinigt. Wenn in seinen Adern offensichtlich viel Blut ist, wird er dann zur Ader gelassen. Du legst dann den Kranken so hin, wie es für die Operation am günstigsten ist, dann hake in den Krebs einige Haken, die für diese Arbeit geeignet sind, und schneide ihn ringsum von allen Seiten mit der Haut ab. Dabei achte sehr darauf, daß auch nicht der kleinste Rest zurückbleibt. Das Blut lasse fließen und stille es nicht schnell, presse im Gegenteil die Stelle und ziehe das dicke Blut mit der Hand oder mit einem Instrument heraus. Und wenn dir bei deiner Arbeit eine schwere Blutung vorkommen sollte, daß du eine Vene oder Arterie angeschnitten hast, dann glühe das Gefäß aus, bis das Blut steht, behandle dann weiter bis zur völligen Heilung, so Gott will.»

Frauenleiden

Aus der so elementaren Säftelehre wurden nicht zuletzt auch die Frauenleiden abgeleitet. So galt die Menstruation bereits in den archaischen Heilkulturen als normaler Prozeß der Säftereinigung. Auch wir sprechen ja noch vom «monatlichen Reinigungsfluß» und versprechen uns Wunder von «Blutreinigungskuren».

Zeugung und Empfängnis, Schwangerschaft und Geburt erhalten in der Heilkunde (Causae et curae) Hildegards über die physiologische Deskription hinaus eine eschatologische Bedeutung, insofern sich Physiologie und Pathologie der Generationsvorgänge zwischen dem Verlust der ersten Schöpfung und der Wiedergewinnung des neuen Lebens abspielen. Die Frau ist dabei nicht nur Garant der natürlichen Fruchtbarkeit, sondern auch die latente Spur aller Heilsgeschichte. Menstruation und Konzeption werden mit physiologischen Vorgängen im Gesamtorganismus in Verbindung gebracht, Vererbungsvorgänge werden in gleicher Weise beachtet wie die Beseelung des Fötus. Der Geburtsakt wird in Analogie zur kosmischen Katastrophe beim Sündenfall gesehen, das Austreiben der Frucht als «exitus» bezeichnet. Während der Gravidität und bei Austritt der Geburt sollen keine Medikamente verabreicht werden. Die Laktation wird durch den Saugakt in Gang gebracht. Der Säugling bedarf einer möglichst kontinuierlichen Stillung und Hegung.

In der Tradition von Galen und Avicenna stehen auch die 20 Bücher «De natura rerum» des Dominikaners Thomas von Cantimpré (1204–1280), bekannter als Thomas von Brabant. Hier findet sich erstmals eine geschlossene Frauenheilkunde und Geburtshilfe. Breite Aufnahme fand in dieser Übersicht das Hebammenlehrbuch des Muscio, welches im 6. Jahrhundert nach dem Vorbild des Soranos von Ephesos entstanden ist.

Physiologie, Pathologie und Hygiene der Frau erscheinen im späten Mittelalter in zahlreichen volkssprachlichen Ausgaben, unter denen herausragen: das «Frauenbüchlein» des Ortolff von Bayerland (Ulm 1495), «Der Frauen Rosengarten» von Eucharius Rößlin (Köln 1512; Straßburg 1513), des Pseudo-Albertus «Buch der heimligkeiten der weiber» (Straßburg 1519) oder auch das anonyme «Ehestandsartzneybuch», das 1534 bei Wolfgang Stürmer zu Erfurt erschien. Unter späteren Zusammenfassungen sei erwähnt Walter Hermann Ryffs «Frawen Rosengarten» (Frankfurt 1545) mit dem bezeichnenden Untertitel: «Von vilfaltigen sorglichen zufällen und gebrechen der Mütter und Kinder».

In seinem Kommentar zum «Buch der Sprüche» (Proverbia) wendet sich Albertus Magnus der besonderen Rolle der Frau in der Heilsgeschichte zu, was am Bild der «starken Frau» (im «Liber de muliere forti», dessen Echtheit allerdings bestritten ist) exemplifiziert wird. Hierbei kommen nicht nur geistliche Interpretationen zur Sprache, sondern auch die Funktionen der Samenaufnahme, die Reifung des Fötus im Uterus, Geburt und Stillgeschäft. Das dem Albertus fälschlich zugeschriebene Werk «De secretis mulierum» stammt vermutlich aus dem Ende des 13. Jahrhunderts; um die Mitte des 14. Jahrhunderts treten zahlreiche kommentierte Fassungen hinzu. Es behandelt Zeugung und Entwicklung, Geburt und Mißgeburt, Stillgeschäft und

Aufzucht. Der Gesamtkatalog der Wiegendrucke führt 47 Inkunabeln auf. Als «Heimlichkeit der Weiber» fand das Kompendium Eingang in zahlreiche Landessprachen und hielt sich bis ins 19. Jahrhundert.

Auch der englische Franziskaner Bartholomaeus Anglicus, später Magister in Paris und ab 1230 in Magdeburg, behandelt in seinen 19 Büchern «De proprietatibus rerum» ausführlich die Physiologie und Pathologie der Geburt, die verschiedenen gynäkologischen Erkrankungen sowie die Aufzucht des Säuglings. Ein eigenes Kapitel ist dem Hebammenstand gewidmet.

In einer Hebammenordnung (um 1480) wird sogar der Kaiserschnitt ausführlich beschrieben: «Viele Mütter bitten sterbend, oder wenn sie fühlen, daß sie sterben müssen, das Kind durch den Schnitt zu befreien. In diesem Falle muß eine geschickte Hebamme eine Seite aufschneiden, aber nicht die rechte; denn beim Manne liegt das Herz links, bei der Frau aber rechts. Sie soll im untern Teil (des Bauches) in der Gegend des Schambeines beginnen und über eine Handbreit aufschneiden und mit ihrer geölten Hand soll sie sorgfältig die Eingeweide wegschieben. Sie soll die Kranke auf den Rücken legen lassen, so daß der Kopf verhältnismäßig tief liegt, damit sie an die Gebärmutter herankommt. Dann wird die Frau nach Eröffnung der Gebärmutter auf die Seite geneigt, wie die Hebammen gut wissen. Das Kind wird von den Eihäuten befreit. Die Frau aber, wenn sie nicht tot ist, sondern noch Lebenszeichen von sich gibt, wird vorsichtig auf den Rükken zurückgelegt. Man versieht die Wunde mit drei oder vier Ligaturen mittels einer Nadel und einem seidenen oder anderen Faden. Darüber kommt ein Pflaster aus drei Eiern und starkem Hanfstoff, dem man, wenn man es haben kann, noch Pulver von armenischer Erde hinzufügt. Das Pflaster wird auf die Wunde gebunden. Die Frau erhält einen Schluck des besten Weines. Wenn sie es überleben sollte und sie zur Besinnung kommt, soll ihr ein Getränk von der Wurzel der großen Schwarzwurz und in Wein gesottenes Berggalbanum gereicht werden. Und mit Gottes Hülfe wird sie gesund werden.»

Die großen Seuchen

Wir alle kennen die Geschichte vom «armen Heinrich», wie sie uns Hartmann von Aue überliefert hat: die Mär vom reichen Ritter, der «eine Blüte der Jugend» war, «ein Spiegel der Weltfreude, ein Diamant beständiger Treue, eine Krone der Zucht». Bis ihn der Aussatz ergriff –: Da wurde er «Männern und Frauen widerwärtig», bis ihn niemand mehr gern ansah. Da verzweifelte der arme Heinrich: «Sein Selbstgefühl mußte zur Erde fallen, sein Honig ward zur Gallen. Ein rascher finsterer Glockenschlag zerbrach ihm seinen Mittag.»

Der Ritter Heinrich grämte sich gar sehr; er besuchte die Hohen Schulen von Montpellier und Salerno und bekam dort «eine seltsame Auskunft», nämlich geheilt zu werden durch das Herzblut einer Jungfrau, die sich ihm opfern sollte – und gab sich schließlich geschlagen, entledigte sich seines Besitzes, «bis auf einen Hof auf einer Rodung. Dorthin zog er sich vor den Menschen zurück», in die Einsamkeit, ins «elende». Am armen Heinrich wird beispielhaft das «Mitten im Leben sind wir vom Tod umfangen ...» offenbar, als ihn die todbringende «miselsucht» ergreift. Der Tod packt zu, macht hinfällig und läßt aussätzig werden, ausgeschlossen aus aller Gemeinschaft.

An der Geschichte vom «armen Heinrich» und seiner Genesung lassen sich auch die drei Stufen des mystischen Lebens ablesen, wie sie uns Hugo von St. Viktor zeigt, nämlich als Weg der Reinigung (via purgativa), als Stufen der Erleuchtung (illuminatio) und als die Bahn zur Vereinigung (unio mystica). Die Wege der Reinigung werden zu Stadien der Prüfung, der Versuchung, der Rebellion auch, der Heimsuchung. Heinrich hadert mit seinem Gott wie der Knecht Hiob. Er nimmt in seiner Hybris sogar das Opfer des jungen Mädchens an, seiner «kleinen Braut», mit der er nach Salerno gereist ist. Dort haben die Ärzte schon das Messer gewetzt. Und nun sieht Heinrich das Mädchen nackt auf dem Operationstisch –: sie in ihrer jugendlichen Schönheit, sich selber aber in aller Häßlichkeit. Er verzichtet in seiner Erschütterung auf das Opfer und hat ihn damit schon eingeschlagen: den Weg der Erleuchtung!

Der arme Heinrich hat sein Leiden akzeptiert, hat sein Sterben mit hineingenommen in sein Leben, ein Leben mit nur noch bedingter Gesundheit, das er nunmehr willens ist, zu Ende zu führen. Er hat die Krise gemeistert, vermag nun auch das Mädchen heimzuführen, zu führen auf der «via unitiva», jener Vereinigung, die ihm zum Sinnbild wird für die Vereinigung von Mensch und Gott. Denn nicht die Welt an sich ist ja verwerflich, sondern nur eine Welt ohne Treue (triuwe) und ohne das Maß (mâze). Beide haben ihre Leidensaufgabe bewältigt: der leprakranke Ritter als «homo patiens» und das mitleidende Mädchen, sein klein «gemahel», als «homo compatiens». Nach einem langen «seligen» Leiden – so schließt die Geschichte – gelangen beide in das «ewige Reich».

Soweit der Dichter, der uns damit eingestimmt hat in die Welt der Kranken, zumal der chronisch Kranken. Krankheit, das scheint ganz klar zu sein, erscheint in dieser Welt des Mittelalters nicht als zufälliger Defekt oder vorübergehender Funktionsausfall, und schon gar nicht als rasch zu behebende Panne, sondern als *das* Schicksal *des* Menschen.

Krankheit als Schicksal tritt uns vor allem an den epidemischen Erkrankungen vor Augen, den Seuchen. Die großen Seuchen haben den Menschen zu allen Zeiten unvermittelt und unvorbereitet überfallen; sie waren von sozialpolitischen Auswirkungen begleitet, auf die sich die Menschen nur mühsam einzustellen wußten. Sie wurden gedeutet als Prüfung oder als Strafe, immer aber als ein außergewöhnliches Zeichen, als ein Signal, das einer Wegweisung dienen sollte.

«In großen Seuchen», schreibt der Berliner Arzt Justus Friedrich Carl Hecker (1832), «offenbart sich die allwaltende Macht, welche den Erdball mit all seinen Geschöpfen zu einem lebendigen Ganzen gestaltet hat. Die Kräfte der Schöpfung treten in gewaltsamen Widerstreit: die trockene Schwüle des Luftkreises, die unterirdischen Donner, die Nebel der übertretenden Wasser verkünden Zerstörung, der Natur genügt nicht der gewöhnliche Wechsel von Leben und Tod, und über Menschen und Tiere schwingt der Würgengel sein flammendes Schwert.» So schildert ein moderner Wissenschaftshistoriker am Ende der Aufklärung und kurz vor Anbruch des Zeitalters der Naturwissenschaft das Erscheinen des «Großen Todes».

Mittelalterliche Historiker und vor allem die Zeitgenossen haben damals das Ereignis wesentlich nüchterner gesehen. Der kranke Mensch hat erstaunlich bewußt auf das so dramatische Geschehen reagiert. Er hat es zunächst einmal verstanden, die Ereignisse sehr sorgfältig zu differenzieren und hat sich recht verschieden auf die Großen Krankheiten eingestellt. Gehen wir daher den «Seuchen» zunächst im einzelnen nach, und beginnen wir mit jenem schrecklichen Leiden, das den armen Heinrich befiel.

Der Aussatz

Um die Mitte des 12. Jahrhunderts hat uns Konrad von Würzburg das Bild eines Aussätzigen besonders derb und drastisch beschrieben. Haar und Bart fallen ihm aus, die Augen werden gelb; die Augenbrauen sehen aus, als hätten Milben sie angefressen; die Haut bekommt eine blutrote Farbe, die Stimme tönt heiser; an Füßen und Händen schrumpfen die Ballen. Der ganze Leib wird häßlich. Jedermann scheut sich vor einem solchen Monstrum und geht ihm aus dem Wege.

Beschrieben sind hier die typischen Anzeichen einer «Miselsucht», welche die Ärzte auch «Lepra» nannten. Die verschiedenen mittelalterlichen Bezeichnungen wie «Mezel», «Mêsel», «Misel» und ähnliches sind abzuleiten von «misellus», was arm und elend meint.

Der Aussatz war schon in der Spätantike aus dem vorderen Orient in den Mittelmeerraum eingedrungen und breitete sich im frühen Mittelalter über den ganzen abendländischen Kulturraum aus. Erst im ausgehenden Mittelalter ließ die Durchseuchung dann auffallend rasch nach. Mit dem Beginn der Neuzeit hatte die Lepra für den abendländischen Kulturraum ihren Schrecken verloren.

Was die Seuche im Mittelalter so schrecklich machte, war weniger die Sterblichkeit, die im großen und ganzen nicht dramatisch war, als das Wissen um die Unheilbarkeit der Krankheit und das Erscheinungsbild der Erkrankten, wie es uns in Bild und Text vor Augen geführt wird: das Antlitz entstellt, die Glieder verkrüppelt; erblindet und abgemagert. Nach Jahren erst stirbt der Kranke unter Fieberschüben einen qualvollen Tod.

Der Aussatz erscheint zunächst als eine spektakuläre Erkrankung am Äußeren des Menschen, an der Haut, die immer schon als das geheimnisvolle Medium zwischen äußerer und innerer Welt betrachtet wurde. Betroffen ist in erster Linie das Antlitz, das seine menschlichen Züge verliert: Es nimmt Zeichen des Löwen an. Die Stimme wird hohl und kreischend, katzenhaft. Der Körper bekommt einen süßlichen Fäulnisgeruch. Das Humanum verschwindet hinter der Maske der Bestie.

In den «Gesta Romanorum» wird einem Aussätzigen selbst die Schuld zugeschrieben mit folgender Anrede: «Du bist aussätzig geworden, und aus Furcht bekommt man den Aussatz. Denn Hippokrates sagt: ‹Ein Mensch, der sich vor dem Aussatz fürchtet, holt sich ihn.› Und wenn er den Aussatz hat, wird niemand mehr zu ihm gehen.» Hier spielt offensichtlich die affektive Einstellung des Erkrankten wie auch seiner Umgebung eine große Rolle.

Das oft dramatische soziale Los der Erkrankten griff entscheidend in das persönliche Schicksal wie auch in ganze Familienverbände ein. Zahlreiche regionale Rechtsvorschriften bestimmten die radikale Ausgliederung der Aussätzigen aus der Gemeinschaft. Das dritte Laterankonzil vom Jahre 1179 gab schließlich den verschiedenen Rechtsbestimmungen verbindliche Gestalt. Die Formen der Aussetzung wurden dabei ebenso geregelt wie das Aussätzigenrecht.

Die «Aussonderung» als solche kann man sich nicht radikal genug vorstellen: Der Kranke galt bei lebendigem Leibe schon als tot (tamquam mortuus). Die Totenmesse wurde über ihn gelesen. Die Ehe wurde – wenngleich nicht immer – aufgelöst. Der Lepröse legte ein besonderes Gewand an, nahm Stab und Klapper und wanderte vor den Mauern der Stadt, bis ihn ein Siechenhaus aufnahm.

Bei der rituellen «Aussonderung» wurden dem Kranken die vielerorts üblichen «Lepra-Vorschriften» vorgelesen, in denen etwa stand: «Ich lege dir ans Herz, daß du nicht irgendeine Sache, die du kaufen willst, wo es auch sei, anrührest, sondern diese nur mit einer Gerte oder einem Stäbchen berührest, damit man erkenne, was für eine Sache es sei.» Oder an anderer Stelle: «Ferner befehle ich dir, daß, wenn du über einen Steg oder über ein Wasser gehen mußt oder auch anderswohin, daß du nicht die Balken oder das Geländer anrührest, bevor du nicht deine Handschuhe angezogen hast.»

Selbstverständlich hat sich auch die damalige Medizin der Aussätzigen angenommen und Heilmaßnahmen zur Verfügung gestellt, soweit dies möglich war. Die medizinische Intervention begann bereits bei der Diagnostik. Für das «Besehen» des Aussatzes war ein geordneter Prozeß vorgesehen; er wurde von bestallten «probatores» durchgeführt. Ganze Kataloge von Symptomen wurden aufgestellt, die sich auf folgende 16 «Zeichen» bezogen: 1. harte und gehöckerte Muskeln, 2. morphea-farbene Haut, 3. Haarausfall, 4. Muskelschwund, 5. Unempfindlichkeit und Krämpfe, 6. Skabies, Schuppen und Geschwüre, 7. körnige Anschwellung unter der Zunge, an den Lidern und hinter den Ohren, 8. Brennen und Stechen der Haut, 9. Gänsehaut an der Luft exponierten Stellen, 10. Wasser wird von der Haut abgestoßen, 11. Fieber selten, 12. betrügerisches und zorniges Wesen, 13. schwere Träume, 14. schwacher Puls, 15. Blut schwarz und körnig, 16. Urin weiß und aschig. Berufene Leprosenmeister hatten die «Schau» im Auftrage eines Sendgerichtes durchzuführen. Gegen das Urteil konnten die Erkrankten Berufung einlegen.

Obwohl die gesetzliche Aussonderung als notwendig für das öffentliche Wohl erschien, wurde der Kranke doch der menschlichen Fürsorge und christlichen Caritas anvertraut. Auch die Kirche traf Anordnungen für das Seelenheil wie das Leibeswohl. Papst Gregor II. schrieb an Bonifatius, daß man auch den Aussätzigen, allerdings unter gebotener Vorsicht, die Gnadenmittel reichen müsse.

Nicht übersehen werden sollten auch die zahlreichen Resozialisierungsmaßnahmen, die den Kranken gewisse Rechte zusicherten: ein Zusammenleben mit dem ehelichen Partner, die Teilnahme an der

Abb. 8: Arzt überreicht Aussätzigem einen Heiltrank
(Codex Vindobonensis 93; 13. Jahrhundert, NB Wien)

Der Wiener Kodex 93 gilt als das am meisten verbreitete Arzneibuch des Mittelalters; es enthält in spätantiker Überlieferung die klassische «Materia Medica». Bei der Lepra – so heißt es fol. 105 v – «hilft die Blüte der Pflanze Tytymallos» (eine Wolfsmilchart).

Eucharistiefeier, Unterbringung in gemeinschaftlichen Wohnhäusern, die Aufnahme in den Orden des hl. Lazarus und weitere Sonderrechte. Die Häuser für die Aussätzigen, die sogenannten Leproserien, lagen in der Regel an den großen Ausfallstraßen der Städte oder an verkehrsreichen Flußläufen, immer aber außerhalb der Stadtmauer.

Diese Spitäler erhielten regelmäßige Zuwendungen. Dazu zählten auch die vielen testamentarisch verfügten Güter. In großen Städten bildeten sich besondere Bruderschaften – so in Köln die «fraternitas Sancti Spiritus» –, die sich speziell der Aussätzigen annahmen. So schenkte die Kölner Bruderschaft den Leprosen alljährlich in der Fastenzeit eine Tonne Heringe, im Herbst einen Ochsen und am Tage vor Fronleichnam jedem Kranken Weißbrot und Wein. In diesen Bruderschaften scheint auch zum ersten Male die heute so aktuell gewordene, zu allen Zeiten aber wohl notwendige Hilfe zur Selbsthilfe konkret organisiert und genossenschaftlich geregelt worden zu sein. Der Orden vom heiligen Lazarus etwa widmete sich nicht nur der Pflege der Aussätzigen, er nahm auch die Kranken selber auf und verstand es, sie in das Gemeinwesen zu integrieren.

So sehr auch dic Maßnahmen einer «Ausschließung» als notwendig erachtet wurden, von einem «Ausgestoßensein» oder gar einer «Einsperrung» konnte keine Rede sein. Die Kranken organisierten sich eher in klosterartigen Gemeinschaften. Und sie nannten ihr Zusammenleben auch «Congregatio» oder «Fraternitas» oder «Conventus Claustri S. Lazari». Sie redeten sich an mit «sorores ac fratri» oder «broedere ind sustere», und sie wurden auch angesprochen als «fratres et leprosi» oder auch «fratres et pauperi», im Wissen, daß wir alle Brüder sind und letzten Endes alle «Arme in Christo».

Die Pest

Von einer «pestilentia maxima» sprachen erschüttert die Zeitgenossen, vom «Großen Sterben», das über die Lande ging und zu einer der größten Katastrophen für die in Europa lebenden Menschen wurde. Vom «Schwarzen Tod» wurde zu Beginn der Neuzeit im Rückblick auf diese schwerste Seuche des Mittelalters gesprochen, von einer «Atra Mors», deren biologische, wirtschaftliche und moralische Folgen nicht einmal von heute aus zu übersehen sind, zumal die große Pestepidemie den gesamten abendländischen Kulturraum ergriff: vom Mittelmeer bis an die Nordküste Schottlands, vom Atlantik bis zum Ural.

Vom Schwarzen Meer aus griff «Das große Sterben» im Herbst des Jahres 1347 auf die Mittelmeerhäfen über. Im Januar 1348 verbreitete sich die Pest von der Hafenstadt Genua aus, wie ein Sturmwind: erst über die Schiffahrtswege, dann über die Handelsstraßen. Zwischen 1348 und 1351 verlor Europa ein Drittel seiner Bevölkerung. 1352 griff die Pest auch auf Rußland über und erreichte 1353 Moskau.

Die Zahlen der Opfer sollten freilich mit großer Reserve aufgenommen werden. Um die Mitte des 14. Jahrhunderts gab es nur vereinzelt Pfarreiregister und Ratsprotokolle, Steuererhebungen oder Rechnungsführung. Die Zahl der Gesamtverluste wird – je nach regionalen Verhältnissen – zwischen 12% und 60% geschätzt. Ein Gesamtdurchschnitt von 30% dürfte aber kaum überschritten worden sein. Das bedeutet bei einer Bevölkerung Europas von 60 Millionen etwa 18 Millionen Pest-Tote. Im Zweiten Weltkrieg betrugen im Vergleich dazu die Bevölkerungsverluste in Westeuropa etwa 5% der Gesamtbevölkerung (vgl. Bulst, 1979).

Neben den dramatischen Infektionsketten spielten für die Ausbreitung und das Ausmaß der Seuche noch weitere Faktoren eine Rolle. Seit 1300 hatte sich die europäische Bevölkerung rapide vermehrt; eine Ernährungskrise zeichnete sich ab; ein Versorgungsengpaß war kaum zu vermeiden. Aus den Jahren 1315 bis 1317 werden schwere Hungersnöte gemeldet. Unterernährung mit geminderter körperlicher Resistenz leisteten mit Gewißheit der Seuche Vorschub. Höhere Sterblichkeit verzeichneten größere Städte; besonders anfällig waren Kinder und Jugendliche. Insgesamt blieb das Phänomen «Pest» als solches außerhalb des Horizonts jeglicher Erfahrung.

Der Begriff «Pest» (lateinisch: pestis, pestilentia) bedeutete zunächst jede gefährliche Seuche und wurde erst mit dem 14. Jahrhundert auf den «Schwarzen Tod» beschränkt. Am Ausgang des Mittelalters verstand man unter «pestis» in erster Linie die Bubonenpest, während die weitaus gefährlichere Lungenpest, bei der es zu schwärzlich verfärbten Hautblutungen kam, eher als der «Schwarze Tod» bezeichnet wurde.

«Ich nenne sie das Große Sterben», konnte Guy de Chauliac schreiben, damals Leibarzt des Papstes in Avignon, «weil sie nahezu den ganzen Erdkreis befallen hat.» Die Pest erschien ihm derart «groß», weil fast ein Viertel der Bevölkerung verlorenging, und sie war so «unerhört», daß kein Vergleich erlaubt schien. «Der Vater besuchte nicht mehr den Sohn an seinem Krankenbett, der Sohn nicht den Vater. Christliche Nächstenliebe gab es nicht mehr; alle hatten die Hoffnung aufgegeben.»

Bereits den mittelalterlichen Ärzten gelang es, verschiedene Verlaufsformen mit entsprechenden Schweregraden deutlich zu unterscheiden: zum einen die Bubonenpest, die durch Hautkontakte übertragen wurde und rasch zum Tode führen konnte, aber auch viele Wochen verweilen konnte; zum anderen die Lungenpest, übertragen durch Flöhe und verbreitet durch Kratzen oder über Nahrungsmittel.

In seinem «Decamerone» hat um das Jahr 1350 Giovanni Boccaccio neben den verschiedenen Formen der Seuche besonders deren soziale und moralische Auswirkungen wie folgt beschrieben:

«Es war Brauch gewesen, daß sich die Frauen aus der Verwandtschaft und Nachbarschaft im Totenhaus versammelten, um dort mit den nächsten Angehörigen die Totenklage zu halten; andererseits versammelten sich draußen vor dem Totenhaus die Männer, Angehörige, Nachbarn und andere Bürger in Menge, und je nach dem Stand des Toten erschien dort auch die Geistlichkeit. Der Tote wurde von Männern seines Standes auf die Schultern gehoben und mit Leichengepränge, Kerzen und Gesängen zu der Kirche getragen, die er vor dem Tod angegeben hatte. Als nun die Pest immer gefährlicher wurde, unterblieben diese Bräuche ganz oder zum größten Teil, und ganz andere traten an ihre Stelle. Die Leute starben nicht nur, ohne von vielen Frauen umgeben zu sein; es gab ihrer genug, die ohne Zeugen aus diesem Leben schieden, und nur ganz wenigen wurden die mitleidigen Klagen und bitteren Tränen ihrer Verwandten zuteil. Stattdessen hörte man meist Gelächter, Witze und gesellige Kurzweil; auch die Frauen hatten es um ihrer Gesundheit willen gründlich gelernt, daran teilzunehmen und weibliches Mitgefühl großenteils zurückzustellen.

Nur wenige Leichen wurden noch von mehr als zehn oder zwölf Nachbarn zur Kirche geleitet, und auch ihre Bahren wurden nicht mehr von angesehenen und befreundeten Bürgern auf den Schultern getragen, sondern von einer Art Totengräbern, die aus der Unterschicht kamen, sich Becchini nannten und ihre Dienste bezahlen ließen. Sie nahmen die Bahre und brachten sie mit eiligen Schritten nicht etwa in die Kirche, die er vor dem Tod bestimmt hatte, sondern meistens in die nächste. Hinterher kamen vier oder sechs Geistliche mit wenigen Kerzen, manchmal mit gar keiner, und legten ihn mit Hilfe der erwähnten Pestknechte, ohne sich mit einer langen oder feierlichen Zeremonie aufzuhalten, möglichst schnell in irgendein leeres Grab. Mit der Rücksicht auf die Unterschicht und wohl auch einen großen Teil der Mittelschicht war es noch viel schlimmer bestellt. Weil sie voller Hoffnung oder aus Armut meist in ihren Häusern und inmitten ihrer Nachbarschaft blieben, erkrankten sie jeden Tag zu Tausenden, und da ihnen keinerlei Pflege oder Hilfe zukam, starben sie fast alle rettungslos.»

Natürlich war auch die Wissenschaft aufgerufen, Urteile abzugeben und Maßnahmen zu treffen. Um die Mitte des 14. Jahrhunderts gab denn auch die berühmteste der damaligen medizinischen Schulen, die Fakultät zu Paris, ein Gutachten über die Ursachen der Pest wie auch über die zweckmäßige Lebensführung ab. Ein Gutachten, das uns heute abenteuerlich erscheinen mag und in der Übersetzung lautet:

«Wir, die Mitglieder des Collegiums der Ärzte zu Paris, haben nach reiflicher Überlegung und Beratung über das jetzige Sterben, den Rat unserer alten Meister in der Kunst eingeholt, und wollen hiermit die Ursachen dieser Pestilenz deutlich und offener an den Tag legen, als es nach den Regeln und Grundsätzen der Astrologie und Naturwissenschaft geschehen könnte. Demnach erklären wir: Es ist bekannt, daß in Indien, in der Gegend des großen Meeres, die Gestirne, welche die Strahlen der Sonne und die Wärme des himmlischen Feuers bekämpften, ihre Macht besonders gegen jenes Meer ausübten und mit seinen Gewässern heftig stritten. Daher entstehen oft Dämpfe, welche die Sonne verhüllen, und ihr Licht in Finsternis verwandeln. Diese Dämpfe wiederholten ihr Auf- und Niedersteigen 28 Tage lang unaufhörlich, aber am Ende wirkten Sonne und Feuer so gewaltig auf das Meer, daß sie einen großen Teil desselben an sich zogen, und sich das Meeres-Gewässer in Dampfgestalt emporhob. Dadurch wurden nun in einigen Gegenden die Gewässer dermaßen verdorben, daß die Fische in denselben starben. Dieses verdorbene Wasser aber konnte die Sonnenhitze nicht verzehren, und ebensowenig konnten anderes gesundes Wasser, Hagel oder Schnee und Reif daraus entstehen. Vielmehr verbreitete sich dieser Dampf durch die Luft in viele Weltgegenden und hüllte dieselben in Nebel ein. Solches geschah in ganz Arabien, einem Teile von Indien, auf Kreta, in den Ebenen und Tälern von Macedonien, in Ungarn, Albanien und Sizilien. Kommt eben dasselbe nun auch noch nach Sardinien, so bleibt kein Mensch am Leben, und das Gleiche wird auch auf allen Inseln und in den anstoßenden Ländern der Fall sein, wohin dieser verdorbene Seewind aus Indien kommt oder bereits gekommen ist, so lange die Sonne im Zeichen des Löwen steht. Wenn die Bewohner jener Gegenden nicht nachfolgende oder ähnliche Mittel und Vorschriften anwenden und befolgen, so künden wir ihnen den unausbleiblichen Tod an, wenn anders die Gnade Christi ihnen das Leben nicht erhält.»

Die Fakultät gab folgende Prognose ab: «Wir halten dafür, daß die Gestirne mit Hilfe der Natur sich bestreben, durch ihre göttliche Macht das Menschengeschlecht zu schützen und zu heilen, sofort mit den Sonnenstrahlen den Nebel zu durchbrechen, durch die Kraft des Feuers wirkend. Es wird demnach binnen zehn Tagen, und bis zum 17. nächsten Monats Juli, dieser Nebel sich in einen stinkenden, schädlichen Regen verwandeln, wodurch die Luft wieder sehr gereinigt werden wird. Sobald nun dieser Regen sich durch Donner oder Hagel ankündigt, soll jedermann von euch sich vor der Luft hüten und sowohl vor als nach dem Regen starkes Feuer von Rebholz, grünem Lorbeer oder anderem grünen Holz anzünden. Auch soll man Wermut und Chamomillen in großer Quantität auf den öffentlichen Plätzen, in anderen stark bewohnten Gegenden und in den Häusern verbrennen. Bevor nun die Erde nicht ganz wieder ausgetrocknet ist, und noch drei Tage danach, soll niemand auf das Feld gehen. Während dieser Zeit soll man nicht vielerlei Speise zu sich nehmen und sich vor der Kühle des Abends, der Nacht und des Morgens in acht nehmen. Schwimmendes oder fliegendes Geflügel, junge Schweine, altes Ochsenfleisch und überhaupt fettes Fleisch soll man nicht essen. Dagegen esse man Fleisch, das sein gehöriges Alter hat, warmer und trockener Natur ist, keineswegs aber hitzend und reizend. Brühen mit gestoßenem Pfeffer, Ingwer und Gewürznelken versetzt, soll man essen, besonders sollen das jene tun, welche gewohnt sind, mäßig und mit Auswahl zu speisen. Schlafen bei Tage ist nachteilig; man schlafe nachts bis Sonnenaufgang oder etwas länger. Zum Frühstück trinke man wenig, das Abendessen nehme man um 23 Uhr, wobei man dann mehr trinken kann als am Morgen. Zum Getränk bediene man sich klaren, leichten Weines, mit einem Fünftel oder Sechstel Wasser vermischt. Getrocknete oder frische Früchte, mit Wein genossen, schaden nicht, aber ohne Wein werden sie tödlich. Rote Rüben und anderes Gemüse, eingemacht oder frisch genossen, sind schädlich. Dagegen sind gewürzhafte Kräuter, also Salbei oder Rosmarin, sehr gesund. Der Genuß kalter, feuchter, wässeriger Speisen ist größtenteils nachteilig. Ausgehen bei Nacht, und zwar bis zur dritten Stunde nach Mitternacht, ist des Reifes wegen lebensgefährlich. Von Fischen soll man nur kleine und aus Flüssen kommende essen. Zu viel Bewegung ist nachteilig; man halte sich mehr warm als gewöhnlich und schütze sich vor Feuchtigkeit und Kälte. Mit Regenwasser soll man nicht kochen, und jedermann hüte sich vor dem Regen. Regnet es, so genieße man nach Tische etwas feinen Theriak. Wer fett ist, setze sich der Sonne nicht aus. Man wähle nur guten, feinen Wein, trinke des Tages öfter, aber jedesmal nur wenig. Olivenöl zur Speise ist tödlich. Ebenso nachteilig sind Fasten oder übermäßige Enthaltsamkeit, Gemütsruhe, Zorn und unmäßiges Trinken.»

«Die jungen Leute haben insbesondere sich im Herbst von allen diesen Dingen zu enthalten, wenn sie nicht Gefahr laufen wollen, an der Dysenterie zu sterben. Um den Leib gehörig offen zu erhalten, soll man, wenn es nötig wird, ein Klistier oder andere leichte Mittel anwenden. Bäder sind schädlich. Der Weiber muß man sich bei Todesgefahr enthalten und denselben weder beiwohnen noch mit ihnen in einem Bette schlafen. Das soll sich jedermann wohl gesagt sein lassen, besonders jene, die am Meere oder auf einer Insel wohnen, wohin der schädliche Wind gedrungen ist.»

Dieses berühmte «Pariser Pestgutachten» aus dem Jahre 1348 ging auf ein Memorandum des Gentile da Foligno zurück, das im August 1348 von Pierre de Damouzy überarbeitet wurde, ehe es der Pariser Fakultät überreicht wurde. Das Modell berief sich auf die astrologische Konstellation vom 20. März 1345, nach der die drei oberen Planeten im Hause des Wassermanns zusammentraten, um eine besonders feuchte und gefährliche Ausdünstung auszustrahlen. Die gefährlichen Dämpfe konzentrierten sich dann laut Gutachten im Lungenbereich und verdichteten sich zu einer giftigen Materie, welche die Pest erzeugte. Sieht man von den astrologischen Rahmenbedingungen ab, und bedenkt man das der antiken Viersäftelehre entlehnte theoretische Konzept der Zeit, so findet man durchaus schon ein geschlossenes ätiologisches Modell, das auch konsequente Hinweise für die Vorsorge wie auch für therapeutische Maßnahmen gibt.

Noch klarer beschreibt der arabische Historiker und Mediziner Ibn al-Ḫāṭīb die Ansteckungsgefahr der Pest, der 1348 in Granada 30 000 Menschen zum Opfer fielen: «Die Existenz der Ansteckung dieser Seuche steht absolut fest durch Erfahrung, Studium und das Zeugnis der Sinne, ferner auch durch vertrauenswürdige Berichte von direkter Übertragung durch Kleidungsstücke, Gefäße und Ohrringe. Beweis der Ansteckung ist weiterhin, daß sie von Personen aus einem Haus weiterverbreitet wurde, durch Infektion eines gesunden Seehafens durch Leute, die aus einem verseuchten Gebiet ankamen, ferner durch die Immunität isolierter Individuen oder bestimmter Völkerstämme.»

Alles, von der Tierwelt bis zum Sternenzelt, wurde von der damaligen Medizin in Erwägung gezogen, auch wenn man dabei eher an verseuchte Lüfte als verlauste Kreaturen dachte. Der Pestbazillus (Yersinea pestis), durch Flöhe über Ratten übertragen, wurde ja erst

1894 entdeckt, und zwar gleichzeitig und unabhängig von dem japanischen Bakteriologen Kitasato und dem westschweizerischen Tropenarzt Alexandre Yersin. Immerhin wurden auch schon im Mittelalter erkrankte Ratten beobachtet, die plötzlich ihre Scheu verloren, ihre Verstecke verließen und blindlings in den Schein von Laternen rasten.

Was aber war gegen die Pest zu tun? Die gesundheitspolitischen Maßnahmen zielten zunächst auf möglichst rasche Leichenbestattung und radikale Kadaverbeseitigung. Man versuchte, die Kranken möglichst zu isolieren. Sondersiechenhäuser wurden eiligst errichtet, so die ersten Pestlazarette auf den Venedig vorgelagerten Inseln. Als Konsequenz der Lehre von den Ansteckungen wurden ganze Regionen isoliert, zunächst für «quaranti giorni», woher unsere Quarantäne kommt, so in Ragusa (1374) oder Venedig (1377). Neben der Prophylaxe und den Empfehlungen zu hygienischer Lebensweise gab es auch Medikamente, die kaum von Wirkung waren, ferner Duftstoffe, Pillen, Salben, kostbare Steine, Talismane und was sonst alles noch.

Anfang des 15. Jahrhunderts schreibt neben vielen anderen Autoren Johann von Sachsen ein «Compendium de epidemia». Nach Aufzählung der üblichen diätetischen und hygienischen Vorschriften empfiehlt der Meister Johannes: «Auch vor allen Dingen soll der Mensch fröhlich sein, daß er gedenke der Dinge, die ihm Lust, Fröhlichkeit und ein zeitlich Wohlgefallen bedeuten. Wie nämlich einer selber denkt, so wird auch sein Gemüt geleitet im Umgang mit anderen Menschen.» Danach erst folgen Rezepte gegen Verstopfung, Regeln für das Aderlassen, Speisevorschriften sowie die allgemeinen prophylaktischen Maßnahmen gegen die Seuche.

Die Frage nach den Ursachen eines derart außergewöhnlichen Unheils hat die Menschen bis in die jüngste Zeit hinein aufs tiefste bewegt. Zeichen am Himmel wurden angeblich gesehen, seltene Meteore tauchten auf, Erdbeben erschütterten die Atmosphäre, Überschwemmungen und Mißwachs waren vorausgegangen. Daß immer wieder auch Juden beschuldigt und verfolgt wurden, bezeugt unter anderen auch Guy de Chauliac: «Über die Ursachen des Sterbens waren sich viele im unklaren. In einigen Gegenden glaubte man, daß die Juden die ganze Welt vergiftet hätten, und tötete sie deshalb. Anderswo wurden arme Verstümmelte vertrieben, anderswo die Adligen.»

Im Jahre 1832 noch konnte der große Seuchenforscher Justus Friedrich Carl Hecker feststellen: «Fünf Jahrhunderte nach jenem

Zeitalter der Zerstörung die Ursachen eines kosmischen Aufruhrs, der in gleicher Ausdehnung nie wiedergekehrt ist, zu deuten, die Einflüsse wissenschaftlich zu bezeichnen, die in den Leibern der Menschen und Tiere ein so furchtbares Gift hervorriefen, geht über menschliche Einsicht.»

Sicherlich gehörte der «Schwarze Tod» zu den einschneidendsten Ereignissen des späteren Mittelalters, dessen Folgen für die Entwicklung Europas auch heute noch kaum abzuschätzen sind. Gleichwohl verschmerzten die Völker die Leiden: Die Welt gehört den Lebenden, wie es in der «Limburger Chronik» (1350) heißt. «Darnach da das Sterben, die Geiselerfarth, Römerfarth, Judenschlacht, als vor geschrieben stehet, ein End' hatte, da hub die Welt wieder an zu leben und fröhlich zu seyn ...»

Umgang mit Geisteskranken

In der zeitgenössischen Lebensbeschreibung der heiligen Hildegard von Bingen (Vita Hildegardis) wie auch in ihrem Briefwechsel spielt der Fall einer vom Teufel besessenen und schließlich geheilten Frau eine besondere Rolle. Man hatte Hildegard, Äbtissin auf dem Rupertsberg bei Bingen, berichtet, daß in der Gegend des unteren Rheines eine adelige Frau mit Namen Sigewiza vom Teufel besessen sei. In dieser Angelegenheit besuchten nun des öfteren verschiedene Boten die heilkundige Äbtissin. Hildegard erschaute intuitiv – so wird in der «Vita» berichtet –, daß diese Frau von einer «Zusammenballung von Schwärze und Dampf» besessen und verdunkelt sei, wodurch «das Sinnesvermögen ihrer vernunftbegabten Seele» unterdrückt und «das Erheben im Aufseufzen des Geistes» verhindert werde. Auf diese Weise – so Hildegard – «verlor die Frau ihr gesundes Denken und Handeln, und sie führte oft obszöne Redensarten und tat oft unziemliche Dinge».

Hildegard hat sich mit diesem Fall besonders intensiv auseinandergesetzt, und sie erläutert zunächst die ihr gestellte Frage, ob und wie wohl der Teufel in leibhaftiger Gestalt in einen Menschen eingehen und diesen besitzen könne, so daß er als «besessen» erscheine. Hildegard verneint ein solches leibhaftiges Besessensein ausdrücklich und erklärt, daß diese Frau lediglich – mit Gottes Zustimmung – von einer Zusammenballung von schwarzem Dampf, von einem «fumus», verdunkelt und geistig getrübt sei, einer Säftekonstellation also, die das ganze Sinnesvermögen unterdrücke und selbst das Erheben des Geistes verhindere, «gleich wie der Schatten eines Menschen oder Gegenstandes oder der Rauch das ihm Entgegenstehende bedeckt oder verhüllt».

Das war eine klare Diagnose, wobei Hildegard sich der Vorstellungen der ihr wohlbekannten Galenischen Säftepathologie bediente. Besessenheit wurde als ein somatisches Leiden verstanden. Dabei war der Teufel eben nicht «der Leibhaftige» wie im späten Mittelalter und noch in der frühen Neuzeit, wo ein Martin Luther etwa sich mit dem Teufel herumbalgen mußte. Das Diabolische – so Hildegard – schrie nur gleichsam symbolisch durch des Menschen Leib wie durch ein Fenster, und es bewegte lediglich zum Schein und nach außen hin die krankhaft befallenen Gliedmaßen des Menschen. Die Seele ist dabei «wie eingeschlafen, und sie weiß nicht, was ihr Leib tut». Noch einmal will das Hildegard betont wissen: «Darum erlaubt Gott nicht, daß der Teufel in realer Gestalt in den Menschen eingeht. Er dringt vielmehr nur, wie angedeutet, in ihn ein und überschüttet ihn mit Unverstand und Unziemlichkeiten.» Auf diese Weise, schließt Hildegard, läßt Gott seine Freunde durch Krankheiten demütigen, um sie zu reinigen, auf daß sie «durch die Reinigung noch heller als strahlende Steine vor Gottes Antlitz erscheinen».

Exorzismus und Psychotherapie

Mit der Konsultation Hildegards freilich sollte die Krankengeschichte der Frau Sigewiza bald einen dramatischen Verlauf nehmen. So hören wir, daß die junge Frau von ihren Freunden zunächst nach Brauweiler bei Köln gebracht worden war, um dort durch die damals allenthalben erwarteten Wunderkräfte des heiligen Nikolaus Heilung zu erlangen. Der Abt Gedolph von Brauweiler aber wandte sich in dieser Angelegenheit eigens an Hildegard und erhielt von ihr umgehend ausführliche Anweisungen zur Durchführung des rituellen Exorzismus. Hildegard berief sich dabei auf Gott, den «Alten der Tage», der zu ihr sprach: «Ich bin durch Mich selbst der Tag, der niemals aus der Sonne hervorging, von dem vielmehr die Sonne erst entzündet wurde. Ich bin auch die Vernunft, die nicht von einem anderen den Ton empfing, sondern von dem alles Vernunftbegabte den Lebenshauch besitzt. Ich habe diesen Hauch des Lebens in preisende, klingende Harmonie gebracht. Denn wie der Donner erschallt Meine Stimme, mit der Ich den ganzen Erdkreis bewege durch die lebendigen Klänge aller Geschöpfe.»

Diesem hymnischen Präludium folgte alsdann der beschwörende Bannspruch der Seherin, ein feierlicher Exorzismus, der lautete: «Und die Höhe, die keine Höhe berührt, und die Tiefe, die keine Tiefe umgrenzt, und die Breite, die keine Breite umfaßt, befreie die Frau von dem Gestank deiner törichten Nichtswürdigkeit und von all deinen Machenschaften, so daß du beschämt vor ihr die Flucht ergreifst, und sie dich nicht mehr spürt und nicht mehr kennt.»

Das Bannen der bösen Geister hatte augenscheinlich Erfolg, wenngleich nur für kurze Zeit, denn alsbald – so lesen wir – nahm der alte Feind zum Entsetzen der Anwesenden wieder von dem Gefäß Besitz, das er soeben verlassen hatte, mit der bemerkenswerten Begründung: «Da ich nicht wußte, wohin ich gehen sollte, habe ich mein leerstehendes, nun nicht eigens bezeichnetes Gefäß wieder eingenommen.»

Die weitverbreitete Praxis des Exorzismus, des «Austreibens der bösen Geister», entsprach weniger dem banalen Dämonenglauben als dem Bedürfnis nach seelischer Reinigung und geistiger Läuterung. Die Vorstellung von einer Möglichkeit, Dämonen aus dem Körper von Besessenen auszutreiben, geht tief in das archaische Weltbild zurück. Die konkrete Technik des Mittelalters ist als eine Verbindung der im Neuen Testament geschilderten Praktik mit der alexandrinischen Zauberliteratur anzusehen. Dabei sind die strengen Maßstäbe kanonischen Rechts oft überschritten worden.

Wesentlich an der Praxis ist die Exorzismus-Formel (griechisch: ex horkos), die lautet: «Fahre aus, du unreiner Geist, und gib Raum dem Heiligen Geist.» Sie wurde in frühen Zeiten vom Bischof in feierlicher Beschwörung ausgesprochen. Über spätere Methoden informieren zahlreiche Illustrationen: Der Exorzist, mit Albe und Stola angetan, meist mit einem Stab dargestellt, schlingt die Stola um den Hals des Besessenen, oft auch eine zweite um die Lenden oder eine dritte um die Beine. Bei schweren Fällen wird der Besessene ganz in Weihwasser gesetzt; seine Haare werden abgeschnitten, um den Dämonen ein beliebtes Versteck zu nehmen. Um das Jahr 961 bereits verbietet der Bischof Atto von Vercelli das Baden in Weihwasser.

Erst vom 14. Jahrhundert an finden sich zunehmend magische Formeln. Neben der einfachen Formel mehren sich Anhauchungen und kleine Schläge; Kerzen werden hinzugegeben, Glockengeläute unterstreicht die gewichtige Handlung. Ängstlich fragen dabei die Dämonen, wohin sie nun gehen dürfen; denn sie wollen nicht mehr in die Hölle zurück und suchen deshalb ein anderes Lebewesen: Tiere oder bevorzugte Pflanzengattungen. Der gebannte Teufel bevorzugt als

Gestalt beim Ausfahren Fliegen oder Fledermäuse; meist entweicht er durch die Nasenlöcher.

Nachdem die junge Frau Sigewiza an den verschiedensten Orten zu den Heiligen geführt worden war und man vergeblich den Exorzismus durchgeführt hatte, erklärte der böse Geist, von dem sie besessen war, er werde diesen Leib erst dann verlassen, wenn eine alte Frau, die in der Gegend des oberen Rheines wohne, ihn durch ihren persönlichen Eingriff dazu zwingen werde. Er nannte auch den Namen dieser Frau, verlästerte und verzerrte ihn aber auf «Schrumpelgardis» (Scrumpilgardis), womit offensichtlich Hildegardis gemeint war. «Als die Freunde der Besessenen dies vernahmen, da führten sie», so berichtet die «Vita», «die bereits seit acht Jahren Leidende zu uns, wie der Herr es gewollt hat.»

Nach jahrelangen vergeblichen Bemühungen beschließen also die Freunde und Betreuer der Sigewiza, die kranke Frau – versehen mit einem Empfehlungsschreiben des Abtes Gedolph von Brauweiler – direkt zu Hildegard auf das Kloster Rupertsberg bei Bingen zu bringen. Und dann geschieht etwas Außergewöhnliches, das nicht von ungefähr die Bewunderung auch moderner Psychotherapeuten hervorgerufen hat: Die Äbtissin Hildegard nimmt die geisteskranke Frau Sigewiza in ihre klösterliche Gemeinschaft auf, organisiert dort über Wochen eine Gemeinschaftstherapie und kommt schließlich zu einem durchschlagenden Erfolg.

Die Geschichte dieser Art von Psychotherapie ist in der Tat ungewöhnlich, und dies nicht nur für die damalige Zeit, das sogenannte «finstere Mittelalter», und sie sollte deshalb mit Hildegards eigenen Worten geschildert werden:

«Über die Ankunft dieser Frau waren wir alle zunächst ziemlich entsetzt, da wir nun diejenige leibhaftig sehen und hören sollten, die das ganze Volk so lange Zeit in Unruhe versetzt hatte. Doch Gott träufelte den Tau seiner Süßigkeit auf uns hernieder. Und ohne Furcht und Schrecken, und ohne jede männliche Hilfe, brachten wir die kranke Frau in die Wohnräume der Schwestern. Trotz des allgemeinen Entsetzens und all der Verwirrung wichen wir nicht von ihrer Seite.»

Hildegard beschreibt sodann ausführlich den Duktus des therapeutischen Verhaltens in der Gemeinschaft: das räumliche Dabeibleiben an Ort und Stelle; das Mitdenken und Mitleiden mit der Kranken; das Spenden von Almosen seitens der Gemeinde; die Zuwendung der Gebete innerhalb der klösterlichen Gemeinschaft – und dies alles über viele, viele Wochen. Das therapeutische Geschehen selbst wird in allen Stadien und mit allen Schwierigkeiten geschildert: wie die Frauen und Männer des ganzen Rheingaus sich vom Feste Mariä Reinigung bis zum Samstag vor dem Osterfeste durch Gebete, Almosen und körperliche Buße um diese arme Frau bemühten und wie Hildegard persönlich pausenlos mit dem bösen Geist in der kranken Frau diskutierte und debattierte. Hildegard betont ausdrücklich die gemeinschaftlichen Dienste vieler, wobei die gemeinsame Mühe aller Helfer unterstrichen wird. Alles bereitete sich vor auf die glückliche Genesung.

«Endlich», so lesen wir in der «Vita», «war der heilige Samstag vor Ostern gekommen. Das Taufwasser wurde gerade geweiht, und auch die kranke Frau war zugegen. Der Priester blies über den Taufbrunnen hin und sprach dabei die Worte, die der Heilige Geist dem geistbegabten Menschen eingegeben hat. Denn am Anfang der Schöpfung bewegte der Geist des Herrn die Wasser, wie geschrieben steht: Der Geist Gottes schwebte über den Wassern.» Während dieser rituellen Vorgänge geriet die Frau in äußerste Erregung, während die Kraft des Allerhöchsten, welche die heilige Taufe überschattete, zu jener «diabolischen Zusammenballung», durch welche die Frau so gequält wurde, sprach: «Weiche, Satan, aus dem Leibeszelt dieser Frau und gib dem Heiligen Geiste darin Raum!» Da fuhr der unreine Geist auf abscheuliche Weise mit der Ausscheidung durch die Schamteile der Frau aus. Sie war nun befreit und blieb fortan gesund in ihren Sinnen, an Seele und an Leib, solange sie auf dieser Welt lebte.

Auf diese Weise – so berichtet abschließend die «Vita», verfaßt von den Mönchen Gottfried und Theoderich – «gab die Jungfrau Gottes Kunde von den Werken der göttlichen Barmherzigkeit, die ihretwegen und durch sie vollbracht wurden, ohne sich selber etwas zuzuschreiben – sanft, wie sie war, zart, ehrerbietig und demütig. Denn sie hielt es für wahre Tugend, dem Rühmen ihrer eigenen Verdienste aus dem Wege zu gehen.»

Dieser dramatische Heilungsvorgang mit den Mitteln einer Gemeinschaftstherapie kann freilich nicht voll und ganz erschlossen werden, wenn wir nicht auch ein kleines Nachspiel erwähnen, das Hildegard persönlich betroffen hat, und wovon gleichfalls ihre «Vita» erzählt: Damit sie sich bei dem Übermaß der erlebten Offenbarung nicht überhebe, sei ihr «ein Stachel für das Fleisch» gegeben worden, eine Erkrankung nämlich, die «wie ein Stachel gegen die Überheblichkeit» ihren ganzen Körper gleichsam geschlagen habe.

Alsbald nach der Befreiung dieser Frau – dies geschah im Jahre 1170 – befiel Hildegard eine schwere Krankheit: «so daß meine

Adern mit dem Blut, meine Knochen mit dem Mark erschlafften, meine Eingeweide sich verzogen und mein ganzer Körper so ermattete, wie das Gras im Winter sein frisches Grün verliert. Ich sah, wie die bösen Geister darüber spotteten und unter Hohngelächter riefen: ‹Pah! Die da wird sterben und ist hin, und ihre Freunde, mit denen sie uns in Verwirrung brachte, sie werden nur noch weinen›.»

Hildegard wehrte sich gegen diese innere Verzweiflung und erkannte schließlich – wie des öferen schon nach inneren Krisen: «Ich aber sah, daß das Hinscheiden meiner Seele noch nicht gekommen war. An dieser Krankheit litt ich mehr als vierzig Tage und vierzig Nächte.»

Das stellvertretende Leiden von vierzig Tagen und vierzig Nächten entsprach offensichtlich genau der Vorbereitungszeit der Heilung der Besessenen vom 2. Februar bis zur Osternacht. Nach derselben Zeitspanne erst konnte auch Hildegard selber an Körper wie Geist genesen. Den nachfolgenden Zustand, der sie mit dem Gefühl einer unermeßlichen Freude erfüllte, beschreibt sie wie folgt: «Der Schönste und Innigstgeliebte erschien mir danach wieder in einer wahren Schau. Er erfüllte mich mit solch starkem Trost, daß mein Innerstes bei seinem Anblick wie von Balsamduft durchströmt wurde. Da jubelte ich vor großer, unermeßlicher Freude und wünschte sehnlichst, ihn immer anzuschauen. Er gebot meinen Quälgeistern, von mir zu weichen, und sprach: ‹Fort mit euch, ich will nicht, daß ihr sie länger peinigt!› Mit großem Geheul zogen sie ab und schrien: ‹Weh uns, wozu sind wir überhaupt hergekommen, da wir beschämt nun von dannen ziehen müssen?› Auf die Worte des Mannes hin verließ mich alsbald die Krankheit, die mich beunruhigt hatte wie durch Sturmwind aufgewühlte Überschwemmungswasser. Ich empfing die Kräfte zurück – wie ein Wanderer, der nach der Rückkehr in sein Vaterhaus sein Besitztum wieder einnimmt. Die Adern mit dem Blut und das Gebein mit dem Mark wurden wieder gesund, als wäre ich vom Tode wiederauferweckt worden. Doch schwieg ich in Geduld, schwieg in Sanftmut, und wie eine Gebärende nach der Geburt, so redete ich nach dem Schmerz.»

Wie eine knappe Epikrise mutet an, was Hildegard in einem Antwortschreiben an den Erzbischof Arnold von Trier über die Krankheit der Frau Sigewiza zu berichten weiß. Da heißt es kurz und bündig: «An der Besessenen haben wir viel Wunderbares geschaut. Wir haben beobachten können, wie der teuflische Anhauch von Tag zu Tag bis zu seinem endgültigen Rückzug dahinschwand. Und so ist diese Frau von den Quälereien des Teufels befreit worden. Sie wurde dann zwar von einer Krankheit ergriffen, die sie vorher nicht verspürt hatte. Jetzt aber hat sie die vollen Kräfte des Leibes und der Seele wiedererlangt, und sie lebt in bester Gesundheit.»

Wenn man von «seelischen» Störungen im Mittelalter hört, denkt man in erster Linie an Besessene und Irrsinnige, an Teufel und an Dämonen. Daß einen «der Teufel reitet», hat sich bis in unsere Spruchweisheit erhalten. Daß man von Dämonen besessen sein kann, geistert noch durch die ganze aufgeklärte Kulturgeschichte. Seelische Störungen laufen zunächst unter den verschiedensten Namen. Da ist einer «unsinnig» geworden und gebärdet sich nun «tobsüchtig». Ein solcher Rasender führt sich wie «toll» auf, benimmt sich wie «närrisch». Da spielt der Mond in das labile Säftesystem hinein und macht einen «mondsüchtig» (lunaticus).

Denken wir noch einmal zurück an unseren historisch wohldokumentierten Fall, der gewiß nicht als typisch für den ganzen Zeitraum anzusehen ist, aber doch ein charakteristisches Licht wirft auf den Umgang mit Geisteskranken. Wie nüchtern und real die Ärztin Hildegard den kranken Menschen gesehen hat, zeigen ihre Beschreibungen der seelischen Mißstimmigkeiten wie auch die oft mühsamen Versuche ärztlicher Behandlung. Hildegard glaubte, mit ihrem Schlüsselbild der «melancolia», einer schwarzgalligen Verdüsterung des gesamten Organismus, den prinzipiellen Zustand des hinfälligen und gebrechlichen Menschen aufgezeigt zu haben. Der ganze Mensch war dadurch «natura pathologica» geworden; alles unterlag jetzt dem Verfall und der Verformung, einem «modus deficiens», der die physiologische Grundverfassung des Menschen kaum noch durchschimmern ließ.

Gleichwohl diente auch und gerade der krankhafte Zustand (destitutio) zur Erinnerung an den Ursprung (constitutio) und an die letzte Bestimmung des Menschen (restitutio); denn die gesamte körperliche Organisation war Symptom und deutlicher Hinweis auf Heilung. Unter dem Stichwort des «homo constitutus» zeigt Hildegard uns in ihrer «Heilkunde» (Causae et curae) eine komplette Physiologie des adamitischen Menschen in seiner «constitutio prima», so wie er eigentlich gedacht war. Dieser Mensch war ganz licht, leuchtete in einem «lumen corporis». Alle Welt stand ihm in seiner «natura gloriosa» zur Verfügung. Diese «Natur» aber war nicht mehr die «physis» der antiken Kosmogonie, nicht die «physica» der Naturphilosophen. Etwas Neues war hinzugekommen, das alle Begriffe durchtränkte: das war Christus als die Sonne des Kosmos, der des Menschen Natur angenommen hatte, um alle Kreatur zu wandeln ins Heilige, zum Heil.

Theoretische Vorstellungen über seelische Störungen

Wollen wir uns in den theoretischen Hintergrund derart komplexer Phänomene, wie sie bei seelischen Störungen auftreten, vertiefen, so sehen wir uns zunächst abermals auf das klassische Konzept der antiken Säftelehre verwiesen. Vier Säfte sind es, die in ihren Mischungen und mit ihren Qualitäten den kranken wie gesunden Organismus konstituieren. Die vier Säfte entsprechen den vier Elementen und bestimmen das Temperament des Menschen, wobei «temperamentum» nichts anderes bedeutet als die Mischung dieser Elemente beziehungsweise Säfte: des Erdigen, Luftigen, Feuchten und Feurigen in den Säften Blut, Galle, Schleim und der berühmten Schwarzen Galle. Die ständige Mischung und Entmischung bedingt Gesundheit und Krankheit. Auch im geistigen Bereich befindet sich der Mensch immer am Rande einer Temperamentsentgleisung. Wir alle liegen ja ständig am Rande und entgleisen, wir fangen uns wieder und kommen auf Abwege, wir gehen irre und kommen wieder zu uns selber. Wir entgehen oder erliegen unseren Leidenschaften, die oft blind mit uns spielen und nur kümmerlich beherrscht werden können.

Diese Vorstellungen über die Körpersäfte haben sich über die Jahrtausende hinweg lebendig gehalten und leben heute bis in den Volksmund hinein noch weiter. Wir haben alle unseren ‹vollsaftigen› Frühling und gehen in den Herbst des Lebens und werden langsam aber sicher kalt. Den Sanguiniker beurteilen wir als einen Luftikus, und die Phlegmatikerin nennen wir eine Transuse. Wir heißen den da einen traurigen Kunden und beschweren uns über den anderen, daß er so phlegmatisch sei. Welchem ist nicht schon die Galle übergelaufen oder das Blut vor Wut in den Kopf geschossen. Wir alle kennen das Reißen der Säfte in Schulter und Knie, und dazu noch die dunkle Melancholie. Wir sprechen vom Ausschlag dieser Säfte, oder daß etwas nach innen geschlagen sei. Der Kerl hat keinen Humor, sagen wir, und meinen damit eben jenen «humor», den Körpersaft, den Hippokrates verantwortlich gemacht hat für unser leibliches Wohlergehen wie auch unseren Gemütszustand und unsere geistige Zurechnungsfähigkeit.

Besonders ist es die Melancholie gewesen, dieser schwarze, zersetzende und ätzende Stoff im Blut, der tiefsinnig und schwermütig machte, und der die Phantasie der alten Ärzte immer angeregt hat. «Sie beißt und zerfrißt das Erdige, schwillt und bläht sich, läßt Blasen entstehen, wie wir sie oft auf heißen Suppen stehen sehen», so schon Galen, der große Arzt der römischen Kaiserzeit. Das also ist der Stoff, der das Gleichgewicht zerstört und in die Extreme treibt, der vergällt und den Geist reizt. Ein Schuß dieser Galle kann das ganze normale System umwerfen und ist oft genug allein verantwortlich für all die Torheiten, die den Lebensweg des Menschen säumen. Es ist freilich auch der Stoff, von dem die Alten glaubten, daß er unerläßlich sei für die große geistige Leistung: ein Anreiz für geniale Köpfe, die ja alle ein bißchen verrückt seien, ein bißchen außerhalb der Legalität der Normalen ständen.

Der theoretische Hintergrund der Geisteskrankheit wird demnach im Mittelalter aus der antiken Säftelehre zu deuten versucht. Neben Galen sind es vor allem die byzantinischen Ärzte Aretaios von Kappadokien und Paulos von Aigina, die immer wieder herangezogen werden und die auch die arabische Irrenlehre befruchtet haben, vor allem die Ärzte Rhazes und Avicenna. Aus arabischen Quellen schöpft auch der gelehrte Laienbruder Constantinus Africanus, der im 11. Jahrhundert der Schule von Salerno seine überaus geistreiche Theorie der seelischen Störungen anhand der «Melancholia» vorlegt.

Die Melancholie

Constantinus Africanus hatte um das Jahr 1080 auf dem Monte Cassino einen Traktat «De melancholia» aus dem Arabischen ins Lateinische übersetzt und der aufgeschlossenen Medizinschule von Salerno zur Verfügung gestellt. Seine Quellen sind leicht zu deklarieren: Die Auffassung des Hippokrates kommt in der für Antike und Mittelalter grundlegenden Monographie des Rufus von Ephesos zu Wort. Als arabische Mittler des Rufus zieht Constantinus Africanus den großen Kliniker Rhazes (Anfang des 10. Jahrhunderts) heran sowie einen Gelehrten aus Bagdad, der lange Jahre in Kairuwan als Leibarzt des Ibn al-Aglāb gewirkt hat: Isḥāq b. ʿAmrān (Ende des 9. Jahrhunderts). In Kairuwan mögen diese Schriften dem dort ausgebildeten Constantinus Africanus bekannt geworden sein.

In seiner Übersetzung kommen die Überlieferungen eines Jahrtausends von griechischen und arabischen Texten zu einer neuen Konzeption zusammen, die nun ihrerseits wieder auf ein weiteres halbes Jahrtausend einwirken sollte. Die Schrift über die Melancholie instruierte über Salerno hinaus bald schon die Schulen von Chartres, sie kam mit neuen Aristoteles-Übersetzungen des 12. und 13. Jahrhunderts in die scholastischen Summen der Medizin, kreuzte sich mit dem Averroismus in Padua und Paris, wurde durch den Humanismus geläutert, aber in keiner Weise aufgehalten, und prägte über Paracelsus hinaus die Psychiatrie bis in die Mitte des 18. Jahrhunderts. Ein solches Konzept darf in der Tat als exemplarisch gelten.

«Melancholie» wird dabei als ein Sammelbegriff verstanden, der sich allein auf die Ätiologie – eben die schwarze Galle – bezieht, nicht aber auf die weitverzweigte Symptomatologie dieses Leidens. Ein zweiter Punkt ist zu bedenken, der für die mittelalterliche Medizin grundlegend sein dürfte: Melancholie wird aufgefaßt als ein körperliches Leiden, eine Somatose, so Constantinus Africanus, «deren Symptome und Schädigungen aber zugleich die Seele erfassen». Umgekehrt können auch seelische Disposition und geistige Einstellung, die ethische Haltung etwa, die schwarze Galle färben und anderweitig beleuchten. Melancholie wird so zum Modell einer psychosomatischen Konstitution, was im leibseelischen Fließgleichgewicht in einer Art von Gestaltkreis verdeutlicht wird.

Ehe Constantinus Africanus auf die Phänomene dieses Leidens, auf die Untergruppen und die Ätiologie eingeht, glaubt er vier philosophische Vorfragen klären zu müssen: ob (an sit), wie (quid), was (quale) und warum (quare sit). Der Sachverhalt, das «an sit», erscheint ihm evident: Zu drastisch stehe das Faktum der Melancholie im Horizont des Arztes. Für das «Wie» (quid sit) ergeben sich ihm zwei Definitionen: «Melancholie ist der Glaube an ein Überfallenwerden durch irgendein nicht existierendes Übel», und «Melancholie ist ein die Seele beherrschender Argwohn, aus dem Furcht und Traurigkeit entstehen». Das «Was» (quale sit) weist auf spezifisch pathogenetische Zusammenhänge hin: Der Dunst der schwarzen Galle steige zum Gehirn, wobei er den Verstand verwirre und die «Einbildung von Unwirklichkeiten» erzeuge, dabei aber auch «das Herz in Furcht versetzt». Dieser Pathogenese entsprächen dann sehr genau die somatischen Ausfälle: Schlaflosigkeit, Abmagerung, Störung der Potenz sowie anderer organischer Funktionseinheiten.

Im vierten Punkt vor allem, dem «Warum» (quare sit), zeigt sich die arabische rationale Schulung und scholastische Straffung der Begriffe. Hier wird versucht, möglichst exakt den plurikausalen Entstehungsmodus herauszuarbeiten. Was das Leiden mitbedinge, seien zunächst einmal die Verderbnis des Spermas und des Menstrualblutes oder aber Entwicklungsstörungen im Fötalorgan. (Wir würden das heute als eine erbbiologische Schädigung ansprechen oder vielleicht auch von einer «konstitutionellen Verstimmung» reden.) Weit wichtiger als diese Komponente wirke sich noch die Vernachlässigung der «sex res non naturales» aus. Damit ist die diätetische Komponente angesprochen, die in der Tradition der Alten den gesamten Lebensstil des Menschen zu formieren hatte: Klima und Luft, Essen und Trinken, Schlafen und Wachen, der Rhythmus von Arbeit und Muße, die Ausscheidungen und die innere Sekretion, die Regulierung des Affektlebens. Alles das modifiziere die Pathogenese des Leidens, wobei besonders auf Diätfehler in der Flüssigkeitszufuhr und im Sexualleben hingewiesen wird. Angehörige des Ordensstandes würden daher bevorzugt melancholisch. Besonders herausgehoben wird auch das Klima. Und an zentraler Stelle stehen schließlich die psychischen Einflüsse in der Pathogenese der Melancholie.

Diätfehler oder etwa auch psychisches Versagen wirkten aber nicht allein schon pathogenetisch, sondern immer nur bei einer bestimmten Disposition. Was sich schädigend auswirke, sei die «veränderte Komplexion, die zur Ausbildung von Krankheiten disponiert». Die eigentliche Ursache bleibe dabei unbekannt, auch für die Ärzte kaum zu ergründen. Aufgabe bleibe die sorgfältige Beobachtung und Beschreibung. Schon Rufus von Ephesos hatte darauf hingewiesen, daß «der eifrige und aufmerksame Leser nach den beschriebenen Erscheinungen auch die nicht beschriebenen zu erkennen» trachten solle. Ein für alle Zeiten gültiger Grundsatz für eine klassische Symptomatologie.

Formen und Symptome der Melancholie

Die bei Constantinus Africanus sorgfältig vorbereitete und immer nur stückweise gegebene Definition der Melancholia – als eines Glaubens an das Überfallenwerden durch irgendein nicht existierendes Übel – bietet die Möglichkeit, die Wahnvorstellungen nunmehr systematisch aufzuführen. Dabei wird es von entscheidender Bedeutung sein, auch die zweite Komponente der Definition zu berücksichtigen, daß nämlich mit dem Wahn immer auch verbunden sei: «ein die Seele beherrschender Argwohn, aus dem Furcht und Traurigkeit entstehen». Der Verstand leidet unter der Einbildung von Unwirklichkeiten, indes das Herz in Furcht versetzt wird. Rationale und emotionale Erklärungsversuche lassen sich innerhalb des zur Frage gestellten Funktionskreises schwerlich voneinander trennen.

Die Kranken argwöhnen aus Furcht oder Traurigkeit, «es komme etwas, was in Wirklichkeit nicht kommt». Das erklärt sich aus der Bestimmung der «melancholia» als einer der vier konstituierenden Körpersäfte: Die Schwarzgalle steigt als eine der Grundkomponenten der Säftekomplexion vorzugsweise zum Gehirn, verdunkelt das Urteilsvermögen, verwirrt den Verstand und verhindert damit, «das Gewohnte zu verstehen, indem sie ihm nun vorschreibt, was er zu verstehen habe». Der Argwohn, «der die Einbildung von Unwirklichkeiten bewirkt und das Herz in Furcht versetzt», wird somit als Modus einer rein humoralpathologischen Entgleisung gedeutet. Im weiteren werden nun die daraus hervorgehenden Symptome beschrieben:

«Die allgemeinen Symptome aller Art sind dauernde, wie Niedergeschlagenheit, Angst vor an sich nicht zu fürchtenden Dingen, Grübeln über unwichtige Dinge, Wahrnehmungen von an sich nicht vorhandenen schrecklichen Erscheinungen, Sensationen unwirklicher Art. Die Kranken sehen vor ihren Augen schreckliche, furchterregende schwarze Gestalten und ähnliches. So sah ein gewisser Diophus in seiner Krankheit schwarze Männer, die ihn töten wollten, Flöten- und Cymbelspieler, die auf der Schwelle seines Hauses spielten. Andere glauben, sie hätten keinen Kopf. Einen solchen sah Rufus, wie er berichtet. Er machte ihm eine Mütze aus Blei, damit er, die Schwere fühlend, an das Vorhandensein seines Kopfes glaube. Andere hören Pferdegetrappel, das Sausen eines Sturmes, das Dröhnen schrecklicher Stimmen, das Tag und Nacht nicht aufhört. Andere glauben überall üble Gerüche zu spüren. Andere verlieren den Geschmack und vermögen keine Speise zu schmecken. Andere glauben, ihre Körper seien größer als sie selber sind. Andere glauben, sie seien aus Ton, wie Figulus in seiner Krankheit. Andere haben gestörte Vorstellungen und Denkfähigkeit, wie jene Frau, die wähnte, Schlangen in ihrem Leibe zu haben, ein Fall, den Galen erzählt hat. Wieder andere glauben, dem Himmel entfliehen zu müssen, damit er nicht auf sie stürze, oder sie fürchten, Gott werde ermüden, das Himmelsgewölbe zu halten, so daß die Menschen zerschmettert würden. Solche Wahnideen gibt es unzählige. Noch etwas anderes ist allen Kranken eigentümlich und gemeinsam. Ihr Begehren nach Arznei und ihr Wunsch nach Behandlung ist so glühend, daß sie die Ärzte mit Bitten bestürmen und ihnen ihre kostbarste Habe versprechen. Wenn aber die Ärzte sich zur Behandlung anschicken, hören sie nicht auf sie und gehorchen ihnen nicht.»

An dieser Stelle schon wird auf die besonderen Schwierigkeiten eines therapeutischen Eingreifens aufmerksam gemacht. Die Kranken hören nicht einmal mehr die Stimme des beratenden Arztes; zu sehr sind sie in ihre eigene Wahnwelt verstrickt.

Die allgemeine Symptomatologie der «melancholia» beruht soweit ganz und gar auf paranoischen Vorstellungen. «Daneben gibt es noch Einzelerscheinungen, von denen einige bei allen Individuen bestehen können, einige nur bei einzelnen. Die Symptome derer, bei denen sich eine Erkrankung der Hirnsubstanz findet, sind Schlaflosigkeit, Kopfschmerz, Flimmern vor den Augen, unsteter Blick und Druck auf den Augen. Einige essen viel und haben immer starken Appetit. Wenn ihr Appetit einmal behindert ist, so scheinen sie schon an ihrem Leben zu verzweifeln. Weil durch die Hitze der schwarzen Galle so starke Beschwerden sich ergeben, vermögen sie in keiner Weise eine Enthaltung von Speisen zu ertragen. Andere wieder haben den Appetit so stark verloren, daß der Anblick der Speisen und Getränke allein schon Abscheu erregt und sie von Essen und Trinken nur Schaden erwarten. Derartige Melancholiker sind schlimmer dran als die übrigen. Der Körper wird stark mitgenommen und magert ab, so daß bei diesem Leiden das Leben stark verkürzt wird. Die Vielesser, auch wenn ihnen die Menge des Genossenen durch Vermehrung der Krankheit schadet, sind dennoch weniger krank, weil sie aus der Nahrung noch Gewinn für den Körper zu ziehen vermögen. Und wenn sie ablassen von der Überfütterung, können sie die Krankheit aus ihrem Körper austreiben, sei es durch eine natürliche Lebensführung oder durch ärztliche Behandlung. Das ist auch bei jener Melancholieform möglich, die vom Körper zum Gehirn aufsteigt, besonders wenn Furcht, Niedergeschlagenheit und die anderen Symptome nicht dauernd, sondern nur gelegentlich auftreten, denn die Schädlichkeit steigt zum Gehirn nur im Verhältnis der im Körper angesammelten Menge.»

Es folgt sodann eine stark ins Individualisierende gehende Serie von Einzelbeobachtungen, die abermals ein recht deutliches Bild der Wahnstimmung vermittelt: «Manche sind sehr träge und schwerfällig, lieben Einsamkeit, Absonderung und Dunkelheit. Andere bevorzugen weite, sonnige und grasreiche Gefilde, wasserreiche Obstgärten. Wieder andere bevorzugen das Reiten, die verschiedenen Arten der Musik, auch Unterhaltungen mit weisen und freundlichen Männern, und wenn sie einmal allein bleiben müssen, fühlen sie sich todunglücklich. Noch andere wollen immer schlafen; bald lachen, bald weinen sie. Alle diese Symptome haben ihre bestimmten Ursachen. Diejenigen, welche die Einsamkeit und Absonderung suchen, haben ein von der schwarzen Galle bedecktes Herz und Pneuma, was ihnen auch immer Angst vor der Zukunft bereitet, da der melancholische Dunst ihre Vorstellung dunkel und trübe macht. Diejenigen, die weite Gefilde und Gärten lieben, leiden weniger an ihrer Erkrankung. Bei ihnen sind Geist und Verstand vom Dunst angegriffen, aber nicht das Herz, so daß sie leichter zu heilen sind. Die Schlafsüchtigen haben ihre Empfindungskraft ganz in den melancholischen Dunst versenkt. Die schwarze Galle hat nämlich eine doppelte Kraft. Wo sie wirklich auf das Gehirn drückt, macht sie Schlaf, wo sie als eine Art Entzündung auftritt, macht sie Schlaflosigkeit, indem sie das Gehirn beunruhigt und austrocknet. Die Weinerlichen haben eine entzündliche, Mißgunst machende schwarze Galle, wodurch sie sehr klagen, da der üble Dunst ihr Gehirn erhitzt. Die Melancholia der Lachlustigen ist keine vollkommene, denn ihre Körper haben gutes Blut und keine verdorbene Komplexion. Daher sagt Hippokrates in den Aphorismen: ‹Die Geisteskrankheit (alienatio) mit Lachen ist harmlos und ungefährlich, aber die mit Schwermut und Angst ist nicht harmlos und von der Heilung weit entfernt.› Knaben lachen oft im Schlaf wegen ihres wohlgemischten und reinen Blutes, denn auch die Seele nimmt durch Freude teil an der gesunden Mischung im Körper.»

Bei der Erwähnung des Lachens wird nebenbei eine beachtliche Theorie des Lachens und Weinens aufgestellt und der innere Zusammenhang mit den wahnhaften Vorstellungen aufzudecken versucht. «Da wir den Namen ‹Lachen› nun einmal genannt haben, müssen wir auch seine Erklärung geben.» Zur Erklärung werden gleich zwei Definitionen vorgelegt: «Das Lachen ist ein Staunen der Seele über etwas, was sie nicht zu erfassen vermag.» Und zweitens: «Das Lachen geschieht zwar seitens der vernünftigen Seele, aber über eine Sache, die eigentlich nicht vernunftgemäß ist.» Das organische Substrat für beide Erklärungsversuche ist die Milz, die Aufbereitungsstätte der schwarzen Galle: «Die Milz ist das Organ des Lachens.» Constantinus zitiert dazu einen spätantiken Arzt, Fledius Alexandrinus, der die Aphorismen des Hippokrates in feinsinniger Weise kommentiert habe. Die Milz zieht laut Fledius Alexandrinus aus dem Blut die Hefe als schwarze Galle, reinigt damit die Substanz des Blutes und durchdringt so den ganzen Körper, über den sie alsdann auch die Seele mit Heiterkeit und Freude zu erfüllen vermag. Das Lachen hängt also von der Reinheit des Blutes ab:

«Ebenso sagt Fledius, daß das Organ des Lachens die Milz sei oder die Leber, weil sie das Blut scheiden und das Hineingemischte nur an bestimmte Orte abgeben, eben an die schwarze und gelbe Galle. Andere glauben wieder, daß das Herz der Sitz des Lachens sei, weil es das beste und reinste Blut enthalte und auch mehr Pneuma als das Leberblut. Daher ist die Vorbedingung des Lachens ein über den ganzen Körper verteiltes reines Blut, und das Lachen selbst ist eine Stimmung der Seele, die scherzhaft oder nicht scherzhaft ist. Daher verschwindet das Lachen im Alter ganz oder fast ganz, weil das Alter von Ernst und Schwermut begleitet ist, als Folge einer Melancholia, die durch schlechtere Beschaffenheit des Blutes bedingt ist. Damit ist genug über Lachen und Weinen gesagt.»

Was nun die Systematik der Melancholie angeht, so unterscheidet Constantinus zwei Hauptgruppen, eine «Hypochondria» und eine Art von Kephalose, eine Erkrankung der Hirnsubstanz. Die Alten stellten sich unter Hypochondrie, wie der Name schon andeutet, vor, daß ein Überschuß der schwarzen Galle zum Magenmund und zum Herzen aufsteigt und dort Niedergeschlagenheit, Furcht, Todesangst und Mißtrauen erzeugt. Das Gehirn schließlich fängt den über den Magen hochsteigenden schwarzen Dunst auf; außerdem werden die vom Herzen gelieferten trüben «spiritus spirituales» in den Ventrikeln, den Kammern des Gehirns, gespeichert. Über dieses eminent wichtige Ventrikelsystem, ohne das eine mittelalterliche Weltanschauung schlechterdings nicht zu verstehen ist, wirkt nun die schwarze Galle – als hypochondrische Form der Melancholie – auf die Vorstellungswelt ein. Eine solche Hypochondrie muß wegen der unvermeidlichen Schädigung des Stoffwechsels (virtus digestiva) zu einem chronischen Leiden werden und «bedarf zur Heilung sehr langer Zeit».

Die zweite Form der Melancholie, die Erkrankung der Hirnsubstanz, äußert sich vorzugsweise in Schlaflosigkeit, Kopfschmerz, Flimmern vor den Augen mit unstetem Blick und Druck auf die Augenhöhlen. Bei dem Mangel an anatomischen Kenntnissen des Gehirns im Mittelalter müssen wir bei dieser Kephalose auf jeden Vergleich mit moderner Hirnarchitektur verzichten, dürfen aber um so eindeutiger konstatieren, daß auch diese «Geisteskrankheit» durchaus als ein im Gehirn lokalisiertes Körperleiden aufgefaßt wurde.

Zwei Punkte sind bei beiden Formen der Melancholie besonders zu beachten: die im Vordergrund stehende Nahrungsverweigerung und die soziale Entfremdung. Die Nahrungsverweigerung erklärt sich aus dem Abscheu vor Speisen: «Der Anblick der Speisen und Getränke schon erregt Abscheu, von Essen und Trinken wird nur Schaden erwartet.» Eindeutig beschrieben wird die soziale Entfremdung: «Der Kranke sieht das Verhältnis zu Brüdern und Eltern, das ihm lieb sein müßte, als etwas Schreckliches an, und er meidet die Familie, weil schon ihr Anblick lästig ist.» Auch diese Störung der zwischenmenschlichen Beziehungen wird nicht psychologisch aufgefaßt, vielmehr ganz und gar somatisch interpretiert. Besonders Galen hatte darauf hingewiesen, daß solche Geisteskrankheiten sich im Kopf konstituierten und hatte ein Axiom daraus machen wollen, wonach die Vermögen der Seele eine Folge der Mischungen des Körpers seien.

Mit dieser Systematik sind wesentliche Phänomene des Leidens erfaßt: die in den Vordergrund rückende Affektstörung (Trauer oder Angst), das Grübeln über unwichtige Dinge (das als Verrücktheit aufgefaßt wird), die hinzutretenden depressiven Wahnbildungen und Imaginationen (die wir heute dem schizophrenen Formenkreis zuordnen würden), Trugwahrnehmungen (die ausgesprochen paranoisch zu deuten wären), andeutungsweise auch noch eine erbbiologische Komponente.

Erwähnt werden muß in diesem Zusammenhang die Epilepsie, zumal sie bei Constantinus Africanus und seinen griechischen wie arabischen Gewährsmännern als eine Unterform der «melancholia» geführt wird. Auch bei diesem rätselhaften Leiden spielen weder magische oder divinatorische noch psychologische Gesichtspunkte eine Rolle, sondern wiederum das Ventrikelsystem des Gehirns, also die somatisch unterbaute Lokalisationslehre.

Daß gerade im Mittelalter das Krankheitsbild der Epilepsie aber auch mit dem Eingreifen höherer Mächte gedeutet wurde, kann kaum bezweifelt werden. Dafür sprechen schon Begriffe wie «Anfall» oder «Greifung», wobei gleichsam ein böser Dämon überfallartig den ganzen Körper anfällt, um ihn zum Sturz, zu Zuckungen, zum «Schäumen und Schnauben» zu bringen. Ähnliches besagen die Begriffe «die stürzende Seuch», «der schlagende Jammer», die «fallenden Siechtage» oder einfach auch «die schwere Not». Daß es sich jedoch auch hierbei nur um ein rein somatisches Leiden handele, bezeugt der Meister Ortolff von Bayerland, wenn er schreibt: «Kompt der vallendt siechtumb von Kranckheit des hirnes.»

Die Epilepsie – schreibt Constantinus Africanus – beruhe auf einer im Gehirn kreisenden Flüssigkeit, «die die Ventrikel füllt, zwar nicht ganz, aber doch so, daß sie die Seelentätigkeit hindert, so lange bis die Natur die verstopfende Materie verteilt. Daher nannten die Alten das Leiden Apoplexia minor im Gegensatz zur Apoplexia maior, die die Hirnventrikel ganz anfüllt. Die Symptome der Apoplexia minor sind Aufhebung von Empfindung und freiwilliger Bewegung, Störung des Verstandes und der ordnenden Kräfte, Krampf, der besonders schlimm ist, weil er die geistige Kraft vernichtet, unfreiwilliger Urinabgang. Die Griechen nannten die Krankheit wegen ihrer gefährlichen Zustände ‹divina›, weil sie sagten, daß Gott, den Menschen zürnend, sie damit strafe. Vom Volke wird sie ‹Divination› genannt, weil man von dieser unbekannten Krankheit sagt, daß die an ihr Leidenden ‹Besessene› seien. Aber die Ärzte nennen sie teils Epilepsie, teils Manie und teilen sie in zwei Formen ein, eine, die infolge Fiebers entstehe, die andere aus der gelben Galle. Letzterer wird unterstellt, daß sie durch den Mondwechsel entstehe und wiederum zwei Formen zeige, eine melancholische und eine phlegmatische. Von einer ‹heiligen› Krankheit wird nur im Volk gesprochen.»

Therapeutische Maßnahmen bei Melancholie

Constantinus Africanus läßt der Definition und Beschreibung seelischer Störungen im zweiten Buch die Therapie folgen. Auch hierbei wird zunächst von körperlichen Kuren ausgegangen, nach dem Grundsatz, daß der Körper zwar der Seele in ihren Aktionen folge, die Seele aber dem Körper in seinen Krankheiten. Was die Therapie dieser schwerwiegenden Krankheit angeht, so hat sie Constantinus in dem Leitspruch zusammengefaßt: «Weil aber die Melancholia so verschiedenartig auftritt, müssen auch die Heilmittel verschieden sein.» Eine grundlegende Therapie sei nur in den seltensten Fällen kausal zu unterbauen, nämlich nur da, wo bei eindeutiger Diagnose eine Austreibung der «materia peccans» in Aussicht stehe. In den meisten Fällen werde man palliativ vorgehen und sich mit jenen symptomatischen Kuren begnügen müssen, welche die schwarze Galle zu regulieren vermögen.

Die Therapie richtet sich demnach konsequent nach der Diagnose. Da die wahnhaften Vorstellungen Ausdruck einer «melancholia» sind, die ihren Sitz im Gehirn, im Magen oder im Hypochondrium haben kann, müssen die krankhaften Säfte ausgetrieben oder beruhigt werden. Hierzu wird das antik-mittelalterliche Therapie-Schema in voller Breite eingesetzt: die Diätetik, die Pharmazie und, angedeutet, auch die Chirurgie.

Im Vordergrund steht die «diaita» als eine Kunst der Lebensführung und Lebensstilisierung im weitesten Sinne. Falscher Argwohn und verstörte Vorstellungen erfordern sanftes und vernünftiges Zureden und eine Behandlung durch Bäder und Musik. Wichtiger nämlich als das ganze Arsenal von Rezepten und als alle medikamentösen Absurditäten mit ihren Laxantia, mit dem uralten Helleborus niger (der schwarzen Nieswurz), sind die diätetischen Maßnahmen: die Beachtung der sechs hygienischen Lebensmuster, wobei Bäder und Salbungen, Sport, besonders Fußmärsche, gute Wirkungen zeitigen und konsequenterweise – nach der Säftelehre der Alten – auch der Koitus. «Siehst du nicht an den wilden Tieren, wie sie nach dem Koitus sanfter werden?»

Eine solche Psychotherapie ist es, die aller Therapie vorausgehen muß, die sie begründet und begleitet. Das fängt an mit dem sanften und vernünftigen Zureden, einer Logotherapie, den schönen Sprüchen (epode) des Platon. Dazu bedient man sich der Musik, wie schon Orpheus gesagt haben soll: «Herrscher laden mich zu ihren Gelagen, um sich an mir zu erfreuen. Aber ich ergötze mich an ihnen, wenn ich ihre Herzen von Zorn zur Friedsamkeit, von der Trauer zur Freude, von der Schwermut zu leichtem Sinn, von der Furcht zur Kühnheit wandele.»

Ein übriges bewirkt dann der Wein, denn: «Die Erfahrung lehrt, daß nichts besseres zur Erfreuung der Seele und zur Bannung von Furcht und Traurigkeit hilft als der Wein.» Auch Galen nannte den Wein ein Heilmittel, «das uns wieder jung werden und das Herzeleid vergessen läßt und das verhärtete Gemüt wieder weich macht wie Eisen, das man ins Feuer gelegt hat, daß es wieder geschmeidig und bildsam werde». Schließlich wird noch die Wohnsituation angeführt: daß ein Haus nach Osten offen liegen solle, wegen der Gleichheit der klimatischen Komplexion und der Milde der Luft.

Nichts darf übersehen werden bei einem auch nur einigermaßen brauchbaren Heilplan für eine so komplizierte Gemütsstörung. Vor allem ist die gesamte Lebensweise der Melancholiker zu regeln: «Sie müssen daher schon bei Sonnenaufgang an Fußmärsche durch weite, ebene, sandige Gegenden gewöhnt werden. Sie können auch auf ruhigen Pferden reiten bis zu Ermüdung und Schweißausbruch. Sie sollen nur bei ganz leerem Magen reiten, nicht nach der Mahlzeit, dann gehen alle Überschüsse leicht aus dem Körper, weil sie durch die Bewegung dünnflüssiger werden. Nach den Übungen folgen Übergießungen zuerst mit warmem Wasser und dann kurz mit etwas kaltem Wasser. Das doppelte Bad ist ein Heilmittel für den Körper, so sagen Plato und Galenus. Ebenso treibt das Bad den stechenden Dunst aus, der durch die Körperübungen sich löste, entfernt den Überschuß aus den Speisen und befördert die Verdauung, wie Rufus es gesagt hat.

Wenn der Kranke gekräftigt das Bad verläßt, wird er mit weichem Tuch abgerieben und mit kaltem, feuchtem Öl eingesalbt. Die Salbung hat doppelten Vorteil. Mit seiner dicken Klebrigkeit schließt es die Poren und bewahrt so dem Körper die im Bad aufgenommene Feuchtigkeit. Sodann beseitigt es die Härte und Rauhigkeit der Haut, die die Körper der Melancholiker leicht aufweisen. Nach dem Ankleiden wird geruht. Gegen den Durst dient Rosensirup mit frischem Wasser. Die Ruhe dauert eine Weile. Dann beginnt die Mahlzeit aus Fleisch oder Kräutern oder beidem. Zu beginnen ist mit fetteren Sachen wie Fleisch- oder Kräuterbrühe, mit gutem Samen- oder Mandelöl gekocht. Als Getränk nehmen sie, wie in gesunden Tagen, aber mäßig, entweder gemischten Wein oder Wasser, weil die Verdauung abgekürzt wird und die Speisen im oberen Magen hin- und herbewegt werden. Zuweilen ist kaltes Wasser zu geben, um die Masse der Speisen anzufeuchten und zur Verdauung geeigneter zu machen. Wein vermindert den Appetit, kaltes Wasser regt ihn an. Hypochonder sollten nach dem Mahle etwas an hügeligen Orten wandern, weil die Bewegung den schwachen Magen stärkt, die Speisen nach unten zu bewegen.

Wein darf nicht häufig und aus großen Gefäßen getrunken werden, sondern selten und in kleinen Mengen. Der in Menge getrunkene Wein nämlich überschwemmt den Magen, macht trunken und schwankend. Aber der seltene und mäßige Genuß mundet besser, nützt der Verdauung und erheitert das Gemüt. Rufus sagt am Ende seines Buches: ‹Der zu einer Hochzeit geladene Melancholiker mag mehr Wein trinken, aber nur nach und nach. Wenn der Wein sich durch seinen ganzen Körper verteilt hat, erfreut er sein Gemüt und macht ihn frei von den Anfechtungen seines Leidens. Wer derartige gute Wirkung des Weines erfährt, wird bei weiterer Verschlimmerung öfters davon Gebrauch machen, bis die Krankheit ganz verschwindet.›

Wenn der Kranke nicht schlafen kann, werde er von sanfter Hand mit Veilchenöl an Armen, Beinen und Füßen gerieben, niemals kräftig, nur gelinde. Wenn das nicht hilft und er schreckhafte und furchterregende Erscheinungen hat, lassen wir Frauenmilch über seinen Kopf ausdrücken und rufen Niesen hervor. Bei der hypochondrischen Form nützen zum Schlaf auch warme Übergießungen der Beine und Füße, der Arme und Hände, weil sie den Dunst zu den Extremitäten ableiten und verhindern, daß er zum Gehirn aufsteige. Das tue man Tag für Tag.»

Als ein chirurgischer Eingriff wird schließlich empfohlen, auf beiden Höhen des Genickes bis auf das Schädelbein zu brennen – eine eindeutige und sicher nicht unwirksame Schocktherapie! Der Codex Amplonianus 222 zu Erfurt bringt eine solche «Cura curiatis in frenesi» mit genauen Anweisungen an den Chirurgen.

Was uns an der «Melancholia» als dem Konzept einer seelischen Grundstörung am meisten beeindruckt, ist die durchlaufende psychosomatische Einheit dieses Krankheitsbildes. «Weil die Melancholia die Seele und den Körper zugleich kränkt, erkrankt notwendigerweise immer auch der Körper», sagt Constantinus, und ein andermal:

«Jede Vernachlässigung des Körpers füllt den Organismus mit schlechten Säften an, und die Überfüllung verwandelt sich in schwarze Galle.» Zitiert wird für diesen Gestaltkreis Hippokrates, der das Denken ganz allgemein als eine Anstrengung der Seele angesehen hatte, die zur Melancholie führen könne. «Wie aber das Gehen eine Anstrengung des Körpers ist und dadurch schlimme Krankheiten bewirken kann, so läßt Anstrengung der Seele in Melancholie verfallen.» Dabei ist eher an seelischen «stress» gedacht, an unverarbeitete Traumata, an ein nicht bewältigtes Schicksal, an reaktive Momente.

Schließlich wären noch die hier angeführten Heilmittel mit den «Remedia» eines Thomas von Aquin zu vergleichen, die er in seiner «Summa Theologica» anführt gegen die schwermütige «acedia», die «tristitia saeculi», die Traurigkeit, aus der schnell der Tod komme (nach Sir 38, 19). Gegen diese «passiones animae» will Thomas als erstes die Freude verordnet wissen, als legitimen Ausgleich für den so mühselig strapazierten Menschen. Das zweite Rezept ist das «donum lacrimarum», weil Tränen die Trauer mildern, die seelische Spannung ausgleichen und eine heilsame Enttäuschung einleiten. Drittens hilft die Sympathie eines teilnehmenden Freundes, dann aber auch – viertens – die nüchterne Betrachtung der Wahrheit: Reduziert sich der Mensch erst auf das Ganze einer Realität, so weicht bald auch das trübe Gespenst der Melancholie. Über den Leib wirken – fünftens – der Wundertäter Schlaf, der dem Körper das geschuldete Wohlsein zurückerstattet, dann aber auch – sechstens – ein erfrischendes Bad, das wie eine mildernde Hülle über den Unmut fällt und das Gleichgewicht des Körpers und der Seele vermittelt (eine Stelle, die wortwörtlich bei Constantinus erscheint und die Thomas bei dem jüdischen Arzt Isaac Judaeus gelesen haben mag). Siebtens und endlich aber hilft jenes Beten, das dem Menschen immer wieder von neuem den Kontakt vermittelt zur Quelle aller Freude, zum quellenden Urgrund allen Seins.

Dritter Teil

Einrichtungen des öffentlichen Gesundheitswesens

«Es ging einmal ein Mann von Jerusalem hinab nach Jericho und fiel unter die Räuber; die plünderten ihn aus, schlugen ihn, machten sich auf und davon und ließen ihn halbtot liegen.

Da kam zufällig ein Priester denselbigen Weg hinab. Der sah ihn und ging vorüber. Ebenso kam ein Levit an der Stelle vorbei, sah ihn und ging vorüber. Ein Samariter aber, der gleichfalls des Weges zog, kam in seine Nähe, sah ihn und wurde von Mitleid bewegt.

Er trat hinzu, verband seine Wunden und goß Öl und Wein darauf. Dann setzte er den Kranken auf sein Lasttier, brachte ihn in eine Herberge und trug Sorge für ihn. Am nächsten Morgen zog er zwei Denare heraus, gab sie dem Wirt und sprach: Trage Sorge für ihn, und was du noch darüber aufwenden wirst, will ich dir erstatten, sobald ich zurückkomme.»

Diese knappe, eindrucksvolle, keines weiteren Kommentars bedürftige Geschichte vom Nächsten, der einem Notleidenden Barmherzigkeit erwies, wird in mittelalterlichen Quellen immer wieder erzählt und ausgeschmückt, wobei die Forderung am Ende der Parabel maßgebend bleibt: «Gehe hin, und tue desgleichen», oder – moderner –: «Mach' es genau so!»

Nichts auf der Welt stellt eine solche Herausforderung an die Gemeinschaft dar wie das Leiden; es ist ein stetiger Aufruf zur Solidarität. Das wird besonders deutlich an dem immer wieder anzutreffenden Bild vom «Samaritan», der stehen blieb, zu dem Verwundeten hinging, Öl und Wein in seine Wunden goß und sie verband. Es ist uns einfach nicht erlaubt, gleichgültig zu bleiben, weiterzugehen; wir müssen anhalten, dabeibleiben, uns dem anderen zuwenden, bereit sein zu helfen. Das allein macht den «homo compatiens» aus, den Helfer in Not.

Kardinal Odo von Chateroux, Kanzler der Universität zu Paris, hat bald nach dem Tod des heiligen Franziskus den Bruder Franz mit dem Samariter verglichen. Kostbare Handschriften des frühen und hohen Mittelalters wiederum vergleichen den Pilger nach Jericho mit der gefallenen Menschheit. Es sind die Not und das Leid, die uns zurückholen aus der Welt der Zerstreuung, die uns heimsuchen, die uns dem mit-leidenden Mitmenschen öffnen, dem «homo compatiens».

Aus den zwischenmenschlichen Beziehungen erst zwischen «homo patiens» und «homo compatiens», wie sie am Gleichnis vom barmherzigen «Samaritan» deutlich geworden sind, bauen sich die vielschichtigen Bereiche der Samariter-Tätigkeit auf. Aus der ganz konkreten Nächstenliebe erwächst ein Bild des sozialen Lebens, wobei jede Art von karitativer Tätigkeit auch schon sozialer Dienst ist. Diesen höchst komplexen Dienst, der uns hinführt auf die verschiedenen Felder ärztlicher Praxis, wollen wir nun konkreter betrachten.

Bei Hildegard von Bingen – deren medizinisches Hauptwerk nicht von ungefähr den Titel «Causae et Curae» trägt – erscheint das den Mitmenschen umsorgende Dienen geradezu als ein Wesensbestand aller Schöpfung. «Denn jede Kreatur dient dem Menschen und bringt ihm in diesem Dienst freiwillig ihren Ertrag.» Jeder Teil der Schöpfung zeigt durch seinen biologischen und ökologischen Konnexus bereits einen sozialen Amplexus, eine liebende Umarmung. Und so kann die Gestalt der «Misericordia» sprechen: «Ich bin in Luft und Tau und in aller Grünkraft ein besonders mildes Heilkraut: Mein Herz ist ganz erfüllt, jedem und allem Hilfe anzubieten.» Dabei liegt das Ethos des Arztes ganz und gar nicht im Sanieren, sondern allein in der Barmherzigkeit, die je nach Bedürfnis zuteil wird.

Basisversorgung der kranken Bevölkerung

Grundlinien einer öffentlichen Wohlfahrt

Im Jahre 1266 schrieb Thomas von Aquin seinen berühmten Traktat «De regimine principum», in dem wir lesen, daß jeder Mensch von Natur aus mit Vernunft begabt und jeder einzelne darüber hinaus auch ein gruppenbildendes Wesen ist. Der Mensch hat nur sehr allgemein eine natürliche Kenntnis des für ihn Lebensnotwendigen; deshalb muß einer vom anderen unterstützt werden. «Der eine arbeitet in der Heilkunde, andere wirken in anderen Bereichen» (I, 1). In dieser Schrift «Über die Herrschaft der Fürsten» hat Thomas die Grundbedingungen eines gesunden öffentlichen Lebens dargestellt. Die Menschen vermögen nur in Gemeinschaft gut zu leben, wobei gut leben nichts anderes heißt als so zu «leben, wie es die Tugend verlangt».

Das «Regimen principum» geht aber auch davon aus, daß Menschen, die in einer Gemeinschaft leben, einer Leitung und Führung bedürfen. Schon die Notwendigkeit der menschlichen Natur gibt dafür eine Erklärung: Der Mensch als biologisches Mängelwesen braucht ein oberes Leitsystem. «Auf sich allein gestellt, wäre kein Mensch imstande, das Leben so zu führen, daß er seinen Zweck erreicht.» Darum entspricht es der Natur, mit vielen gesellig zu leben.

Notwendig muß einer vom anderen unterstützt werden. Dafür sind verschiedene Erkenntnisse und verschiedene Berufe notwendig, unter denen die Heilkunde besonders genannt wird. Und nicht von ungefähr sind auch medizinische Gesichtspunkte maßgeblich, wenn es darum geht, den geeigneten Ort zum Bau einer Stadt zu wählen und damit ein gesundes Klima, ferner genügend Lebensmittel herbeizuschaffen und überhaupt für den Lebensunterhalt zu sorgen, sich um Arbeit und Erholung, aber auch um Stätten der Vergnügung zu kümmern und was alles von Natur aus zu einem kultivierten Lebensstil nötig ist. In allen Regeln aber gilt das Maß, so schließt Thomas von Aquin: «Die zuviel oder zuwenig genommen haben, verderben ihre Gesundheit; die aber das richtige Maß gehalten haben, finden das Heil.» Es ist auch hier wieder die Medizin, welche die Maßstäbe kennt und setzt zum Heile des bedürftigen Menschen.

Es ist dabei der kranke Mensch, der in gewisser Weise auch die Richtlinien legt für eine geordnete Zivilisation. Die «salus publica» bleibt verbunden mit einer «salus privata». Private Gesundheitspflege ist von einem öffentlichen Gesundheitswesen kaum zu trennen.

Was die so wichtige Basisversorgung der Bevölkerung des Mittelalters anbelangt, so sind wir im wesentlichen auf indirekte Quellen angewiesen. Das erste Handbuch der öffentlichen Wohlfahrt haben wir einem Mönch zu verdanken, der in seinen «Institutiones divinarum et saecularium lectionum» auch die Heilkunde behandelt. Der Mönch Cassiodorus hatte um 550 mit seiner Klostergründung «Vivarium» eine regelrechte Akademie – nach dem Modell von Alexandreia und Nisibis – geplant. Cassiodor äußert sich zwar einleitend in seinem Lehrbuch, den «Institutiones», er wolle – nach Vergil – unter singenden Schwänen nur ein schnatternder Gänserich sein, er bringt aber dann doch ein gewaltiges Konzept christlicher Bildung, dem er auch einen legitimen Platz in den Klöstern verschafft.

Die Gesundheit des Menschen sieht er in einem labilen Gleichgewicht, das ständig entgleisen kann, daher auch stetiger Stützung bedarf. Die Heilkunst ist für ihn deshalb die nützlichste Wissenschaft. Sie hilft noch da, wo Reichtum und Macht versagen. Sie ist deshalb höchste Menschenpflicht und mit größter Umsicht zu betreiben. Der

Arzt, traurig durch fremden Kummer, betrübt durch fremde Gefahren, mitbetroffen vom Schmerz des Nächsten – ein uralter literarischer Topos – ist verpflichtet, mit allen Erfahrungen und nach allen Regeln der Kunst dem Kranken zu dienen.

Cassiodor bietet in seinem Lehrbuch seinen Mönchen eine umfassende Naturkunde, eine enzyklopädische Weltkunde, die zentriert ist auf eine Menschenkunde; darin gibt es speziell auch eine Kräuterlehre, der praktisch dann die Rezeptierkunst entstammt. Seine Hoffnung aber soll der Arzt nicht auf die Medikamente setzen, sondern auf Gott. Die Kranken werden als die Auserwählten der Ewigkeit angesehen, die man als Freunde des Herrn zu besuchen habe. Nicht aufs Honorar habe der Arzt zu schauen, sondern auf den ewigen Lohn; denn geben sei immer seliger als nehmen. Und wie in jedem Armen Christus besucht wird, so wird mit jedem Kranken Christus geheilt. «Was ihr also einem an der Erde Darniederliegenden gewährt, ist dem geschenkt, der im Himmel thront.»

Das öffentliche Gesundheitswesen erhält hiermit seine ersten Konturen, die selbstverständlich von der christlichen Weltanschauung gezeichnet sind. Das kommt noch deutlicher im System des Bischofs Hrabanus Maurus zum Ausdruck, in dem die Theologie als souveräne «domina» (Herrin) erscheint, die zur «magistra» (Lehrerin) aller weltlichen Wissenschaften wird. Auch die Medizin ist selbstverständlich eine «ancilla theologiae» (Magd der Theologie), ohne daß in dem später so mißverstandenen Schlagwort irgend etwas Belastendes zu erblicken gewesen wäre. Hrabanus Maurus, der «primus praeceptor Germaniae», schrieb in seiner Unterweisung der Geistlichen, daß sie sich sowohl in der Theologie wie der Medizin bilden sollten: «Neben der Heiligen Schrift soll der Kleriker auch den Unterschied der Arzneimittel und die Verschiedenartigkeit der Krankheiten beherrschen. Einer, dem dies alles unbekannt bleibt, vermag nicht für sein eigenes Wohl zu sorgen, geschweige denn für das eines anderen. Daher ist es vonnöten, daß ein zukünftiger Leiter und Lehrer des Volkes, solange ihm noch Muße vergönnt ist, sich die Waffen bereite, mit denen er späterhin die ihm anvertraute Herde verteidigt.»

Hrabanus geht noch weiter und fordert neben den rein praktischen medizinischen Kenntnissen auch eine theoretische Besinnung, die unschwer als eine frühe Beachtung der Geschichte der Medizin zu erkennen ist: «Bei allen Künsten – darunter auch der Arzneikunde – berechtigt die Erfahrung, wie sie die Betrachtung der Vergangenheit bietet, zu Schlüssen auf die Gestaltung der Zukunft. Denn keiner, welcher einer solchen Beschäftigung obliegt, greift sein Werk an, bevor er nicht mit dem Rückblick auf das Vergangene den Hinblick auf das Zukünftige verbindet.»

Immer wieder ist Hrabanus bei seinen Ausführungen um klare Darstellungsweise bemüht, vermeidet alle Wörter, welche nichts zur Unterweisung beitragen. Er verlangt eine sorgfältige Vorbereitung zum Lehren: «Wie derjenige sich Dank erwirbt, der den Wissensstoff erklärt, so erscheint derjenige als ein Peiniger, der denselben eintrichtert.» Hierbei legt er größten Wert auf Abschnitte und Einteilungen, auf eine Art von rhythmischer Zweckmäßigkeit, die er «temperamentum» nennt, «sei es, weil jeder der Zeiträume temperiert und abgemessen erscheint, sei es, weil durch Augenblicke, Stunden, Tage, Monate, Jahre, Jahrhunderte, Zeitalter der Gang des Lebens der Menschheit temperiert wird» – ein typisch benediktinischer Gedankengang! Alles ist ihm von einer gewissen rhythmischen Harmonik durchstimmt und durchtönt, und für diese kennt auch er das der Medizin so sehr verwandte Fach der Musik. «Die Musik durchdringt alle Betätigungen unseres Lebens – als Dienst der gesetzten Gebote, denen wir uns beugen –, und solange wir Unbilliges treiben, fühlen wir uns zur Musik nicht hingezogen.»

Es überrascht uns immer wieder, welche elementare Rolle der Musik im ganzen Mittelalter für die private wie die öffentliche Wohlfahrt zugeschrieben wird: im frühen Mittelalter bei Hrabanus Maurus oder Isidor von Sevilla, im hohen Mittelalter bei Honorius oder Hildegard, im späten Mittelalter noch in zahlreichen Gesundheitsbüchern. So wird in einem «Tacuinum Sanitatis» zu Wolfenbüttel (Cod. Guelf. 19.34 Aug. 4°) die Musik ebenso als gemütsanregendes Heilmittel wie als Prophylaktikum betrachtet. Der Passus führt die lapidare Überschrift: «Musica cura». Immer sind es auch hier die Säfte, welche die Affekte erregen und Furcht oder Traurigkeit oder auch Scham auslösen, wobei es wiederum die Musik ist, die alles zu variieren vermag und die geeignet ist, das Herz zu erfreuen.

Im spätmittelalterlichen «Spiegel des menschlichen Lebens» (1475) wird zu den Künsten der Lebensführung ganz selbstverständlich auch die Musik gerechnet. «Musica ist die allermächtigste Kunst der Künste.» Sie gehört einfach – und nicht nur wegen ihres Einflusses auf das Gemüt – «zu der Ordnung wohl zu leben». Ihr Einfluß erstreckt sich vor allem aber auf die Krankheiten des Gemütes, von denen es heißt, sie seien härter als die Leiden des Leibes und schwerer zu vertreiben. Er habe aber auch manche gesehen – schreibt ein Rodericus Episcopus –, welche «grosse kranckheyt mit gleichem gemüte habent getragen». Das Ertragen von Leid und Not gehört ebenso zur

Grundhaltung der mittelalterlichen Bevölkerung wie das Wissen, daß es «Trost und Arznei» gebe «für all das Elend und die Kümmernis in dieser Welt».

Frauen im Gesundheitsdienst

Will man die Stellung des Kranken in der mittelalterlichen Gesellschaftsordnung verstehen, so kann man an einem Phänomen, das von der patriarchalischen Geschichtsschreibung offensichtlich verdrängt wurde, kaum vorbeikommen: Das ist die Rolle, welche die Frau bei der Betreuung und in der Behandlung kranker und notleidender Menschen gespielt hat.

In seinem «Parzival» bringt Wolfram von Eschenbach die bezaubernde Erzählung von heilkundigen Frauen, die sich um den schwerverwundeten Ritter Gawan bemühen. Unter diesen Damen ist es vor allem die «erfahrene» Frau Arnive, die sich sogleich um den Verwundeten kümmert. Die heilkundige Arnive, Gawans Großmutter, schickt zunächst zwei Mädchen zu dem ohnmächtigen Ritter, der in seinem Blut auf dem Schilde liegt. Die eine bindet ihm «mit ihrer weißen Hand» den Helm ab und schaut, ob er noch lebt. Da bemerkt sie ein wenig Schaum vor seinem Mund, zupft sich ein Haar aus ihrem Zobelpelz und hält es dem Mann vor seine Nase, um zu sehen, ob er noch atme: «Es fand sich noch Atem.»

Die Geschichte wendet sich dann sehr konkret der weiteren Wundbehandlung zu: «Sogleich ließ das Mädchen eilends klares Wasser bringen; ihre schöne Gefährtin brachte es ihr aufs schnellste. Sanft schob das Mädchen ihm ihr Fingerlein zwischen die Zähne. Dann goß sie ihm Wasser in den Mund, erst ein wenig, allmählich mehr, aber sie goß es nicht zu heftig, solange, bis er die Augen öffnete.» Der Ritter bedankt sich bei den schönen Mädchen und bittet sie: «Laßt meine Wunden untersuchen von einem, der etwas davon versteht. Muß ich aber noch weiter kämpfen, so bindet mir meinen Helm wieder auf und geht fort! Ich will mich gerne wehren!» Die Mädchen aber wenden ein: «Ihr braucht nicht mehr zu kämpfen, Herr! Laßt uns also ruhig bei Euch bleiben!» Sie schickten alsdann eine von ihnen zum Hofe mit der Kunde, daß er noch lebe.

«Herr Gawan wurde inzwischen entwappnet und von dannen geleitet, und von denen, die helfen konnten, wurde ihm Hilfe gebracht. Es ergab sich, daß er fünfzig oder mehr Wunden hatte. Aber die Pfeile waren doch nicht allzu tief durch die Ringe gedrungen, denn er hatte den Schild dawider gehalten. Da nahm die alte Königin das Wundheilkraut Diptam [Origanum dictamnus L.] und warmen Wein und ein Stück blauen Linnens. Damit wischte sie die Blutstropfen aus den Wunden, wo welche waren, und sie verband ihn so, daß er genesen konnte. An den Stellen, wo der Helm eingebeult war, war das Haupt geschwollen – daran erkannte man die Wucht der Würfe. Aber sie beseitigte die Quetschungen durch die Heilkraft ihrer Salbe und mit ihrer Meisterschaft.»

Die heilkundige Arnive legt ihrem Enkel Gawan alsdann ein «Schlafkraut» in den Mund, vermutlich die Alraune (Mandragora) oder auch Bilsenkraut (Hyoscyamus) oder Schlafmohn (Papaver). Gawan bekommt Schüttelfrost und macht offensichtlich ein leichtes Heilfieber durch. Denn bereits am Abend erwacht er, stärkt sich mit Speise und Trank, fällt nochmals in Schlaf und ist bald vollends wiederhergestellt.

Von heilkundigen Frauen ist des weiteren die Rede im «Êrec» Hartmanns von Aue (um 1180), im «Tristan» des Gottfried von Straßburg (um 1210) wie auch in dem Heldenepos «Kudrun» (um 1240), wo Wate gerühmt wird, daß er schon manchem «am Leben und am Leibe» geholfen, wobei es ausdrücklich heißt, er sei «der Heilkunst kundig von einem wilden Weibe».

Schon an den frühmittelalterlichen Hospitälern waren gelegentlich auch Ärztinnen tätig, die nicht immer von den Hebammen scharf zu trennen waren. Auf einer Grabinschrift des Jahres 511 ist schon eine christliche Ärztin Restituta in Verona erwähnt. In einer weiteren kampanischen Inschrift wird eine heilige Redempta als Ärztin gefeiert. Die Idee einer allgemeinen Frauenbildung geht auf die frühchristlichen Gestalten Lioba, eine Verwandte des Bonifatius, und Thekla zurück. Im Rahmen der sogenannten «inneren Schule» wurden die Frauen in Psalmenkunde, Bibellesen, dem logischen Grundstudium (Trivium) und in Handarbeiten unterrichtet. Die Realfächer (Quadrivium) sind wohl seltener durchexerziert worden. Selbständige Frauenklöster waren zu einer bedeutenden Pflanzstätte des kulturellen Lebens geworden, seit das Konzil zu Aachen (817) auch die Nonnen zum Erlernen des Schreibens und Lesens verpflichtet hatte.

Die wissenschaftlichen Untersuchungen über den Bildungsweg der bedeutendsten Benediktinerin, der ersten deutschen «Ärztin und Naturforscherin», Hildegard von Bingen (1098–1179), sind noch nicht abgeschlossen. Immerhin muß angenommen werden, daß dieser erstaunlichen Frau nicht nur die zeitgenössischen Enzyklopädien und weitreichende Exzerpte aus der patristischen Literatur zur Verfügung gestanden haben, sondern daß ihr auch eine intuitive Wesensschau und durchaus selbständige und schöpferische Phantasie zu eigen waren. Weniger originell waren hingegen die medizinischen Konzeptionen einer anderen Klosterfrau, der Herrad von Landsberg, die im Jahre 1195 als Äbtissin des Klosters Hohenburg auf dem Odilienberg im Elsaß starb und deren «Hortus deliciarum» nicht aus dem allgemeinen Niveau der zeitgenössischen Literatur herausragt. Auf die praktische Bildung hat dieses Buch vermutlich nur seiner einprägsamen Illustrationen wegen Einfluß genommen.

Auch die üblichen Hausmittel sind seit den ältesten Zeiten sicherlich von Frauen verwaltet worden. Von der Krankenpflege haben sie vermutlich mehr verstanden als Männer. Zwar sind immer wieder auch Ärztinnen bekundet, aber sie haben im akademischen Bereich nicht Fuß gefaßt und wurden nur zu leicht als Kurpfuscher oder gar Kupplerinnen diskreditiert.

In seinem «Kreuterbuch» (1557) stellt Adam Lonitzer den «Sevenbaum» vor, auch «Sadebaum» genannt, ein wacholderartiges Nadelholz (Juniperus sabina), dessen Blätter als Abortivum benutzt wurden. Da heißt es unter dem Kapitel «Krafft und Wirckung» ganz unverblümt: «Es brauchen dieses Kraut die allzu unverschämte und unzüchtige Weiber / die Empfängnuß der Geburt zu verhindern. Weil aber solcher Gebrauch gottlos ist / wöllen wir ihn verschweigen.»

Nicht verschwiegen werden kann bei dieser Betrachtung die Rolle der Hebammen, der bei der Geburt helfenden «Hebe-Ammen». Das Wort «helfen» bedeutet soviel wie heben oder halten. Im Mittelhochdeutschen findet sich neben der «hevamme» vielfach auch die «hebemuoter», später auch die «bade-muoter» oder auch «bademome». Die Geburtshilfe lag weitgehend in den Händen der Hebamme; nur in komplizierten Fällen wurde ein Arzt hinzugezogen.

Berichte über die Durchführung des Kaiserschnittes zur Entfernung des noch nicht geborenen Kindes aus der Mutter finden wir schon im 10. Jahrhundert. Ein solcher «Ungeborener» (ingenitus) soll Bischof Gebhard II. (949–996) von Konstanz gewesen sein. Ein ähnliches Schicksal hatte der Mönch Purchard, der 958 zum Abt von St. Gallen gewählt wurde. Um diese «ungeborenen» Kinder am Leben zu erhalten, wickelte man sie in eine warme Speckhaut ein, wo sie eine Weile verbleiben mußten, damit ihre Haut nachreifen konnte. Solche Kinder blieben zart, galten aber auch als Glückskinder. So berichtet uns Ekkehart in seinen «Casus St. Galli» (85): «Gebhard wurde aus der Gebärmutter seiner verstorbenen Mutter herausgeschnitten und in wärmende Umschläge gehüllt, bis der Zeitpunkt der Geburt gekommen war.»

Abb. 9: Frauen helfen in der Geburtsstunde
(Aus: Versammlungen (maqāmāt) des al-Harīrī, Bagdad, 1237;
Cod. arab. 5847, BN Paris)

Die Tafel zeigt im Ausschnitt die Frau eines Herrschers in den Wehen einer schwierigen Geburt; die Hebamme und eine Dienerin stehen ihr bei. Auf dem Gesamtbild sieht man weitere Dienerinnen, während der Herrscher, flankiert von einem Arzt und seinem Astrologen, über der Geburtsszene thront.

Besondere Heilmittel waren bei Frauenleiden vorgesehen. Noch Paracelsus sah die Frau als eine eigene Welt an, als «die kleineste Welt», die nicht nur ihre eigene Anatomie und Physiologie habe, sondern auch ihre ganz spezifischen Krankheiten und eine dementsprechende Therapie. Ähnlich schreibt noch Joan Baptista van Helmont, daß die Frauen jede Krankheit doppelt erleiden, einmal von der Gebärmutter aus und zum anderen wie jeder Mensch. «Aber glücklich auch wiederum, wie dieses unschuldig fromme Geschlecht geduldig die Drangsal erträgt und so dem Gottessohn näherkommt.»

Die «niederen» Heilberufe

Neben den Ärzten und Hebammen spielten im Aufbau öffentlicher Gesundheitsdienste auch die sogenannten «niederen» Heilberufe eine große Rolle. Hierbei denkt man in erster Linie an die Bader und Barbiere, die sich auch Feldschere, Wund- oder Schnittärzte nannten und von den akademischen Ärzten vielfach als Stein- und Bruchschneider, als Starstecher oder Maulärzte beschimpft wurden. In den ersten drei Jahren ihrer Lehrzeit brachte man ihnen alles mögliche bei: Bartscheren, Aderöffnen, Schröpfköpfe setzen, «in den Rachen und in den After spritzen». Sie lernten Binden rollen, Pflaster streichen, selten auch einen Beinbruch einrichten. Sie sammelten ihre Kräuter und trockneten sie, schnitten Wurzeln, lernten Rinden stoßen, reiben, sieben, die Salben machen oder ein Pflaster kochen. Nach drei Jahren wurde ein solcher Lehrling Wundarzt-Geselle. Er ging auf Wanderschaft und verdingte sich bei einem anderen Meister. Sein Geld verdiente er mit Bartscheren; er besuchte an den Hohen Schulen auch hin und wieder eine Vorlesung, repetierte und ging schließlich zu seiner Hauptprüfung zum Dekan einer Fakultät. Unter deren Aufsicht und Zustimmung wurde er ein Meister der Wund-Arzneikunst. Anschließend hatte sich der junge «Chirurg» einer Zunft anzuschließen.

Ende des 14. Jahrhunderts bildeten die Barbiere, etwa zu Köln, eine eigene Zunft. Zusammen mit Schwertfegern, Seilern und Taschenmachern kamen sie zwar zu öffentlichem Ansehen, erhielten aber nicht das passive Wahlrecht und konnten nicht in den Rat gewählt werden. So beschloß der Kölner Rat noch am 28. Dezember 1481. Sie kamen gelegentlich zu Wohlstand und öffentlichem Ansehen, ohne aber den Makel der «unehrlichen» Herkunft ablegen zu können, wie sie seit alters den «Bartscherern» und «Bruchschneidern» und «Hodenschneidern» anhaftete.

Weitaus angesehener waren die sogenannten Steinschneider, die es verstanden, Blasen-, Nieren- oder Gallensteine durch operative Eingriffe zu entfernen. Sie versuchten gelegentlich auch, Steine durch geheimnisvolle Medikamente aufzulösen. Zu solchen Heilmitteln gehörte vor allem das Bocksblut, das nach antiker Überlieferung sogar den Diamanten aufzuweichen in der Lage war (vgl. Plinius, Hist. nat. 37, 4).

Mit der zunehmenden Organisation der Badeveranstaltungen entwickelte sich im Laufe des hohen Mittelalters der Bader als eigener Berufsstand, ein Badewärter, der in der Regel auch die hohe Kunst des Rasierens verstand. «Barbiere» und «Bader» amtierten im «Badehaus» (badstoven). Es konnte nicht ausbleiben, daß bei einer Elementarfunktion wie der Reinigung und Pflege des Körpers weitere Funktionen der Heilkunde auf die Bader übergingen. Sie untersuchten und verbanden die Wunden, verstanden etwas von Arm- und Beinbrüchen, richteten Salben her und legten Pflaster auf, stellten Wundtränke her und verrichteten alle Ämter der Ersten Hilfe und der Kleinen Chirurgie. Hinzu kam später als dritte Funktion das «zur Ader lassen», das in der Regel ebenfalls von den Badern im Badehaus durchgeführt wurde.

Eine besonders wichtige und zwischen den so vielschichtigen Ständen und Kulturkreisen des islamischen Imperiums vermittelnde Rolle spielten die «niederen» Heilberufe im arabischen Mittelalter. Mit der zunehmenden Rationalisierung der Medizin vertieften sich hier auch die Fachkenntnisse, so vor allem auf den Gebieten der Augenleiden und Hautkrankheiten, der Nervenleiden, aber auch in der Chirurgie. Auch Chirurgen und Ophthalmologen niederer Berufsklassen wurden auf anatomische Kenntnisse geprüft, auf handwerkliche Geschicklichkeit und auf Instandhaltung der Instrumente. Die Okulisten mußten vielfach einen Eid ablegen, niemals ein Instrument zu verleihen. Ein Aderlasser hatte sich an den Adern von Roten Beeten zu üben, ehe er die Vene schlagen durfte. Die Dentisten gehörten zum Stand des Chirurgen, dessen Prestige durch die Aderlasser (Phlebotomisten) und Harnschauer (Uroskopisten) zeitweilig arg darniederlag. Auf hohem Niveau hingegen standen Spezialisten für Gelbsucht, die auch in den Spitälern eigene Abteilungen hatten. Ein besonderes Problem stellte die Prüfung in der Geburtshilfe und Frauenheilkunde dar; hier mußte der Arzt auch in der Praxis oftmals über Mittelsfrauen beraten werden; jedoch hören wir auch von ausgebildeten Ärztinnen, die eine eigenständige Geburtshilfe betrieben.

Mit dem 11. Jahrhundert setzte sich im arabischen Kulturbereich allgemein der Prüfungszwang durch und damit eine Art von staatlicher Approbation der Ärzte, hundert Jahre vor den ersten dementsprechenden Maßnahmen des Königs Roger von Sizilien und zweihundert Jahre vor der Medizinalordnung Friedrichs II. von Hohenstaufen. Examina und staatliche Kontrollen sind nicht immer streng durchgeführt worden. Wir hören daher ständig – wie beim Weinverbot – von Umgehungen und neuen Auslegungen, von Modifikationen und Erneuerungen der Vorschriften. Das gilt vor allem für die Kontrollmaßnahmen des öffentlichen Gesundheitswesens, dem zur Wahrung der allgemeinen Hygiene besondere Kontrollorgane zur Verfügung standen. So wurden in der Regel die Badeanlagen planmäßig überprüft, ferner die Drogenläden und der Drogenhandel, die Speisehäuser und Großküchen, die Schlachthäuser, die Milch- und Wasserversorgung, aber auch die Märkte und das Bordellwesen. Es konnte nicht ausbleiben, daß dem offiziellen «Aufseher der Märkte und Sitten», dem «muḥtasib», hierfür wiederum besondere medizinische Hilfsdienste zur Verfügung standen.

Nicht vergessen werden sollte die Rolle, die im Osten wie im Westen heilkundige Juden bei der Basisversorgung der Bevölkerung gespielt haben. So lesen wir in der «Practica Bartholomei» die aufschlußreiche Geschichte eines Kranken und seiner Heilung: «Darum sagt der vorgenannt maister arnold von nova villa und albertus, daß zu kölen ein herr kranck war und der hat groß gut verarzneiet und mocht ihn niemand gesund machen. Und da er in des tods not lag, da kam ein alter jud, der hat euch in lab die waren zu pulver gestossen mit zucker vermischt... und gabs ihm das zu niessen, und desselbigen tags ward der her gesunt» (Cod. Guelf. 20.16 Aug. 4°, f. 59ʳ).

Was Paracelsus allerdings von den Scherern und Badern seiner Zeit gehalten hat, das zeigen seine Ausführungen über deren Eitelkeit und Unwissenheit. Zu allen Zeiten – und das hat auch Paracelsus auf seinen langen Wanderwegen erfahren – habe es zweierlei Arten von «Hilfe in Not» gegeben: Die eine handelt aus Liebe, die andere betreibt nur ihren Eigennutz. Die Helfer, die aus Liebe handeln, erkennt man daran, «daß sie sich an ihrem Nächsten beweisen». Die anderen aber sind «wie reißende Wölfe: Sie schneiden aus Lust, rein zur Vermehrung ihres Eigennutzes, und verachten das Liebesgebot» (Werke XI, 147).

All diese Kurpfuscher und «Afterärzte» berühmen sich der Hohen Schulen und ihrer Praxis bei Fürsten und können tausenderlei Kunststücke: «Jetzt wollen sie meiner gnädigen Jungfrau aus grauen Augen schwarze machen, jetzt Mißgestaltete hübsch, jetzt Trübe lauter, wollen Buckel und Höcker eben machen, jetzt den Rotz aus der Nase vertreiben...» Und rezipieren endlos, nach dem Motto: «Hilft's nichts, so schad's nicht.» Der eine heilt mit Kräutern, der andere mit der Harnschau, ein weiterer mit Klistieren. Auf diese Weise aber ist «der Mißbrauch in die Arznei gekommen» (VI, 48).

Auch die «niederen» Heilberufe – so schließt Paracelsus – bedürfen der «hohen» Kunst. «Die Kunst aber ist keine Spekulation, sondern ein Experiment, durch die Hände erfunden.» Ein solches Hand-Werk braucht nichts anderes als: «Acht auf die Natur haben, wie man sie brauchen soll. Alsdann kommt die Erfahrenheit derselbigen Kunst, die ist Meister, nit die Scherer und Bader noch ihresgleichen» (X, 162).

Wenn bei diesen vielfältigen Arten einer Basisversorgung immer wieder von einer «Behandlung» die Rede ist, so hat man wirklich noch an die «Hand» zu denken, die hier in Aktion tritt, um zunächst einmal dort zu berühren, wo es weh tut. Die Hand als solche schon kann einem wohltun, das ist unser aller Grunderfahrung. Im Mirakelbuch des heiligen Anno wird uns berichtet, wie ein Fieberkranker erlebte, daß ihm jemand mit der Hand von der Stirne zur Schläfe fuhr und damit allein schon alles Übel weggewischt hatte (Miracula I, 44). Und in einem anderen Falle erzählt eine Frau, die von heftigen Kopfschmerzen geplagt war, wie jemand, der ihr Gutes erweisen wollte, ihr mit seiner Hand den ganzen Kopf gesalbt habe. Es ist nicht der Kopf, der den Arzt macht, sondern die beherzte Hand.

Spektrum der Heilmaßnahmen

Um die Mitte des 12. Jahrhunderts gab der jüdische Arzt Moses Maimonides, damals Leibarzt eines arabischen Kalifen in Kairo, folgende Anweisungen zur Anwendung verschiedener Heilmittel:

«Wenn eine Krankenbehandlung allein durch Diätetik möglich ist, so behandle man ohne jedes Medikament, also mit speisenartigen Arzneimitteln oder arzneiartigen Speisen. Erst wenn es nicht mehr ohne Behandlung mit spezifischen Arzneimitteln geht, so beginne man mit dem schwächsten der Mittel: Wenn es dem Kranken damit besser geht, so ist das gut, wenn es aber für die Krankheit nicht genügt, so schreite man allmählich vorwärts, von einem stärkeren zum nächststärkeren. Solange man die Behandlung mit einem einfachen Mittel ermöglichen kann, behandle man nicht mit einem zusam-

Abb. 10: Arzt berät Patientin
(Islamische Handschrift des 13. Jahrhunderts, Bagdad)

Die sorgfältige Befragung des Patienten steht auch in der arabischen Medizin im Mittelpunkt. Die Untersuchung beschränkt sich vorwiegend auf die Anamnese, die eingehende Befragung der Patientin. Die Berührung von Frauen war Ärzten weitgehend untersagt. Zwischen den beiden Gestalten erkennt man die Umrisse einer Heilpflanze.

mengesetzten. Wenn es aber nicht ohne Zusammensetzung geht, so behandle man mit dem Mittel, das am wenigsten zusammengesetzt ist. Man nehme seine Zuflucht zu den reichlich zusammengesetzten Mitteln nur in der dringendsten Not... Man wage sich nie an starke Kuren, man sei nicht so unsinnig, viele Heilmittel auf einmal zu nehmen, man beschränke sich lieber auf die schwächste Form der Behandlung. Das ist das Maß, das wir empfehlen bei der Behandlung der Kranken.»

Mit diesen geradezu klassischen Anweisungen aus seiner «Gesundheitsanleitung» will Maimonides sagen, daß die Natur unser großes Vorbild sein soll und daß man am Leitfaden der Natur bei der Behandlung der Krankheiten immer nur äußerst behutsam vorzugehen habe. Dieser weisen Empfehlung zu behutsamem Eingreifen sind die Ärzte aber nur selten gefolgt, wobei sie allerdings auch immer wieder von der Erwartungshaltung der Patienten verführt worden sind. «Populus remedia cupit», hatte Galen schon geklagt. Die Leute seien geradezu geil auf Heilmittel, möglichst viele, möglichst teure, möglichst vielerlei. Und so ist es wohl zu allen Zeiten zu jenem kritiklosen Verordnen von Medikamenten gekommen, das nur zu oft mehr Schaden als Nutzen brachte.

Um so mehr war man bei der Gesundheitsanleitung für den Patienten darauf bedacht, zu einer sinnvollen Ordnung der Heilmittel zu gelangen. Wichtig war dabei, daß man zuvor das Vertrauen des Kranken gewonnen hatte. So schreibt Wilhelm von Saliceto am Ende des 13. Jahrhunderts in seiner «Summa conservationis et curationis»: «Durch die sorgfältige Befragung des Patienten durch seinen Arzt allein schon wird der Kranke nicht nur beruhigt, sondern auch die Wirkung der Medikamente erhöht. Die Seele des Kranken erhält durch dieses Vertrauen und diese Vorstellung eine solche Kraft, daß diese auf die schwerste Krankheit so gut und fein wirkt wie der Arzt mit seinen Instrumenten und Medizinen.»

Die Hierarchie der Heilmaßnahmen

Drei Möglichkeiten zum Gesundwerden werden in den «Etymologien» des Bischofs Isidor von Sevilla in knapper Form vorgestellt: die «Pharmacia», «Chirurgia» und «Diaeta». Es gibt prinzipiell drei Arten von Heilmaßnahmen, die in strenger Reihenfolge lauten: 1. Diätetik als Lebensordnung (observatio legis et vitae), 2. Pharmazie als Heilmittellehre (medicamentorum curatio) und 3. Chirurgie als Eingriff mit der bewaffneten Hand (ferramentorum incisio).

Mit diesen drei Möglichkeiten des Eingreifens wird der Heilschatz als Ganzes vor Augen geführt: eine Welt der Stoffe der Natur, die es nicht nur mit Kopf und Hand zu bearbeiten, sondern auch mit dem Herzen in eine hierarchische Ordnung einzubauen galt. Diese innere wie äußere Bildung – über die Welt der Stoffe, aus der Welt des Geistes – hatte die frühmittelalterliche Heilkunde bereits als ihr verpflichtendes Maß erkannt, ein für Ärzte wie Patienten verbindliches Maß, von dem Isidor von Sevilla – über alle technische Artistik hinaus – den ärztlichen Auftrag ableitete. Dafür spricht allein schon seine Definition der Heilkunst: «medicina, id est a modo.» Medizin kommt vom Maß, vom Maß halten wie vom Maß geben. Der Arzt nimmt seine Maßstäbe aus der Natur, um damit auch den Maßstab für eine, für jede ernstzunehmende Kultur zu legen.

Eine eigenständige Gliederung erhielt die Heilmittellehre bei dem arabischen Arztphilosophen Yaʿqūb b. Isḥāq al-Kindī (gestorben nach 870). Hatte Galen bereits die einfachen Heilmittel in bestimmte Grade aufgeteilt, deren Stufung die Wirkung des Mittels verstärken sollte, so überträgt al-Kindī diese Lehre nun auch auf die zusammengesetzten Heilmittel. Seine Auffassung von der geometrischen Proportion der Mittel führt zu einer Art von musikalischer Harmonik, die sich realisieren soll in den Graden der Arzneien: das Maß des ersten Grades sei dabei das doppelte, das des zweiten Grades das vierfache der Mischung und so fort.

Bei den Heilmitteln kann demnach eine mehrstufige Wirkungsmöglichkeit angenommen werden. So bewirken die primären Kräfte elementare Änderungen im Organismus wie Erwärmung, Abkühlung, Befeuchtung oder Austrocknung. Sekundäre Wirkvermögen beziehen sich auf bestimmte Grundqualitäten und verursachen Reifung oder Hemmung, Betäubung oder Verbrennung. Die tertiären Kräfte schließlich treten in Funktion zu einzelnen Organen und bewirken etwa das Zerbröckeln von Steinen in den Harnorganen oder eine Abführung schädlicher Stoffe oder auch die Steigerung der Produktion von Milch oder Sperma.

Bei einer noch so komplizierten Zwischenordnung sind die Heilmittel letztlich doch nur als ein vermittelndes Agens in dem oft so dramatischen Kampf zwischen Leben und Tod aufzufassen. Nur in dieser relativierenden Bedeutung kann auch des Arztes Macht oder Ohnmacht verstanden werden. Natur und Krankheit – schreibt Isaac Judaeus – liegen in einem erbitterten Kampf, gleichsam in einem Duell. Die Entscheidung wird als Krisis aufgefaßt, zu der ein Arzt wohl hingeleiten kann, der er sich letztlich aber auch beugen muß. In gleicher Weise sah Avicenna in seinem «Canon medicinae» die beiden Partner in einem unerbittlichen Ringen liegen. Die Natur erscheint dabei wie der Hausherr, der seine Festung gegen den heftig anstürmenden Feind verteidigt. Der Kampf wogt auf eine Krisis zu; in *einem* Moment ist dann das Treffen entschieden.

Was da heilt, ist nicht der Arzt, sondern die Natur, die der Arzt nur – diätetisch, pharmazeutisch, chirurgisch – unterstützen kann.

Mineralien als Heilmittel

An Heilmitteln wurde im Mittelalter die berühmte «Materia Medica», das gesamte Arsenal des Arzneimittelschatzes, herangezogen, im einzelnen: das Reich der Mineralien, der Pflanzen und der Tiere. Die Mineralien wußte man dabei noch am wenigsten zu nutzen, obwohl immer wieder von der Heilkraft der Edelsteine die Rede war. So läutert und reinigt – nach Konrad von Megenberg – besonders das Gold; es macht das Herz stark und schützt vor Ohnmacht und Magenerkältung. Silberschaum wird empfohlen gegen Hämorrhoiden oder auch gegen die Krätze. Eisensinter dient zur Erweichung von Geschwüren.

In ihrer «Naturkunde» (Physica) bringt Hildegard von Bingen ein eigenes «Buch von den Steinen» (De lapidibus). Die Kraft der edlen Gesteine gehe aus von der ursprünglichen Schöpfung, und ihre Heilkraft wirke bis an das Ende der Zeiten. In der «Vorrede» zu ihrem Steinbuch schreibt die heilige Hildegard: «Gott hatte den ersten Engel gleichsam mit Edelsteinen geschmückt. Luzifer sah sie im Spiegel der Gottheit aufglänzen und empfing aus ihrem Strahlen all sein Wissen und seine Vorausschau. Da überhob sich sein Geist; er glaubte wie Gott zu sein, und so ist sein Glanz im Sturze vollends ausgelöscht worden.

Weil Gott aber den Adam nicht nur wiederherzustellen gedachte, sondern ihn darüber hinaus noch erhöhen wollte, so ließ Er weder den Glanz noch die Kräfte dieser edlen Gesteine vergehen. Gott wollte vielmehr, daß sich die Edelsteine auf Erden der Wertschätzung und des Lobpreises erfreuten, und Er wollte, daß sie den Menschen als Heilmittel dienten.»

Als Beispiel sei aus Hildegards «Naturkunde» angeführt, wie heilsam der Smaragd zu wirken vermag: «Der Smaragd ist gut gegen alle Gebrechen und Krankheiten des Menschen, weil er dem Feuer der Sonne entstammt und weil seine Substanz aus der Grüne der Luft kommt. Wer also am Herzen oder am Magen oder in der Seite

Schmerzen hat, trage einen Smaragd bei sich, damit das Fleisch seines Körpers durch ihn erwärmt werde, und es wird ihm besser gehen.» Weiter heißt es von diesem wundersamen Stein: «Auch wer an starken Kopfschmerzen leidet, soll einen Smaragd an seinen Mund halten und ihn durch seinen Atem erwärmen, so daß er durch den Atem feucht wird. Mit dem feuchten Stein bestreiche er die Schläfen und seine Stirn und nehme ihn dann in seinen Mund, behalte ihn eine Weile darin, und er wird sich besser fühlen.» Selbst bei der Epilepsie wird ein solcher im Mund angefeuchteter Edelstein empfohlen, wobei der Kranke zusätzlich folgende Worte zu sprechen hat: «Wie der Geist des Herren den Erdkreis erfüllt, so erfülle er das Haus meines Leibes mit Seiner Gnade, auf daß es niemals mehr erschüttert werden kann» (Patrologia latina 197, 1249 D).

Wie in anderen mittelalterlichen Steinbüchern spielen auch bei Hildegard neben der medizinischen Wirkung die magischen Einwirkungen eine Rolle. Dies bezeugt allein schon der Saphir, von dem es heißt: «Wenn der Teufel einen Mann anstachelt, eine bestimmte Frau zu begehren, so daß er – auch ohne Zauberbann und Teufelsbeschwörung – ganz toll vor Liebe wird, und wenn das der Frau zu lästig wird, dann soll sie dreimal etwas Wein über einen Saphir gießen und ebenso oft sprechen: ‹Ich gieße diesen Wein mit seinen glühenden Kräften über dich aus, und wie Gott deinen Glanz von dem ersten abgefallenen Engel genommen hat, so sollst du nun auch die glühende Begierde dieses in Liebe entflammten Mannes von mir nehmen.› Und so wird es geschehen!» Es kann natürlich auch ein Mann einer liebestollen Frau gegenüber in der gleichen Art und Weise verfahren. Die Leidenschaft wird auf jeden Fall verschwinden (Patrologia latina 197, 1254 B/C).

Heilschätze aus dem Pflanzenreich

Den größten Heilschatz bietet naturgemäß das Pflanzenreich. Heilpflanzen können äußerlich als Balsam, Salbe oder Pflaster angewendet werden; zur inneren Heilung werden sie wirksam als Trank oder als Pulver, als Sirup oder in Pillenform oder als Leckmittel (electuarium), auch Latwerge genannt.

An der Fuldaer Klosterschule schrieb Walahfrid Strabo, der 842 Abt des Klosters Reichenau wurde und 849 auf einer Gesandtschaftsreise verstarb, seinen «Hortulus», der aus 25 Gedichten besteht, die alle Pflanzen seines Klostergartens auf der Reichenau besingen. Dabei werden alle auch als Heilkräuter bezeichnet: Lilien, Rosen, Salbei

Abb. 11: Des Menschen «Werk an der Welt» im Jahreslauf
(Hildegardis Liber Divinorum Operum; Cod. lat. 1942 (s. XIII),
Biblioteca governativa, Lucca)

Als eine «Pflege des Gartens» versteht Hildegard von Bingen des Menschen «Wirken an der Welt» (opus cum creatura). Eingespannt in den kosmischen Kreislauf der großen Welt erscheint im mittleren Bereich der kleinen Erde des Menschen Tagewerk im Ablauf der Jahreszeiten.

und Raute, die Iris und Minze, Fenchel, Polei, Kresse und Kümmel, die Bitterwurz und der Bockshornklee, auch die gemeine Bohne, ferner Zitronenkraut, Kürbis, Wermut und Sanddorn, Betonie und Leberklee, der Beifuß und die Katzenminze und schließlich der Meerrettich. Mit Wachstum und Eigenschaften werden jeweils auch die therapeutischen Merkmale beschrieben, so zum Beispiel bei der «ruta», die in der «viridissima silvula» wächst: «Diesen schattigen Hain ziert dunkelfarbiger Raute / Grünes Gebüsch. Ihre Blätter sind klein, und so streut sie wie Schirmchen / Kurz ihre Schatten nur hin, läßt dringen das Wehen des Windes / Und die Strahlen Apollos bis hinab zu den untersten Stengeln. / Rührt man leicht sie nur an, so verbreitet sie starke Gerüche. / Kräftig vermag sie zu wirken, mit vielfacher Heilkraft versehen, / So, wie man sagt, bekämpft sie besonders verborgene Gifte, / Reinigt den Körper von Säften, die ihn verderblich befallen.»

Ganz ähnlich besingt Walahfrid Strabo in seinem «Hortulus» die Salbei: «Leuchtend blühet Salbei, ganz vorn am Eingang des Gartens, / süß von Geruch, voll wirkender Kräfte und heilsam zu trinken. / Manche Gebresten der Menschen zu heilen, erwies sie sich als nützlich. / Ewig in Grüne der Jugend zu stehen, hat sie dadurch verdienet.»

Salbei und auch Pfeffer werden immer wieder als Heilmittel gegen Magenbeschwerden herangezogen. So heißt es in einem frühmittelalterlichen Rezept «Ad stomachi dolorem»: «Salbei und Pfeffer und Salz in altem Weine getrunken heilt.»

In seinem «Liber de cultura hortorum» gibt Walahfrid in poetischer Form auch zahlreiche, oft überraschend praktische Anweisungen zum Gartenbau. Zuerst habe man den ausgewählten Platz herzurichten, die Brennesseln auszuroden, Maulwürfe zu beseitigen und sich nicht zu scheuen, «die schwieligen Hände tagsüber zu bräunen und in vollen Körben den Dünger im dürren Erdreich zu verteilen.» Das alles lerne man freilich nicht aus den Büchern; das bereite Mühe und Arbeit (labor et studium), denn das lerne man allein aus der eigenen Erfahrung. Zugleich aber erlebe man die Pflege des Gartens als «eines der vorzüglichsten Kennzeichen des friedlichen Daseins».

Die Pflege medizinischer Kräutergärten hatten sich vor allem arabische Ärzte und Apotheker zur Aufgabe gemacht. Zur Grundlage ihrer Heilkräuterkultur machten sie das Riesenwerk des Dioskurides, eines griechisch-römischen Militärarztes im ersten nachchristlichen Jahrhundert, dessen «Materia Medica» in fünf Büchern im «Haus der Weisheit» zu Bagdad ins Arabische übersetzt worden war. Der Geograph Aš-Šarīf al-Idrīsī (gestorben 1166) nennt Dioskurides als die Quelle, aus der alles schöpft, und einen Schatz, aus dem alle

Abb. 12: Dioskurides erklärt eine Heilpflanze
(Materia Medica des Dioskurides; arab. Handschrift aus Nordirak, 1229; Topkapu Saray-Museum, Ahmet III, 2127, Istanbul)

Im typischen Gestus der «Magister-Discipulus»-Überlieferung erklärt der Meister seinem Schüler die Heilpflanzen, auf unserer Tafel eine Alraunewurzel (Mandragora).

Nutzen zogen: «Daraus habe ich meinen Koran gemacht, und ich habe mich bemüht, seinen wissenschaftlichen Inhalt fast ganz auswendig zu kennen.»

In seiner Anleitung zur «Großen Zusammenstellung über die Kräfte der bekannten einfachen Heil- und Nahrungsmittel» schreibt der Arzt und Apotheker Ibn al-Baiṭār (gestorben 1248): «Lob sei Gott, der dem Menschen Mittel schuf, seine Gesundheit zu erhalten, Krankheit durch Umänderung derselben in den gesunden Zustand abzuwenden und zwischen Heilmitteln und Nahrungsstoffen eine feste Grenze zu ziehen. All das, was mir durch Überzeugung und Anschauung als wahr erscheint und bei mir durch Klarheit, nicht durch Erzählung, Festigkeit gewinnt, werde ich als einen kostbaren Schatz aufbewahren, mich ganz allein auf den allvermögenden Gott verlassend. Bei solchem Verfahren habe ich weder den alten noch neueren Ärzten etwas zu entgegnen, die außer mir sich gleichfalls auf die Wahrheit stützen. Mein Vertrauen sind Anschauung und reine Erfahrung, so wie ich es hier ausgesprochen habe.»

Auch Hildegard von Bingen setzte bei allen Heilmaßnahmen ihr Vertrauen letztlich auf «Gottes Macht», die mit einer wunderbaren Lebendigkeit «im Unbekannten der Pflanzen» wese, in jenen «geheimen Kräften» nämlich, «die der Mensch noch nicht erforschen konnte» (Liber Vitae Meritorum I, 44). Und so sind nach Hildegard in allen Elementen der Welt, in den Pflanzen und Steinen und Tieren, gewisse Wunderwerke eingeborgen, die dem Menschen an die Hand gegeben werden sollen.

In ähnlicher Weise wird in dem berühmten Wiener Kodex 93, einer reich illustrierten Handschrift des 13. Jahrhunderts, nach einer allgemeinen Anrufung der «Mutter Erde» der Blick auf die Pflanzen gelenkt, auf den tausendfachen Schatz heilsamer Kräuter, welche die gütige Mutter Erde uns schenkt: «Die Pflanzen, die deine Majestät erzeugt, / schenke allen Völkern zu ihrer Rettung. / Überlasse mir diese deine Medizin, / sie gelange zu mir mit all deiner heilenden Macht. / Was ich auch immer daraus herstelle, es möge gut anschlagen. / Wem immer ich diese Medizin gebe, wer sie auch von mir empfängt, / lasse sie alle gesund werden!»

Der Wiener Kodex zeigt dann eine riesige Anzahl von Heiltränken mit je spezifischen Heilanwendungen, so bei Kopfschmerzen, Juckreiz, Blutungen Magenschwäche, Husten oder Vergiftungen. Da heißt es etwa vom Satirion (Orchis specialis), dem Knabenkraut: «Wenn jemand einer Frau nicht beischlafen kann: Die Wurzel der Pflanze Priapiscus, und zwar den rechten Hoden (Knolle), der größer ist,

Abb. 13: Arzt verordnet Heiltrank
(Codex Vindobonensis 93, 13. Jahrhundert, NB Wien)

Die «Materia Medica» des Wiener Kodex 93, nach byzantinistischer Manier reich illustriert, zeigt einen jungen Arzt, wie er seiner Patientin einen Heiltrank überreicht.

zerreibe mit 47 weißen Pfefferkörnern, damit sie in sich habe die Hälfte einer Halbunze, die oben genannte Pflanze und 4 Unzen Honig. Löse diese Arznei in bestem Wein, und wer drei Tage hindurch 9 Skrupel davon zu sich nimmt, wird der Frau beischlafen.»

«Eine Kur bei Schlangenbiß» empfiehlt: «Die Pflanze Scordeon (Allium vineale L.; Weinberglauch, Knoblauch) wird abgekocht, und die Brühe reiche mit Wein als Getränk; die zerriebene Pflanze selbst lege auf die Wunde auf. Auch nimmt die um den Körper gewundene Pflanze Scordeon das tägliche und das dreitägige Fieber.» Wunderkräfte verspricht ein Heiltrank mit der Brombeere (Eruscus; Rubus fruticosus L.; auch: Mora silvatica [Waldesrast] genannt): «Bei der Monatsblutung der Frauen koche 21 junge Eruscus-Triebe in Wasser bis auf ein Drittel ein, und gib es drei Tage hindurch auf nüchternen Magen zu trinken. Erneuere täglich den Trank.» Weiter lesen wir: «Gegen Beschwerden des Zahnfleischs und der Lippen: Koche zarte Eruscus-Zweiglein in Wein; diesen Wein benutze als Mundwasser – das wirkt ganz außerordentlich.»

Daß auch die Verliebtheit als Krankheit angesehen wurde und dementsprechend behandelt werden mußte, mag uns aufgeklärte Menschen von heute überraschen. Und doch sollten auch und gerade die unheilbar Verliebten ernstgenommen werden, wenn von den Kranken im Mittelalter die Rede ist.

Wie die Liebe einerseits verblendet und «betört», das heißt zu einem Toren macht, so macht sie aber andererseits auch hellsichtig und einsichtig. Gerade der Irrsinnige in seiner Narrheit wurde zu einem Symbol für diese verrückte Welt. Die christlichen Mystiker begannen im Herbst des Mittelalters von dem abgründigen Wissen der Narren zu sprechen, die tiefsinnig und schwermütig geworden und auf ihre Art dahintergekommen seien. Der aufgeklärte Kardinal Nikolaus von Kues glaubte, daß normalerweise im Gang zu Gott auch die Gefahr der Verrückung, des Verrücktwerdens und der Verrücktheit stecke und daß sich die Extreme des Heiligen und des Ketzers – ähnlich wie bei Genie und Wahnsinn – berührten.

So vielfältig die Erscheinungen der Liebeskrankheit gewesen sein mochten, so reichhaltig, oft auch verwirrend, war das Angebot an Heilmitteln. Nichts ist vielgestaltiger als die Liebe, und was wurde nicht alles sowohl für als auch gegen die Liebe empfohlen! Nach Hildegard unterdrückt die Raute (Ruta graveolens L.) den Samenfluß und damit die Libido des Mannes; sie hilft aber auch bei Menstruationsbeschwerden und gegen die Gicht. Nicht verschwiegen werden sollte ein Liebestrank bei Hildegard (CC 214, 14; Ph I, 42; 203), der aus der Hauswurz (Sempervivum tectorum L.), die in den Pyrenäen und im Alpenlande heimisch ist, gebraut wird und Gerbstoffe, Harze und Schleim enthält. Dieser Trank sollte gegen Impotenz wirksam sein, mit Frauenmilch zubereitet auch gegen die Taubheit.

Zur Dämpfung von Schmerzen wie auch zur Anregung der Liebe finden in erster Linie Nachtschattengewächse Verwendung: etwa der Stechapfel (Datura Stramonium) oder das Bilsenkraut (Hyoscyamus niger), immer wieder auch die Alraune (Atropa Mandragora). Zubereitet werden die Pflanzensäfte als Auszug, Aufguß oder Abkochung. Aus den Auszügen, vor allem mit Hilfe von Weingeist, wurden später die «Tinkturen» oder auch, mit Weingeist eingedickt, die berühmten «Extrakte».

In einem mittelalterlichen Manuskript des Pierre Mora wird als Liebesmittel ein Rezept erwähnt, demzufolge Taubenherz, Sperlingsleber, die Niere eines Hasen sowie die Geschlechtsorgane einer Schwalbe, getrocknet und zerstoßen, zu einem Heiltrank zusammengebraut werden. Dem heiligen Albertus Magnus wird ein Pulver zugeschrieben, das aus getrockneten, mit Immergrün und Hauslauch verriebenen Würmern bestand; es mußte aufgelöst eingenommen werden und sollte der Festigung der ehelichen Liebe dienen.

Im Jahre 1323 wurde in Irland eine Petronilla de Meath auf dem Scheiterhaufen verbrannt, nachdem sie gestanden hatte, Liebestränke aus Otternfleisch, Spinnen, Fingerkraut und dem Gehirn ungetaufter Säuglinge gebraut zu haben. Französische Liebestränke aus dem 14. Jahrhundert enthielten neben Arsenik und Quecksilber auch Eidechsen und Rattenschwänze, gedörrte Kröten und Spinnen, das Haar eines gehenkten Verbrechers sowie Eisenkraut, Majoran und Minze.

Spruchweisheit und Volkspoesie sind voll des Lobes über die Wirkung von Liebestränken, aber auch voller Skepsis und wohltuender Nüchternheit: «Der Liebsten Schönheit ohnegleichen betört' mich, als ich sie erschaut. Ihr blauer Blick konnt' mich erweichen und nicht der Farn, den sie zum Trank gebraut.» Erinnert sei in diesem Zusammenhang auch an den weisen Rat der Alten, den Seneca in seinen «Epistolae» weitergibt: «Ich will Dir einen Liebestrank verraten, ohne Arzneistoff, ohne Giftkräuter, ohne jeden Bezauberungstrank einer Giftmischerin: Wenn Du geliebt werden willst, so liebe!»

Ganze Sagenkreise und unglaubliche Mären spinnen sich um die Alraunewurzel, deren die Verliebten sich mit Vorliebe bediente. Eine herausragende Rolle als Ingrediens spielte daher bei allen Liebestränken diese Mandragora, abgeleitet vom persischen «mardom ghiah» (Manneskraut) oder «mehregiah» (Liebeskraut). Auch die Klosterfrau Hildegard von Bingen kennt die Mandragora, mehr freilich als Antiaphrodisiakum (Physica I, 56) oder auch als schmerzstillendes Mittel, das bei Mißstimmungen und Traurigkeit euphorisierend wirke.

Deutlicher nennt die heilige Hildegard den Wein einen Heiltrunk voller «virtutes», voll von «viriditas», von erquickender Lebensgrüne. «Denn der Wein heilt und erfreut den Menschen mit seiner gesunden Wärme und seiner großen Kraft.» Wir finden bei Hildegard Dutzende von Rezepten, nach denen Heilkräuter zu kochen sind in gutem Weine. Der Wein wird mit Zutaten versehen, etwa gekochtem Honig, und dann von den Kräutern getrennt; er muß nun abermals aufsieden und wird danach durch ein Säckchen gefiltert, um schließlich als Heiltrank zu dienen.

Im gälischen Kulturkreis findet sich frühzeitig schon ein Heiltrank, den sie «uisge beatha» nannten, was so viel wie Lebenswasser hieß und das genaue Pendant zu «Aquavit» oder «Wodka» darstellt. Religiöse Orden benutzten bei der Pflege ihrer Kranken eine verfeinerte Form von solchem «ouske», aus dem später der Whisky wurde. Vor allem durch die Pestseuchen sah man sich veranlaßt, nach prophylaktischen Maßnahmen zu suchen, wobei der heilende Trunk nicht mehr auf der Basis von Kräutern, sondern von Getreide hergestellt wurde. Im Jahre 1494 findet sich in Schottland erstmals ein Hinweis auf diesen Whisky, der freilich nur als Getränk für die unteren Schichten gedacht war.

Chirurgische Maßnahmen

Auf seiner Abenteuerfahrt begegnet der Artusritter Gawan eines Tages einer jungen Dame, die klagend unter einer Linde sitzt und das Haupt eines verwundeten Ritters in ihrem Schoße hält (dâ lac durchstochen ein man). So erzählt es uns Wolfram von Eschenbach in seinem «Parzifal»: wie da der Ritter Urjans durch einen tiefen Lanzenstich in die Brust verwundet wird und nun ohnmächtig im Schoße seiner Minnedame liegt, die sich vergeblich um ihn bemüht.

Dann aber erscheint Gawan, der Artusritter, und er erkennt sogleich die schwere Verwundung mit innerer Blutung, die ihm aber nicht tödlich erscheint, sondern durchaus zu heilen. Dem weinenden Mädchen erklärt der Ritter Gawan sogleich, daß er diesen armen Mann da vor dem Sterben bewahren und ihn retten könne, wenn er nur ein kleines Röhrchen zur Hand hätte. Denn es handele sich zwar um eine starke innere Blutung, bei der das Blut auf das Herz drücke und dieses arg belaste (daz bluot ist sînes herzen last), aber man könne den Kranken von dieser Last befreien, was dann auch auf eine dramatische Weise geschieht: Gawan nimmt einen Zweig von der Linde, darunter die Dame saß, löst sorgfältig die saftige Rinde ab – ohne sie zu verletzen –, so daß ein Röhrchen entsteht. Er schiebt die Röhre sachte in die Stichwunde und bittet die Dame, so lange vorsichtig zu saugen, bis ihr des Ritters Blut entgegenkäme (daz bluot gein ir flôz).

Offensichtlich handelt es sich hier um eine schwere Blutstauung im Brustraum, einen sogenannten Hämatothorax, wobei das Blut sich im Raum zwischen Pleura pulmonalis und Pleura costalis staut, die Herztätigkeit behindert und infolge der Kreislaufschwäche auch die Ohnmacht herbeiführt. Der heilkundige Ritter Gawan erkennt mit einem Blick, daß die Lunge nicht verletzt ist, da sonst beim Atmen blutiger Schaum austreten würde, und er entschließt sich rasch zu einer «Thorakozentese», einer Ableitung der Blutansammlung mittels eines Röhrchens. Da kehrte – wie der Dichter singt – dem Helden sogleich die Kraft zurück, so daß er wieder sprechen konnte (daz er wol redte unde sprach).

Es ist offensichtlich, daß diese chirurgischen Spezialkenntnisse Wolframs von Eschenbach einer fachwissenschaftlichen Quelle entstammen müssen, und wir kennen diese nach neueren Forschungen (Haage, 1984; 1986) auch recht genau: Was hier zu Rate gezogen wurde, war das 100. Kapitel des zweiten Buches der «Chirurgia» des Abulcasis, des wohl berühmtesten arabischen Wundarztes, den Gerhard von Cremona Ende des 12. Jahrhunderts zu Toledo ins Lateinische übersetzt hatte unter dem Titel: «De vulnere in eius que est inter spatulas». Darin werden Verletzung, Heilung und Versorgung des Hämatothorax nahezu mit gleichen Worten beschrieben wie bei Wolfram von Eschenbach. Nach dem erfolgreichen operativen Eingriff legt man lediglich noch eine blutausziehende Salbe auf.

Aus all den wichtigen Feldern ärztlicher Praxis ragte ein Gebiet heraus, das man im «finsteren» Mittelalter – einem Zeitalter, das so erfüllt scheint von Mystik und Spekulation – am wenigsten vermuten sollte: die Chirurgie. Das chirurgische Wissen war im hohen und späten Mittelalter so außerordentlich und die Eingriffe der Wundärzte so beispielhaft, daß man nichts von den Kranken im Mittelalter verstehen würde, würde man nicht gerade dieses Kapitel so ausführlich wie nur möglich bringen. Die bewundernswürdigen Leistungen der großen Wundärzte an den Schulen von Salerno, Montpellier oder Paris wird man freilich erst dann begreifen und würdigen, wenn man ihre Quellen kennengelernt hat. Dazu zählt in erster Linie die arabische Chirurgie, die ihre wissenschaftliche Begründung wiederum der hellenistischen Anatomie wie der altindischen Physiologie verdankt.

Als Exponent der arabischen Chirurgie gilt Abū'l-Qāsim, der bedeutende Leibarzt des Kalifen ʿAbd ar-Raḥmān, der sich nach dem Lustschloß Zahrā, dem Sommersitz des Kalifen bei Cordoba, Az-Zahrāwī nannte. Er starb im Jahre 1013. Das Lehrbuch der Chirurgie des Abulcasis ging von der Fragestellung aus, warum man keine geschickten Chirurgen mehr finde. Die Ursache wird in der Vernachlässigung einer systematischen und theoretischen Anatomie gesehen, die die einzige Voraussetzung für den chirurgischen Eingriff sei. Mit dieser Voraussetzung wird alsdann die Chirurgie systematisch in ihrem theoretischen und praktischen Bestandteil abgehandelt. Es finden sich Ausführungen über die Blutstillung, die Ligatur der Arterien, die Kompression, die Anwendung von Kälte wie auch von pflanzlichen Styptika zur blutfreien Operation. Neben dem Messer wird vor allem die Kauterisation in den Vordergrund gestellt, wozu bestimmte Brennstellen, ähnlich den Moxen der alten Chinesen, angegeben werden. Zur Schmerzbekämpfung dienen neben dem Glüheisen auch Kälte, Kompression und Schlafschwämme, die vorwiegend mit Opium, Mandragora, Hyoscyamus infiltriert werden. Die Nahttechnik wird ebenso angeführt wie eine komplizierte Verbandstechnik.

In den arabischen wie auch lateinischen Ausgaben des chirurgischen Lehrbuches von Abū'l-Qāsim ist das Instrumentarium immer wieder abgebildet: Hunderte von Zangen, Trepanen, Sonden, Messern, Brennkegeln, Schnappern oder Spekula, die bis ins 18. Jahrhundert hinein das operative Feld beherrscht haben. Nährklistiere bestanden aus einer Tierblase, an die ein silbernes Röhrchen angesetzt wurde. Auch die oftmals erwähnte Ameisennaht, die nach indischen Methoden bei Darmwunden Anwendung fand, wird von Abū'l-Qāsim ausführlich beschrieben. Er kennt ferner den Steinschnitt, eine Varizenbehandlung durch Exzision von kleinen Schnitten, ferner die Polsterung von Schienenverbänden und die Fensterung beim komplizierten Bruch. Beim Bruch des Schambogens wird zur Hebung der Bruchstücke eine Schafsblase in die Vagina eingeführt und dann aufgeblasen, was unserer Methode mittels eines Kolpeurynters entspricht.

Wie systematisch das Lehrbuch vorging, zeigt ein Kapitel über die Wundeiterung, wo es heißt: «Hat man eine komplizierte Knochenfraktur mit einer offenen Wunde vor sich, so soll zunächst ein Aderlaß gemacht werden. Fließt Blut aus der Wunde, so versuche man eiligst, dieses zu stillen, indem man gepulvertes Vitriol darüber streut, sofern man nicht ein anderes Styptikum zur Hand hat. Kommt es dann zu einer Eiterung und hat man deren Zeichen zu befürchten und findet man an der betreffenden Stelle einen stechenden Schmerz, dann wird es allerdings nötig sein, daß man dort einen Rautenverband anlegt, der mit einer Hülle aus steifem Leinen verfestigt ist. Sind nun ein oder zwei Tage vergangen, so sollst du nachschauen, ob sich in der Wunde Eiter zu bilden beginnt. Du mußt dann den einen Verband, den du mit Wein getränkt darübergelegt hattest, entfernen und darauf kleine weiche Gewebestückchen und eine übliche Wundsalbe legen. Nimm hierzu etwa die Salbe Tetrapharmakon oder etwas ähnliches. Es ist dabei für dich wichtig, daß du den Verband lösest und sorgfältigst die Wunde anschaust, und zwar jeden Tag am Morgen wie am Abend, bis sie verheilt ist. Zu beachten ist ferner, daß das fragliche Glied so gelagert wird, daß der Eiter leicht nach außen abfließen kann. Sind einige Tage verstrichen, ohne daß der Heilvorgang eintritt oder der Eiter aus der Wunde entfernt werden konnte, dann sollst du dir schnell darüber klar werden, daß kleinere Knochensplitter in der Wunde vorhanden sind. Dann mußt du diese rasch entfernen, soweit sie gelöst sind; du mußt diese dann extrahieren, soweit sie noch nicht entfernt wurden und somit Schmerzen verursachen. Dies sollte auf alle Fälle und mit jedem nur möglichen Mittel geschehen.»

Wir kennen sehr genau die Hilfsmittel bei solchen Operationen: Nadeln aus Knochen oder Bronze, gerade oder gebogen, den Meißel und die Sonden, als Nahtmaterial Hanf, Rindenfasern, Haare sowie Tiersehnen zur Unterbindung von Gefäßen. Immer wieder wird die Ameisennaht zur Schließung einer Darmwunde angeführt: Schwarze Ameisen beißen sich in den Wundrändern fest, werden dann geköpft, und ihre Zangen bleiben in den Eingeweiden zurück. Die Eingeweide werden in die Bauchhöhle zurückgelegt, und der gemachte Einschnitt in der Bauchdecke wird mit einer Nadel vernäht. Bei Abulcasis wird das folgendermaßen beschrieben: «Hole Ameisen mit großen Köpfen, bringe die beiden Wundlippen zusammen, und setze eine Ameise mit offenem Munde darauf. Wenn die Ameise hängen bleibt und ihren Mund geschlossen hat, so schneide ihren Kopf ab. Dieser bleibt dann hängen, und der Mund öffnet sich nicht mehr. Darauf bringe eine andere Ameise in der Nähe der ersten an, und mache so weiter, je nach der Länge der Wunde. Alsdann bringe den Darm zurück, und nähe die Bauchwunde zu; denn die Ameisenköpfe bleiben am Darme hängen, bis die Wunde geheilt ist, und sie bringen dem Patienten überhaupt keinen Schaden.»

Diese Beschreibung der Darmnaht zeigt, daß hier ein Chirurg nicht ohne eigene Erfahrung spricht. Abulcasis gibt noch eine weitere Methode an, wie man mit feinen Nähten, aus Tierdärmen gewonnen, operieren kann. Auch dabei geht er ausdrücklich auf einen einzelnen Fall ein, in dem durch seinen Eingriff – oder besser noch durch die Natur – die Heilung einer Darmwunde gelungen ist: «Ich habe einen

Menschen gesehen, dessen Bauch durch einen Speerstich verwundet worden war und dessen Wunde sich an der rechten Seite des Magens befand. Über die Verwundung war eine gewisse Zeit verstrichen, und es ist daraus eine Fistel geworden, aus der sich Kot und Luft entleerten. Darauf habe ich angefangen, die Wunde zu behandeln, ohne ihre Heilung zu erwarten. Während ich sie vorsichtig behandelte, bis sie geheilt war, verklebte diese Stelle. Als ich sie nun verklebt sah, bekam ich es mit der Angst um den Patienten zu tun, daß ihm in der inneren Höhle etwas Böses passiert sei. Etwas Derartiges ist ihm aber nicht zugestoßen, sondern er ist in bestem Zustande geblieben. Er aß, trank, konnte wieder in geschlechtliche Beziehung treten, ein Bad nehmen und sich in seinen gewöhnlichen Bewegungen üben.»

Besondere Bewunderung hat auch noch unter modernen Chirurgen die Kunst der Transplantation bei Abulcasis hervorgerufen. Auch hierzu nur ein Beispiel: «Nun sage ich, wie man eine abgeschnittene Nase wiederherstellt. Zunächst soll der Chirurg die Maße des fehlenden Stückes der Nase auf ein Blatt aufzeichnen. Diesen Umriß soll er ausschneiden und auf die Wange neben der Nase legen. Dann soll (nach dem aufgelegten Umriß) ein Stück der Wangenhaut herausgeschnitten werden, aber die Verbindung mit der Wangenhaut darf nicht abgeschnitten werden. Dieses Stück Wangenhaut soll nun umgestülpt werden und an den Rest der Nase, der vorher frisch angeschabt wurde, angenäht werden in der Form des fehlenden Nasenstückes. Zuvor sollen in die Nasenlöcher zwei Röhrchen vom Rhizinusbaum oder von Lotosstengeln oder von hohlen Gräsern eingeführt werden. Damit kann dann der Chirurg (die neu eingesetzte Haut) so hoch heben, wie er es benötigt. Das Hautstück soll mit dem Nasenrest angenäht werden. Es soll dann darauf ein Wundpuder eingestreut werden. Darüber soll ein Streifen Baumwollzeug gelegt werden. Das Baumwollzeug soll des öfteren mit kaltem Sesam-Öl beträufelt werden. Um die Heilung zu fördern, soll man einem solchen Kranken gekochte Butter zum Trinken geben; er soll auch ein Abführmittel bekommen. Wenn man sieht, daß die (übertragene) Haut gut angewachsen ist, dann soll man die Verbindung zur Wange durchtrennen. Wenn die (transplantierte) Haut zu groß oder zu klein geworden ist, so soll dieses der Chirurg genau beachten, damit er sie ganz richtig einpaßt.»

Nach dem antiken Schema werden die Wunden nach den großen Körperregionen aufgeteilt. Den Ursachen der Verwundung wird sorgfältig nachgegangen: Steinschlag, Schwert- und Messerschnitt, Speer- und Lanzenstiche und der am häufigsten auftretende Pfeilschuß. Die Art der Beschreibung und Behandlung mag an einem Beispiel illustriert werden: «Wenn eine Wunde am Hals tief ist und sich an der tiefsten Stelle ein Versteck bildet, in dem sich Eiter angesammelt hat, so steche diese Stelle in ihrer Tiefe auf. Wenn in der Wunde eine Ader angeschnitten ist und du gemerkt hast, daß aus ihr Blut fließt, so durchschneide sie und binde sie wieder oder kauterisiere sie, wenn es notwendig ist. Wenn einige oder alle Perlen der Kehle durchgeschnitten sind, die Halsgefäße aber unverletzt blieben, dann verbinde die beiden Lippen der Haut durch eine Naht über dem Rohr der Kehle, verbinde sie fest, und laß' diesen Verband ein paar Tage liegen. Dann behandle diese Wunde mit einer Salbe, die zusammenziehende und austrocknende Wirkung hat, und warte, bis sie heilt.»

Schließlich muß noch das merkwürdige Verfahren erwähnt werden, das bei den arabischen Wundärzten so beliebt war und das ihnen den bösen Ruf einbrachte: die Kauterisation, das Heilen der Wunden durch Brennen. Als Werkzeuge dienten dazu das gefürchtete Glüheisen, erhitzte Sonden oder besondere Brennkegel. Blutende Wundränder wurden damit versorgt, Hämorrhoiden damit ausgebrannt und beim Leistenbruch wurde nach Reposition des Bruchinhalts bis auf den Knochen gebrannt. Das sind sicherlich radikale Methoden, aber – wie Abulcasis abschließend betont – der Chirurg sollte sie nicht vernachlässigen, er sollte alle Mittel anwenden, denn «sie sind einfach unentbehrlich, so Gott in der Höhe will».

In der «Chirurgia» des Abulcasis finden wir – was im Mittelalter sehr selten ist – nicht nur eine umfassende Beschreibung der Schmerzen, sondern auch eine Behandlung der schmerzhaften Zustände. Schmerz wird definiert als «eine körperliche Zustandsveränderung, die dadurch charakterisiert ist, daß sie plötzlich hereinbricht». Seine äußerlichen Ursachen können mannigfaltig sein: Schlag, Stoß, Fall, Bruch, Verwundungen oder Zerrungen. Nicht minder zahlreich sind auch die inneren Bedingungen: extreme Kälte oder Hitze, Ernährungsexzesse, Verhaltungen der Körpersäfte oder plötzliche Ausscheidungen, Steinbildung in Niere, Blase oder Galle.

Die Behandlung des Schmerzes sollte sich laut Abulcasis tunlichst auf die jeweilige Ursache beziehen. So bekämpft man die Blutfülle (plethora) durch Aderlaß, die Überfüllung durch Abführen, Hitze durch Kälte und Kälte durch Hitze. Als Hilfsmittel dienen vielerlei Heilmittel: feuchte Umschläge, Abkochungen mit Kamille, Pflasterverbände aus gemischten Kräutern, des weiteren Öle und bei starkem Schmerz auch Opium. Als chirurgische Maßnahme steht das Brenneisen, die Kauterisation, zur Verfügung, bei der man die Schmerzen gleichsam durch schmerzende Mittel bekämpft. Hierbei kann freilich der Arzt nicht vorsichtig genug zu Werke gehen.

Es gab die verschiedensten Möglichkeiten, mit dem Brenneisen kunstvoll umzugehen. Da war zunächst einmal die direkte Ausglühung krankhafter Gewebe, wie sie üblich war bei Abszessen, Mastdarmfisteln, bei Hämorrhoiden oder Gangrän. Ein milderes Mittel war die Ableitung mittels des Brennkegels, vielfach geübt bei Lähmungen oder bei Migräne, bei Beschwerden von Magen, Leber oder Milz. Schließlich diente die Kauterisation auch der Blutstillung, vorzugsweise bei arteriellen Blutungen.

Die Überlieferung der arabischen Chirurgie

Bereits im 12. Jahrhundert von Gerhard von Cremona an der Schule von Toledo übersetzt, hatte der «Tasrīf» des Abū'l-Qāsim einen kaum abzuschätzenden Einfluß auf die italienischen und französischen Chirurgenschulen des 13. und 14. Jahrhunderts, so auf Roger von Parma und Lanfranchi. Auch für Wilhelm von Saliceto und Guy de Chauliac wurde «Abulcasis» oder auch «Alzaharavius» zu einer maßgebenden Autorität. Unter dem Namen des Guy de Chauliac wurde seine «Chirurgia» erstmals 1497 zu Venedig gedruckt; andere Teile erschienen – über hebräische Zwischenformen – bereits 1471 als «Liber Servitoris». Eine relativ geschlossene Ausgabe erschien 1541 in Basel unter dem Titel: «Abulcasis Methodus medendi cum instrumentis ad omnes fere morbos depictis», eine jüngere Ausgabe als «Abulcasis de chirurgia» noch 1778 zu Oxford, herausgegeben von J. Channing.

Schon zu Beginn des 13. Jahrhunderts übernahmen an den neugegründeten Universitäten die Chirurgen die Führung. Es waren begabte Techniker, die nicht nur als Wissenschaftler, sondern auch als begnadete Ärzte angesprochen werden müssen. Mit Hilfe der neuen – und im Grunde ganz alten – Überlieferungen der arabischen Chirurgie gelang es dem Meister Rogerius Frugardi in Parma, die ins Volkskundliche abgesunkene und von den Klosterärzten vernachlässigte Wundarzneikunst zu einer neuen Blüte zu bringen. Die «Chirurgia Magistri Rogerii» sollte über ein ganzes Jahrhundert hinweg das grundlegende Lehrbuch bleiben. An diesem Werk ist auch in der Folgezeit immer weiter gearbeitet und aus eigenen Erfahrungen gebessert worden. Diese Rogerglossen sind schließlich in dem berühmten «Viermännerbuch» der Hochscholastik zusammengeflossen, den sogenannten «Glosulae quattuor magistrorum», in denen ganz offensichtlich der arabistische Einfluß dominiert. Selbstverständlich haben zu diesem Zeitpunkt die beiden Kategorien, die «medici physici» und die «medici chirurgi», noch den gleichen wissenschaftlichen Rang.

Die imponierende Wirkung der arabischen Chirurgie verbreitete sich über Roger von Parma und die südfranzösischen Glossarien und lief über Montpellier weiter bis zu Henri de Mondeville und Guy de Chauliac, dessen «Chirurgia» für Jahrhunderte noch die europäische Chirurgie instruieren sollte. Unter den 100 Autoren mit insgesamt 3000 Zitaten finden wir in imponierendem Übergewicht die arabischen Ärzte. Auch die Schulen von Padua und Pavia stehen noch um 1250 ganz unter dem Eindruck des Abulcasis, so insbesondere Bruno von Langoburgo und Wilhelm von Saliceto (1275).

Mit der arabischen Chirurgie sind sowohl große Bestandteile der Anatomie und Physiologie tradiert worden als auch zahlreiche klinische Spezialfächer, angefangen von der Geburtshilfe über die Ohren- und Augenleiden bis zur Zahnheilkunde. Darüber hinaus sind die Methoden der Kauterisation nach arabischem Muster bis in die Neuzeit hinein üblich geblieben, wie die zahlreichen «Brennstellen-Männer», anatomische Figuren mit Angaben für das Anlegen des Brenneisens, beweisen.

Zu einem Prinzipienstreit zwischen der Tradition und den fortschrittlichen Chirurgen sollte es um die «eiterlose Wundbehandlung» kommen. Die alten Ärzte waren der Auffassung, daß man die Eiterbildung keinesfalls verhindern sollte, sondern eher noch fördern. Hinter dieser Auffassung stand im Grunde die alte hippokratische Säftelehre, die ja auch heute noch in volksmedizinischen Anschauungen eine große Rolle spielt: Eiter wäre nichts anderes als eine der natürlichen Abscheidungen von schädlichen Stoffen, die diesmal nur an einer ungewöhnlichen Stelle, der Wunde nämlich, vonstatten ginge; im übrigen aber habe der Eiter die gleiche Funktion der Reinigung und der Erhaltung des Gleichgewichts zu den Nahrungsstoffen wie auch alle die übrigen durchgekochten Ausscheidungen. Deshalb warte der Chirurg geradezu auf die kommende Eiterung.

Demgegenüber gelangten die fortschrittlichen Chirurgen bald zu der Überzeugung, daß der natürliche Vorgang der Wundheilung auch ohne Eiterbildung vor sich gehen könne. Sie warteten den natürlichen Ablauf ohne unnötiges Sondieren und zusätzliches Verschmutzen der Wundfläche einfach ab und kamen so zu einer eiterfreien, komplikationslosen Wundheilung.

Auf einen zweiten Punkt haben die Bologneser Chirurgen von neuem ihr Augenmerk gerichtet, auf das Problem einer Allgemeinnarkose. Nun war auch auf dem Gebiete der Anästhesie das frühe Mittelalter schon zu eigenen praktischen Erfahrungen gekommen. Im Antidotarium Nicolai, das vor 1150 an der Schule von Salerno benutzt wurde, ist bereits von Schlafschwämmen (Spongia soporifera) die Rede. Sie wurden noch bis ins 16. Jahrhundert hinein, gelegentlich kombiniert mit Alkoholdämpfen, angewandt. Michael Scotus, Astrolog und Arzt am Hofe des Hohenstaufen Friedrich in Palermo, stellte ein Rezept aus Opium, Mandragora und Bilsenkraut zusammen: «Wenn man bei einem Menschen etwas sägen oder schneiden will, tauche man einen Lappen in diese Mischung und halte ihn an seine Nasenlöcher.» Später wurde in den betäubenden Saft ein Schwamm getaucht, an dem der Patient eine Viertelstunde lang sog. Dann dämmerte er ein und ward schnell operiert. Durch einen anderen Schwamm, in Essig, Fenchel- oder Rautensaft getaucht, wurde er wieder erweckt.

Einer der reifsten Meister, die aus der Bologneser Schule hervorgegangen sind, war der Magister Wilhelm von Saliceto. Um das Jahr 1210 wurde er in der Nähe von Piacenza geboren, in jungen Jahren tat er in einem Bologneser Heer Dienst als Feldscherer und studierte dann an der Universität zu Bologna Medizin und Chirurgie. Bologna war mit einer alten Juristentradition gesegnet und bereits um die Mitte des 12. Jahrhunderts zu einem «Studium generale» avanciert. Um 1260 gründete Taddeo Alderotti eine eigene Medizinschule, an der Buono di Garbo die Chirurgie vertrat. In den Jahren 1271 bis 1274 las Meister Wilhelm selber in Bologna, war dann Stadt- und Spitalarzt in Verona, kam als Konsiliarius weit in der Lombardei herum und starb hochbetagt um das Jahr 1280.

Berühmtester Schüler des Wilhelm von Saliceto war Lanfranc, einer alten Pisaner Familie entstammend und als Arzt und Chirurg in Mailand, Lyon und Paris tätig. Er war es vor allem, der die berühmte italienische Chirurgie an die Schule von Paris verpflanzt und die französische Chirurgie für Jahrhunderte zu ihrer Blüte gebracht hat. Im Jahre 1296 erschien seine «Chirurgia magna», die sich im Titel bezeichnete als «Ars completa totius cyrurgie». Lanfranc stellte außerordentlich hohe theoretische Ansprüche an einen gebildeten Chirurgen. Am Schluß seiner Ausführungen konnte Lanfranc dann vom Chirurgen das aussprechen, was einen vollkommenen Wissenschaftler ausmacht: «Jeder Praktiker ist auch ein Theoretiker. Jeder Chirurg ist nun Praktiker, folglich ist jeder Chirurg auch ein Theoretiker.» Der überragende Chirurg Lanfranc zeigte sich nicht nur in seinem Handwerk, sondern in jeder Sparte einer weitgegliederten

Überlieferung zu Hause. Darüber hinaus verdanken wir ihm neue Methoden zur Unterbindung der Gefäße, zum Nähen durchtrennter Nerven und zur Blutstillung. Und er hatte vor allem wieder bedeutende Schüler.

Lanfrancs größter Schüler war Henri de Mondeville, um 1320 geboren und später Leibarzt bei Philipp dem Schönen. Auch er verfaßte eine «Chirurgia», die allerdings erst 1892 gedruckt wurde. Nur zu nennen brauchen wir wiederum dessen Schüler Guy de Chauliac, den repräsentativen Chirurgen der lateinischen Scholastik, der der französischen Chirurgie für Jahrhunderte ihre führende Rolle gesichert hat.

Seit der Mitte des 14. Jahrhunderts und zunehmend dann während der Renaissance kommt ein ganz neues Problem auf die Ärzte zu: Der Chirurg hat sich mit den Wirkungen des Schießpulvers auseinanderzusetzen, mit den Folgen einer immer härter werdenden Kriegsführung. Auch hier erscheint uns die chirurgische Behandlung hart genug: Die Wunde wird zunächst mechanisch vom Gifte gereinigt, indem man ein Haarseil hin- und herzieht. Man beginnt wieder von neuem, die Eiterung im Wundbezirk kräftig anzuregen. Das geht verhältnismäßig leicht durch Reizmittel wie Terpentin und Kampfer, mit Rosenöl versetzt. Instrumente zur Extraktion der Kugel mußten eigens erfunden werden: der Storchschnabel und der Rabenschnabel, gezähnte Zangen sowie besondere löffelförmige Kugelzangen. Zumeist mußte man den Schußkanal mit einem Dilatator oder die Wunde selbst mit dem Messer erweitern.

Alles in allem kann man behaupten, daß auch mittelalterliche Wundärzte ihr Metier – die Große wie die Kleine Chirurgie – den Umständen der Zeit entsprechend ganz gut beherrscht haben. Knochenbrüche wurden eingerichtet und geschient, wobei man sich der Armlade oder Beinlade bediente. Erstarrende Verbände hielten mit Hilfe von Eiweiß oder Harzen die Extremitäten in ihrer Stellung fest. Komplizierte Frakturen versorgte man über gefensterte Verbände. Bei Schädelbrüchen ging es hauptsächlich um das Entfernen von Knochensplittern. Verrenkungen wurden reponiert und durch fixierende Verbände ruhiggestellt. Bei Tumoren versuchte man möglichst viel vom erkrankten Gewebe durch Exstirpation oder Ausbrennen zu entfernen. Bei Amputationen wurde bevorzugt im brandigen Gewebe abgesetzt.

Sucht man die chirurgische Versorgung zusammenfassend zu beurteilen, so ist sie selbstverständlich nicht mit den heiltechnischen Errungenschaften der neueren Zeit zu vergleichen. Die mittelalterliche

Abb. 14: Aderlaß bei Verwundung
(Aus: Hieronymus Brunschwig, Buch der Cirurgia, Straßburg 1497, fol. 24r)

Ein Arzt berät sich mit einem Kollegen und dem chirurgischen Gehilfen über die Indikation zum Aderlaß, bevor dann die Wunde chirurgisch und medikamentös versorgt wird.

Wundarzneikunst war relativ einfach; sie blieb ganz und gar eingebunden in das Konzept der klassischen Säftelehre. Auch die Chirurgie war Erhaltung (conservatio) und Wiederherstellung (restauratio) der Gesundheit; sie begnügte sich mit Restitution und Rehabilitation. Die Idee einer «substitutio», eines künstlichen, prothetischen Ersatzes, oder gar einer «reconstructio» als totaler Prothetik blieb ausgeklammert. Krankheit wurde lediglich als ein «modus deficiens» aufgefaßt, als ein Fehlen, ein Mangel. Ein Gebrechen galt als ontologisches Defizit, ein Verlust an Sein, an Potenz, an Kreativität. Die Medizin verstand sich dabei lediglich als eine im labilen Gleichgewicht des Organismus temperierende Mäßigung, als die Kunst des behutsamen Vorsehens, Vorgehens und Fürsorgens. In diesem Sinne verstand sich auch der Chirurg nur als der Moderator.

Noch im hohen Mittelalter rangierte die Chirurgie mit der allgemeinen Medizin unter den «Freien Künsten» (Artes liberales), während sie später erst unter die «Technischen Fertigkeiten» (Artes mechanicae) absank. In seiner «Chirurgia magna» hatte Lanfranc sehr deutlich betont, daß der Chirurg als Practicus immer auch Theoreticus bleibe, vertraut mit Logik und Dialektik ebenso wie mit den Realia, mit der Technik nicht weniger als mit der Ethik. Zur gleichen humanen Haltung, einem Habitus, der die Ethik und Philosophie immer mit einbezieht, bekennt sich der arabische Chirurg Abū'l-Qāsim, wenn er berichtet: «Unter den schweren Krankheiten, deren Prognostik schlecht ist, werdet ihr immer Patienten finden, die euch ein Vermögen anbieten für eine Hoffnung auf Heilung, während ihr Leiden doch tödlich ist. Gebt diesen Menschen, wenn sie in solcher Lage zu euch kommen, in keiner Weise nach! Möge eure Klugheit sich über eure Habsucht hinwegsetzen! Riskiert niemals etwas, ohne euch versichert zu haben, daß sich daraus nur Gutes ergibt!»

Das Spitalwesen im Mittelalter

Krankenhäuser im arabischen Mittelalter

«Auf meiner Reise durch Bagdad besuchte ich eines Tages auch einen Palast, der den Namen ‹Dār al-marḥāma› trägt, was soviel heißt wie ‹Haus der Barmherzigkeit›. In diesem Hause halten sich alle Wahnsinnigen der ganzen Gegend auf, und zwar in geschlossenen Abteilungen, sofern sie nicht einer besonderen Kur unterliegen. Vereinzelt hatte man sie auch angebunden, bis sie ihre Besinnung wiedererlangten. Wenn aber einer einigermaßen geistig geordnet war, durfte er nach Hause gehen. Die Kur war damit abgeschlossen, oder eine spezifische Prüfung gestattete dies. Einmal im Monat nämlich hatten behördliche Gutachter eine solche Revision durchzuführen. Dies hat die Obrigkeit aus Motiven der Barmherzigkeit und zu Zwecken der Wohltätigkeit errichtet. Sie soll allgemein denen zugute kommen, die an Wahnsinn und ähnlichem leiden. Die Obrigkeit ist nämlich, wie ich schon betonte, beherrscht von einem Geiste barmherziger Gesinnung und von durchaus humaner, wohlwollender Gesittung.»

Mit diesen bewegten Worten berichtet uns Benjamin von Tudela, ein maurischer Weltreisender, in seinem «Itinerarium» von einer großen Krankenherberge, die er um die Mitte des 12. Jahrhunderts in Bagdad besucht hatte. Er zeigt sich beeindruckt von der Ritterlichkeit und Barmherzigkeit, mit der man damals den Kranken begegnete, und dies einzig und allein – wie uns Kāzārunī berichtet – aus «reiner Freundschaft um Allahs willen».

Die Krankenpflege war den islamischen Ärzten von Anfang an aus dem Geiste des Koran zur Pflicht gemacht worden. Daß jeder neugegründeten Moschee ein Spital anzugliedern sei, geht aus einem Erlaß des Kalifen Hārūn ar-Rašīd hervor, der selber im Jahre 786 ein Krankenhaus errichten ließ. Aus dem Jahre 707 bereits hören wir von einer Spitalstiftung des Kalifen Al-Walīd in Bagdad, ohne daß uns ein näherer Einblick in die Institution gegeben wird. Um das Jahr 800 wird von Krankenanstalten in Damaskus berichtet. Im alten Kairo (Fustat) entstand 875 eine spitalähnliche Institution, die von Ibn Ṭūlūn, dem Statthalter des Kalifen Al-Muʿtamid, üppig ausgestattet wurde. Im tunesischen Qairuwān wurde um 850 von dem Aġlabiden Ziyādat ein Krankenhaus errichtet, zu dem auch eine Leprastation gehörte. Im Jahre 982 gründete in Bagdad ʿAḍūd ad-Daula eine weitgegliederte Krankenanstalt, die bis zum Mongoleneinbruch im Jahre 1258 eine führende Rolle spielte; ihrer Großräumigkeit wegen wurde sie mit einem Fürstenpalais verglichen. 24 Spitalärzte sollen hier gewirkt haben.

Anderen Quellen zufolge hatte Bagdad bereits im Jahre 765 ein Irrenspital. Von einem eigenen Irrenhaus hören wir aus dem 10. Jahrhundert: dem «Dair Hizkīl», das im alten Ezechielkloster südlich der Stadt an einer Handelsstraße angelegt war. Die Geisteskranken wurden hier in besonderen Abteilungen isoliert. Es gab regelmäßige Kontrollen am Ende eines jeden Monats, bei denen die sozial Angepaßten entlassen wurden. Die Kontrolle erstreckte sich auf die formale Un-

Abb. 15: Arabische Ärzte am Krankenbett
(Szene aus dem Jahre 1151 am Hofe zu Hamadan;
Bibl. Hazne, Topkapu Saray, Nr. 1863, Istanbul)

Ärzte bei der Konsultation eines vornehmen Kranken; Inspektion und Palpation (Untersuchung durch Betasten und Befühlen) stehen dabei im Vordergrund. Hinter dem Vorhang wartet ein Diener auf eine Aufforderung zu weiterer Hilfe.

terbringung in Wohnung und Verpflegung, auf die diätetische Spezialbehandlung auf der Basis der Humoralpathologie, auf eine Therapie mit Musik, Tanz und Theater sowie eine gesonderte Arbeitstherapie.

Über das gelehrte Leben in solchen Hospitalanlagen berichten islamische Reisende voller Bewunderung. So besuchte der maurische Gelehrte Ibn Ǧubair im 12. Jahrhundert das vom Sultan ʿAḍūd ad-Daula zu Bagdad errichtete «Bimāristān ʿAḍūdī». Innerhalb dieses Spitals waren vierundzwanzig Ärzte angestellt, die unter der Leitung des Abū'l-Ḥasan Ṯābit ibn Sinān standen. Ibn Ǧubair berichtet anschaulich, wie sich hinter dem Flusse Tigris eine ganze Flucht von Krankensälen aufbaute, ihnen vorgelagert pavillonartige Stationen mit Spezialabteilungen, darum geschart Dutzende von Arzneiläden, die staatlich beliefert und beaufsichtigt wurden. Es gab festgesetzte Tage für die Hauptvisiten, eine Diätküche und eine offizielle Medikamentenliste. Chefarzt war damals ein hochgebildeter Mann, der Persisch und Griechisch so gut wie Arabisch sprach und als Liebhaber und Mäzen der Musik galt.

Über die klinische Ausbildung in diesen Krankenanstalten hat uns ʿAlī b. al-ʿAbbās in seinem «Liber Regius» einen ausführlichen Bericht gegeben. Er schildert die klinischen Instruktionsstunden, die Lebensbedingungen der Patienten, die Begleitung des Schülers durch die besten Professoren, die Beobachtung der Krankenverläufe, die Aufzeichnungen über die verschiedenen Krankheiten und die nachfolgende Lektüre in den Lehrbüchern. Bei diesen Lesungen assistierten bisweilen geschulte Grammatiker, die auf korrekte Textinterpretation und eine saubere Aussprache zu achten hatten. Nicht von ungefähr galt den Arabern die Grammatik als «das Salz der Wissenschaften». Auch der Ärzte-Biograph Ibn abī Uṣaibiʿa berichtet, daß sich die Ärzte nach der Visite über besondere Problemfälle in der Bibliothek zu Diskussionsstunden versammelten. Der Chirurg ʿAmmar b. ʿAlī aus Mossul erzählt, daß er stets zwei oder drei Studenten bei seinen Operationen zugezogen habe. Auch der jüdische Arzt Schemtob ben Isaac (ca. 1200–1277) aus Tortosa, der ärztliche Erfahrung mehr als alles Bücherwissen schätzte, drängte die jungen Leute stets ins Spital und damit ans Krankenbett.

Die Quellen berichten uns bis in die Einzelheiten, wie sorgfältig ein solches Krankenhauswesen durchorganisiert war. Man hatte eine Direktion und eine Verwaltung, die von der ärztlichen Leitung getrennt war. Besonderes Personal betreute die Männer- und Frauenabteilungen. Chefärzte mit ihren Unterärzten leiteten die Visiten. Die Studenten wirkten als Famuli. Es gab Einzelabteilungen mit Sälen für die verschiedenen Fächer: für interne Erkrankungen, für Chirurgie, für Augenkranke, es gab eine Orthopädie, eine Fieberabteilung, Abteilungen für Stoffwechselstörungen, für die Gelbsucht und schließlich besondere Asyle für die Geisteskranken. Die Rezeptierung erfolgte durch den Arzt; die Anweisung ging direkt an die Apotheke. Jedes Spital hatte in der Regel seine eigene Apotheke. Die bis zu 3000 verschiedenartigen Drogen wurden von einem «Inspekteur der Märkte und Sitten» kontrolliert. Angegliedert an die Spitäler waren die Parfümläden und die Lagerstätten der Drogisten, die einer besonderen gesundheitspolizeilichen Kontrolle bedurften, da ständig Ersatzprodukte hineingeschmuggelt wurden. Wie überhaupt Betrug und Schwindel ebenso in Blüte standen wie Wissenschaft und Kultur.

Die Ärzte hielten besondere Konsultationsstunden für ambulante Patienten ab, führten also eine Art von Poliklinik. Frauen waren insbesondere in der Gynäkologie und der Geburtshilfe tätig. Ambulante Spitäler gab es für die Armee, für Gefangenentransporte, für dörfliche Gegenden sowie für Notstandsgebiete, etwa während einer grassierenden Seuche. Das erste fahrbare Feldlazarett wird Mustawfī ʿAzīz ad-Dīn zugeschrieben, der um 1120 in Bagdad auch ein Waisenhaus mit Spezialschulen und ärztlicher Betreuung errichten ließ. Seinem Feldlazarett standen etwa 200 Kamele zur Verfügung, die nicht

Abb. 16: Einblick in eine arabische Apotheke
(Aus: Materia Medica des Dioskurides, 1224, Bagdad;
jetzt: Metropolitan Museum of Art, Nr. 57.51.21, New York)

Die vielfältigen Aufgaben einer Apotheke werden von einem Arzt (oben links) überwacht. Im unteren Teil kocht ein Apotheker ein Heilmittel mit Honig, während ein Gehilfe zuschaut. Im oberen Regal stehen Krüge mit Ingredienzien zu Heilmitteln; ein Gehilfe (oben rechts) rührt in einem Mörser.

allein die Zelte mit dem Instrumentarium und den Medikamenten zu transportieren hatten, sondern auch einen festen Stab von Ärzten und Pflegern. Zu Epidemiezeiten wurde Sinān b. Ṯābit, Leibarzt des Kalifen al-Muqtadir (um 930), vom Wezir ʿAlī b. ʿĪsā beauftragt, tägliche Visiten in den Gefängnissen, die die Infektionszentren waren, durchzuführen. Bei Seuchen wurden Ärzte und Medikamente an die Landbevölkerung geschickt, die ärztliche Aufsicht wurde in Distrikte eingeteilt. Dem Amt des «muḥtasib», der gewöhnlich nur die Bäder, die Schlachthäuser oder die öffentlichen Küchen gesundheitspolizeilich zu kontrollieren hatte, wurde in solchen Notzeiten eine besondere Verantwortung aufgebürdet.

Eine weitere erstrangige Spitalanlage war der Bimāristān Nūrī in Damaskus, der im Jahre 1154 unter Nūr ad-Dīn Zankī errichtet wurde. Dessen Kerngebäude samt der Gründungstafel sind heute noch erhalten. Über die vielfältigen Funktionen der Ambulanz, der stationären Behandlung wie auch der klinischen Ausbildung hat uns der islamische Biograph und Kulturhistoriker Ibn abī Uṣaibiʿā (gest. 1270) einen anschaulichen Bericht gegeben. Auf den gleichen Krankenhausplan geht vermutlich das weltberühmte Manṣūrische Spital in Kairo zurück, das im Jahre 1285 unter dem Sultan al-Manṣūr errichtet wurde. Im Verbund mit einem älteren Fāṭimidenpalast entstanden hier neben den Krankensälen und den Höfen mit ihren Wasseranlagen auch eine Schule, eine Bibliothek sowie ein Mausoleum.

Der arabische Name für Krankenhaus leitet sich aus dem persischen Begriff «bimāristān» ab, was etwa dem griechischen «nosocomion» entspricht. «Bimār» ist der Kranke, und das indopersische «stān» bedeutet soviel wie Haus. Unter der korrupten Form «maristan» ist es heute noch im Orient als die Bezeichnung für Irrenhaus üblich. Eine andere Benennung für Irrenhaus lautete «al-murabittān», das Haus der Gefesselten. Sie deutet darauf hin, daß auch damals schon bestimmte Geisteskranke isoliert und gefesselt werden mußten. Allmonatlich wurden diese Kranken von den königlichen Beamten untersucht, ob sie den Verstand zurückerlangt hätten, wenn ja, so wurden sie entfesselt und entlassen. Sie wurden dabei mit allem versorgt, wie schon der Prophet in der Sure 4,6 verlangt hatte, daß man sich um sie kümmern solle, ihre Angelegenheiten verwalten und freundlich mit ihnen reden. Es gab eine Suggestionstherapie bei Melancholikern, eine Musiktherapie und Zerstreuung mit Tanz und Theater in den Gärten. Wir lesen, daß man den Manischen gegenüber Geduld aufzubringen hatte. Man kannte eine Bädertherapie, Dauerschlafversuche sowie die allgemeine Berücksichtigung des psychischen Milieus.

Seiner gesellschaftlichen Bedeutung entsprechend hatte der Hospitaldirektor eine der höchsten Staatsstellen inne, etwa verglichen mit der eines Staatssekretärs. Ihm gleichgestellt waren der Chefinternist, der Chefchirurg und der Chefophthalmologe. In untergeordneter Stellung befanden sich dagegen die Apotheker und die Intendanten. In dieser Hierarchie entwickelte sich auch ein ausgesprochen höfisches Zeremoniell mit einer eigenen Literatur für die Etikette. Am Ausgang des arabischen Mittelalters legte man in den Krankenhäusern zudem besondere Verzeichnisse (ad-dustūr al-bimāristānī) an, die alle Drogen und Rezepturen aufführten, die in den Spitälern erprobt und angewandt wurden.

Es trifft den Geist des arabischen Spitalwesens auf den Punkt, wenn der Sultan der Mamelucken al-Mansūr Qalawūn (1279–1290) in einem berühmtgewordenen Gründungsspruch sein Krankenhaus «seinesgleichen wie seinen Untergebenen» widmete. Er stiftete es – wie es in der Gründungsurkunde weiter heißt – «zum Wohle von König und Untertan, Feldherrn und Soldaten, von Großen wie Kleinen, zum Wohle von Freien und Sklaven, von Männern und Frauen».

Krankenversorgung in der Klostermedizin

Das Zeitalter der Klostermedizin war die erste Epoche der abendländischen Heilkunde, die eine geschlossene Anthropologie zu ihrer Grundlage hatte. Wohl wurde das Bild des Menschen von den traditionellen Bildungsstoffen her entworfen, aber es lebte aus eigenen Bildungskräften, in erster Linie aus dem Geist der «Regula Benedicti». Dieses Buch leitete zu einer geistlichen Lebenskunst an, die aus der täglichen Übung der «conversatio morum», aus einem praktischen Lebenswandel heraus, den hinfälligen Menschen zur «stabilitas» führte, zum Heil seiner «integritas».

Dem souveränen Gleichgewicht zwischen einer weltoffenen Aktivität und einer meditativen Geistigkeit ist es zu verdanken, daß die «Regula Benedicti» nicht nur den Zugang zur antiken Kultur offengehalten und die lateinische Sprache im liturgischen Dienste erhalten hat, sondern auch eine immer inniger werdende Integration der fremden Elemente in den christlichen Geist einleitete. Die «Regula» hat neben Gebet und Arbeit auch ein wissenschaftliches Programm in Gang gesetzt, welches vor allem die praktische Medizin geprägt hat. Aus den rodenden Mönchen wurden fachkundige Gelehrte, aus reinen Betstätten die Elementarschulen Europas. Neben dem formalen und materialen Rüstzeug der Allgemeinbildung war es vor allem auch jener so gemäßigte wie zuchtvolle Lebensstil einer rhythmisch reglementierten wie geistig durchstimmten Tagesordnung, der das Abendland gebildet hat. Im formalen Training unter der jahrhundertelangen Zucht und Askese – die keinesfalls mit Leibfeindlichkeit oder Weltfremdheit gleichgestellt werden sollte – bildeten sich hier die Instrumente, das Format und die Richtung der Entwicklung der abendländischen Kultur aus.

In der besagten «Regula S. Benedicti», dem Grundbuch mittelalterlicher Lebensordnung, finden wir an zentraler Stelle ein Kapitel «Von den kranken Brüdern». Da heißt es über die Krankenversorgung: «Es sei des Abtes höchste Sorge, daß sie unter keinerlei Vernachlässigung leiden. Diesen kranken Brüdern bestimme man eine abgetrennte Zelle beiseite und einen gottesfürchtigen, umsichtigen und sorgsamen Wärter.

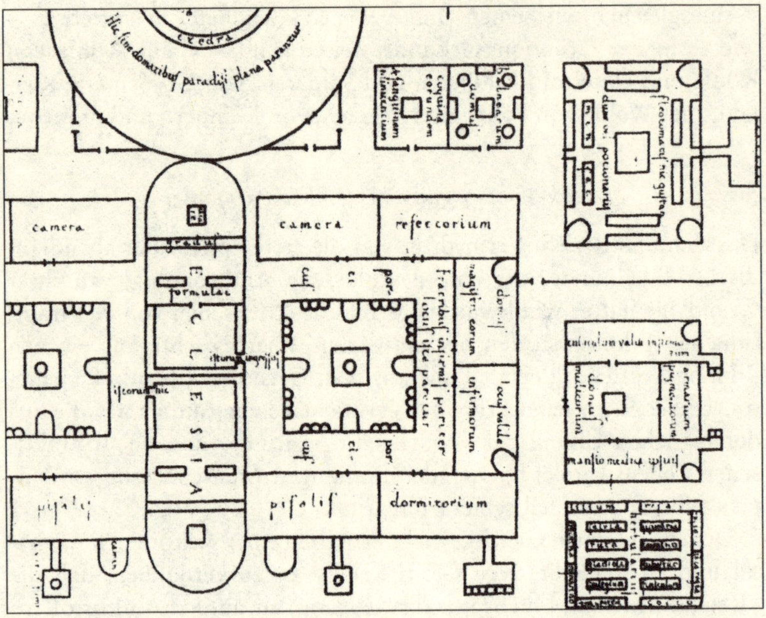

Abb. 17: Spitalanlage des St. Galler Klosterplans

Über der kleineren Kirche (ecclesia) erkennt man in einer differenziert strukturierten Gebäudegruppe die Spitalanlage (= nordöstlicher Ausschnitt des Gesamtplans). Die drei Flügel des Krankenhauses (domus infirmorum) enthalten, um eine Säulenhalle (porticus) gelagert, auf der linken Seite eine Kammer (camera) und den Speisesaal (refectorium), oben die Wohnung des Spitalvorstehers (domus magistri) sowie den Saal für die Schwerkranken (locus valde infirmorum), zur rechten Seite den Schlafsaal für die Kranken (dormitorium) mit einem Zugang zur sechssitzigen Latrine, ferner einen Tagesraum (pisale) mit dem aus der Hauswand ragenden Heizofen (caminus).

Über dem Hauptgebäude sieht man drei weitere Komplexe der Spitalanlage: in der Mitte das Ärztehaus (domus medicorum) mit der Wohnung des leitenden Arztes (mansio medici), der Apotheke (armarium pigmentorum) und der Schlafkammer für die Schwerkranken (cubiculum valde infirmorum), einer Art Wachstation. Das Ärztehaus wird flankiert vom Aderlaßhaus und dem Kräutergarten. Der Heilkräutergarten (herbularius) enthält 16 Beete mit jeweils benannten Heilkräutern (so Menta, Salvia, Ruta, Pulegium, Feniculum). Dem Haus für Aderlaß und Abführkuren zugeordnet sind die Kirche (coquina) sowie das Badehaus (balnearum domus).

Der Gebrauch von Bädern sei ihnen, wann immer förderlich, vergönnt; den Gesunden aber und besonders den Jungen erlaube man ihn nicht so leicht.

Aber auch Fleischnahrung gestatte man den Kranken und überhaupt den Schwachen zur Wiederherstellung. Sobald es ihnen aber infolge des Fleischgenusses besser geht, sollen sich alle dessen, wie gewöhnlich, enthalten.

Ferner trage der Abt größte Sorge, daß die Kranken nicht vom Kellner oder den dienenden Brüdern vernachlässigt werden. Ihn geht alles an, was von den Bediensteten versäumt wird.»

Die größte Sorge hat ein Abt also seinen kranken Brüdern zu widmen. Keine andere Tätigkeit ist höher zu werten als die Pflege der Kranken. Sie ist über das Gebet, über den Gottesdienst, über alle «Seelsorge» zu stellen. Denn es geht dabei darum, Christus selber zu dienen, als wäre er in Person soeben eingeliefert worden.

Die Klöster waren während des ganzen Mittelalters bevorzugte Refugien in bedrängter Zeit. Das Kloster war Heilsstätte wie Heilstätte (officina salutis et sanitatis), es war – wie Johannes Duft einmal gesagt hat – ein Zufluchtsort «in den Miseriae der Könige und der Knechte, in den Tristitiae der Seelen und der Körper». Eine ganze Landschaft stand hier für Heilung und Heil zur Verfügung: mit Oratorium und Laboratorium, mit Refectorium und Dormitorium, mit einer Bibliotheca und dem Hortus sanitatis.

Dies zeigt besonders schön der Klosterplan von St. Gallen (um 820) mit der Wohnung des Arztes, mit Apotheke und Kräutergarten, einem Spital, Aderlaßräumen und zahlreichen hygienischen Einrichtungen. Ermenrich von Ellwangen äußert sich über dieses St. Gallen: Man erkenne wohl am Neste, was für Vögel darin hausen! Das ärztliche Leben in einer solchen Klosteranlage, wie sie uns auch durch die Rekonstruktionen von Cluny bekannt geworden ist, kann man sich nicht komplex genug vorstellen. Der Klosterarzt fungierte als Arzt und Lehrer, als Chirurg und Pharmazeut. Begriffe wie «medicus» und «apothecarius» waren lange Zeit synonym. Mit der Spezialisierung erscheint dann noch ein Aderlasser («minutor» oder «phlebotomator), ein «rasorius», was unserem Barbier entspricht. Im Klostergarten wirkt der «medicus» als Botaniker (herbarius), und als Apotheker (pigmentarius) übernimmt er die weitere Verarbeitung der Heilkräuter in der Apotheke (armarium pigmentorum). «Medicus» und «physicus» differenzieren sich erst im Verlaufe des 12. Jahrhunderts, wenn der Begriff «physicus» ein Ehrentitel für den mit arabischen Wissenschaften vertrauten Arzt wird.

Daß die Sorge für die Kranken die Grundregel war, geht allein schon daraus hervor, daß jedes Kloster als integralen Bestandteil seiner Ökonomie ein eigenes «infirmarium», einen Krankensaal, besaß, auch wenn dieser gelegentlich außerhalb der Klostergebäude lag. Angeschlossen waren in der Regel eine eigene Krankenküche, die Apotheke sowie Wärmeplätze. Der Speisesaal für die Kranken wurde vielfach auch «misericordia» genannt, was wiederum auf die besonderen Dienste für Kranke hinweist. Neben der klosterinternen Krankenabteilung besaß nahezu jedes Kloster eine Herberge zur Pflege von kranken Durchreisenden (cella hospitum; hospitium). Während für den Konvent interne Krankenräume zur Verfügung standen, die «infirmaria», organisierte man demnach für die Aufnahme der Kranken, Armen und Pilger ein eigenes, extern gelegenes Haus, das «hospitale pauperum». Stand diesem Gasthaus kein eigener «hospitalarius» vor, so übte der Kellermeister (cellerarius) des Klosters die Aufsicht und Pflege aus, gelegentlich auch der Pförtner (portarius). Der «cellerarius» überwachte die Helfer, die «famuli», in den Krankenräumen und bei den Krankenwachen und teilte persönlich die Speisen aus. Ihm zur Seite stand ein Diener (servitor), der in der Regel in der Krankenpflege ausgebildet war.

An den mittelalterlichen Krankenherbergen lassen sich drei verschiedene Institutionen deutlich unterscheiden: 1. ein Haus für Arme und Pilger (Hospitale pauperum), 2. eine Herberge für reiche Pilger (Hospitium) und 3. das Krankenhaus für Brüder und Mönche (Infirmarium). Hinzu kamen noch Einzelzimmer für Schwerkranke und gesonderte, meist abgelegene Einrichtungen, die für die Aufnahme von Lepra-Kranken gedacht waren.

Auf dem Idealplan von St. Gallen, der um das Jahr 800 entworfen wurde, lassen sich besonders deutlich die verschiedenen Funktionsabläufe bei der Versorgung der Pilger, Armen und Kranken ablesen. Vor dem Zugang zur inneren Klausur erscheint ein besonderes Gebäude, das als «Herberge der Pilger und der Armen» bezeichnet wird. Hier konnten die «Werke der Barmherzigkeit» geübt werden, hier wurde die «Fußwaschung» vollzogen, hier wurde der Pilger, der Arme, der Kranke behandelt, als sei «Christus selber» angekommen. Dieses «Hospitale pauperum», das später als «Pfortenspital» oder als «Armenherberge» bezeichnet wurde, war auch der Ort, an dem der Klosterarzt den Pilgern und Kranken gegenüber sein heilkundliches Wissen anwandte.

Deutlich von diesem Versorgungskomplex zu trennen ist ein weiteres «Gästehaus» im Norden der Klosteranlage, wohin alle diejenigen geleitet wurden, die – wie es heißt – «zu Pferde kamen»: die höheren Amtsträger also, die Potentaten, bis hin zu Königen und Kaisern. Aus diesen «Herbergen» haben sich später prunkvolle Paläste für reisende Herrscher entwickelt, wobei man nicht vergessen sollte, daß auch dieses «Gästehaus» eine hospitalähnliche Einrichtung war, die in erster Linie als eine «Stätte der Barmherzigkeit» zu gelten hatte.

Außer diesen beiden karitativen Außen-Positionen eines Klosters gab es das Kloster-Spital im eigentlichen Sinne, das «Infirmarium». Dabei handelte es sich um ein klosterinternes «Kranken-Haus», das den kranken, gebrechlichen und alten Mönchen vorbehalten war. Im St. Galler Klosterplan erscheint diese Anlage im Osten der Kirche; die Krankenzimmer liegen um einen zentralen Innenhof. Angeschlossen sind Speisesäle, eine eigene Küche, anschließende Bäder sowie gesonderte Abortanlagen. Man erkennt weiterhin das «Aderlaßhaus» und die damals typische ambulante Behandlungsabteilung, ferner den Kräutergarten (herbularius) sowie Lagerräume für Arzneimittel (armarium pigmentorum), aus denen später eigene «Apotheken» wurden. Nicht zu vergessen ein «Haus für Schwerkranke», das in der Nähe des Arzthauses lag und das am ehesten noch an eine «Intensiv-Station» erinnerte.

Petrus Venerabilis, Abt von Cluny und Initiator der ersten Koran-Übersetzung in das Lateinische, berichtet über das «Große Infirmarium» seines Klosters als einer gewaltigen Anlage mit einer Kapazität von 80 bis 100 Betten, untergebracht in einem dreischiffigen Bauwerk mit Abwässerkanälen und Rauchabzug, Beleuchtungs- und Belüftungsanlagen, offenen Feuerplätzen usw. Es war das erste heizbare Großkrankenhaus in der Geschichte des Abendlandes. Spätere Spitalanlagen lassen das Grundprinzip der Versorgung deutlicher werden: Die Betten in den Sälen waren ausgerichtet auf einen Altarraum, so daß alle Kranken von ihrem Bett aus am Gottesdienst teilnehmen konnten.

In der Ordensregel des heiligen Victor von Paris wird bestimmt, daß dreierlei Arten von Kranken in den Infirmarien zu versorgen seien: die Bettlägerigen, die Rekonvaleszenten und die schon Gehfähigen, die aber noch betreut werden müssen. Hinzu kommen die Greise, die Blinden, die Irren und ähnlich Gebrechliche.

Zur Stellung der Kranken im Kloster

In den «Status» des Kranken tritt ein notleidender Mönch mit der Bitte um die «venia» (Erlaubnis), wodurch er vom Chordienst dispensiert wird, in die «domus infirmorum» eingewiesen wird und die bessere Krankenkost erhält. Die Patienten unterliegen einem detailliert gegliederten Reglement: Es wird auf peinliche Trennung von Gesunden, etwa auch beim Chorgebet, geachtet. Kranke haben besondere Essens- und Schlafzeiten, eigene Speisepläne mit besserem Brot und reichlicherem Fleisch. Notdurft, Waschen, Kleiderwechsel, alle Grundbedürfnisse finden sich gesondert geregelt.

Die Vorsorge des Abtes richtet sich nach der «Regula» auch auf das Badewesen: «Den Gebrauch der Bäder gestatte man den Kranken, so oft es nötig ist.» Schon Cassiodorus hatte in seinem «Vivarium» angeordnet, «daß Bäder gebaut werden, die zum Waschen des Körpers geeignet sind und in denen das frische Quellwaser leichten Abfluß und Zustrom hat». Den Patienten steht ferner eine eigene, fleischreiche Krankenkost zu, sowie jenes Arsenal an Heilmitteln, das Klostergarten und Apotheke zur Verfügung stellen.

Auch über die äußeren Grundzüge einer solchen Spitalsordnung hat die «Regula» feste Bestimmungen erlassen. Sie rechnet es zu den heiligen Pflichten des Abtes, daß er die Kranken regelmäßig besucht, sich über ihren «status praesens» und den Verlauf der Genesung ins Bild setzt und die Pflege überwacht. Er kontrolliert dabei die Funktionen der Krankenwärter, der Kämmerer und Speisemeister. Vom Krankenwärter (servitor) wird in den Deklarationen von Monte Cassino gefordert, daß er bei allen Dienstleistungen sein «officium charitatis» erfülle.

In den Heiligsprechungsakten eines Krankenwärters namens Dositheus heißt es: «Er tröstete sie alle und brachte allen Erleichterung durch seinen Diensteifer und seine Demut. Er verstand es, die Betten der Kranken mit Geschick zu machen und sauber zu halten; alles im Krankenzimmer war reinlich, und wenn er zufällig oder aus Nachlässigkeit es einmal an irgend etwas in seinem Dienste hatte fehlen lassen, so beweinte er sein Vergehen in Einsamkeit und legte sich eine Buße dafür auf.»

In den Statuten für das Hospital Santa Maria della Scala (1318) heißt es: «Auch verordnen wir und setzen fest, daß im genannten Hospital stets ein Krankenbetreuer (Infirmarius) sei und sein muß, der auf alle Bedürfnisse der Brüder, der Kranken, Familiaren und Conversen des Hospitals achte und sich darum bemüht, angenehm und diskret die Krankheit zu endigen und die Gesundheit herbeizuführen.»

Diese Haltung den Kranken gegenüber geht auf Ordensgepflogenheiten älterer Klosterstiftungen, auf Regeln des Basilius (gest. 379), des Makarius (gest. um 390) oder des Caesarius von Arles (gest. 542) zurück. Schon Hieronymus wußte bewundernd vom geistigen Habitus jener Brüder zu berichten, welche der Leitung des Pachomius (gest. 346) unterstanden: «Es ist wunderbar zu sehen, mit welcher Sorgfalt und erfinderischer Liebe man die Kranken bediente und für ihre Nahrung sorgte.» Die allen anderen Kulturkreisen gegenüber unvergleichliche Sonderstellung des Kranken, in dem man Christus selber sah, verpflichtete den Ordensbruder zu einem tätigen Dienst und den Abt zur Organisation einer Krankenpflege. Hierzu gehörten ein eigener, für sich abgeschlossener Ort (cella super se deputata), ein organisierter ärztlicher Dienst sowie das erforderliche Instrumentarium. Der Bischof Masona von Mérida wies für sein Spital im Jahre 580 die Ärzte an, jedem einzelnen Kranken «wohlschmeckende und saubere Kost zuzubereiten, bis der Kranke mit Gottes Hilfe seine ursprüngliche Gesundheit wiedererlangt».

Die Hilfe in Not war durchweg getragen vom Prinzip der «Caritas», einer allgemeinen, christlich motivierten Liebestätigkeit, die nicht nach der Ursache des Leidens fragte, die sich einfach der Bedürftigkeit des anderen zuwandte, ohne Rücksicht auf seinen gesellschaftlichen Status. Eine «Caritas», die alles tat, die Not tatkräftig zu wenden oder dem Bedürftigen wenigstens beizustehen. Diese Nächstenliebe konzentrierte sich auf bestimmte «Werke der Barmherzigkeit», unter denen als das edelste galt: «die Kranken pflegen». An die Stelle der persönlichen tätigen Hilfe treten dann allerdings im Spätmittelalter mehr und mehr auch die Stiftungen und Schenkungen, die Bedürftigen zuteil werden, wobei der Stifter als Gegenleistung Gebete für sein Seelenheil erwartet.

Die Organisation der Krankenpflege

Neben dem Grundbuch der «Regula» für die Benediktiner wurden im hohen Mittelalter zahlreiche weitere Statuten ausgearbeitet, welche die äußere Organisation der Krankenpflege wie die medizinischen Dienstleistungen regelten. So gaben sich im Jahre 1182 die Johanniter zu Jerusalem eine eigene Hospitalordnung, eine «Regula» gleichsam der Hospitalbruderschaft. Vorgeschrieben sind hier die Aufgabenbereiche der «vier kundigen Ärzte» wie auch die Anweisungen für das Pflegepersonal. Besonders wird darauf hingewiesen, daß sich die Hospitalbrüder bei Tag und bei Nacht für die armen Kranken «wie für vornehme Herren» zu kümmern und zu sorgen haben. In allen Dingen solle man «dem Wohl des Kranken gehorchen».

Dieses Hospital der Johanniter lag vermutlich in der Nähe der Auferstehungskirche in Jerusalem. Bis zu 2000 Kranke konnten hier betreut und ebenso viele Arme beschenkt werden. Die Patienten wurden angesprochen als «Unsere Herren Kranken». Die Krankenpflege war streng und bis in die kleinsten Dienste geordnet. Die etwa 400 meist adeligen Brüder unterwarfen sich einem Statut, das man «die erste Krankenhausordnung» genannt hat, das aber weniger Ordnung und Orden (ordo) meinte als Brüderlichkeit und Bruderschaft (fraternitas) (vgl. Borst [1973], 261).

Die Versorgung der meist ärmeren Kranken war in diesen Hospitälern zunächst auf die hygienische Basispflege abgestimmt. Schon bei der Bauweise wurde auf «Licht und Luft» geachtet, das erste klassische Grundprinzip diätetischer Lebensführung. Gleicherweise wichtig waren «Speise und Trank», wobei die Krankenkost möglichst einfach gehalten war. Es gab Brühen und Brei, Eier und Mehlspeisen, Käse und Fisch. Als elementare Grundpflege galt die Beachtung der Absonderungen und Ausscheidungen. Harnfluß und Stuhlgang wurden sorgfältig überprüft. Aderlaß und Schröpfen halfen notfalls nach und stabilisierten das humorale Fließgleichgewicht.

Kranke – wie auch Greise und Kinder – genossen in jeder Hinsicht Erleichterungen. Bekam ein Mönch bei Krankheit oder nach Aderlaß vom Zellerar etwas Zusätzliches zum Essen, durfte er dies freilich nicht seinem Nachbarn weiterreichen. Bei Krankheit oder Aderlaß durfte auch das bei den Zisterziensern nicht übliche Weißbrot gereicht werden, jedoch nicht mehr als gebräuchlich. In der Krankenabteilung wurden dabei noch verschiedene Kategorien von Patienten deutlich unterschieden.

Aber auch der Kranke selbst war keineswegs von Pflichten gegen die Gemeinschaft entbunden; es gab schon immer eine Ethik auch für Patienten. So heißt es in den Vorschriften ganz allgemein, daß Kranke ihre Mitpatienten nicht belästigen sollten und daß sie nicht gegen Vorschriften murren dürften. Wer dagegen verstieß, wurde ermahnt; wer sich nicht besserte, konnte bestraft werden, wenn es sein Zustand erlaubte.

Besonderer Fürsorge bedurften die «Geisteskranken», wobei wir allerdings die ersten durchorganisierten Irrenhäuser erst relativ spät, vor allem in Spanien, finden. Aus Valencia wird erzählt, daß ein Mönch des Mercedes-Ordens, Fray Johannes Gilbert Jofré, eines Tages durch die Straßen ging und beobachtete, wie die Gassenjungen einen armen Irren hänselten. Dieses geschah am 24. Februar 1409, als er gerade auf dem Weg zur Kathedrale war. In seiner Fastenpredigt erwähnte er erschüttert den traurigen Vorfall und schlug am Schluß der Predigt die Gründung eines Krankenhauses für die Irren vor. Bereits am 15. März 1410 wurde durch königliches Dekret die Gründung dieses Krankenhauses genehmigt, das ausschließlich für «Blöde, Verrückte und Demente» vorgesehen war. In dem königlichen Gründungsprivileg hieß es unter anderem: «Es ist ein barmherziges und sehr frommes Werk, denjenigen Hilfe angedeihen zu lassen, die dieser bedürfen, nicht nur wegen Körpergebrechen, Mißbildung, Fehlens von Gliedmaßen, sondern auch wegen Geistes- und Urteilsschwäche, seelischer Entwicklungshemmungen, Verrücktheit oder Verblödung. Gerade diese Menschen sind nicht in der Lage und verstehen es nicht, für ihren Lebensunterhalt selbst zu sorgen; denn sie sind von Natur aus in ihrer psychischen Entwicklung gehemmt, verrückt oder verblödet.»

Zur Leitung eines solchen Hauses wurde ein «Wohlfahrtsamt» vorgeschlagen, das aus zehn Bürgern der Stadt Valencia bestand. Einer von ihnen wurde zum Verwalter gewählt: «Er trifft Anweisung über die Verwendung, Regelung, Ordnung, Lebensführung und Verpflegung der in ihrer seelischen Entwicklung Gehemmten, Verblödeten, Verrückten und Irren.» Des weiteren führt er Kaufverträge durch und legt Rechenschaft über den Haushaltsplan ab. Er bestellt die Wärter und Pfleger und ist um die ärztliche Versorgung bemüht.

Allerdings kann wohl kaum geleugnet werden, daß bei aller prinzipiellen Achtung von Geisteskranken der praktische Umgang mit Irren oft bizarre Formen annahm. Seelische Störungen waren zu allen Zeiten nur zu oft und auch zu leicht eine Zielscheibe des Spottes. Jedes Dorf hatte seinen Schwachsinnigen und Buckligen, ebenso jedes Kloster und bald auch die Fürsten und Edelleute. So nahm 1385 der Erzbischof von Köln einen Hofnarren (geck) in seinen Dienst. Ekkehart weiß aus dem Kloster St. Gallen zu berichten, wie ein Narr die frommen Brüder belustigte. Zum Selbstschutz erhielten die Narren einen Stock (Kolbe) und eine Schelle (Schletterlin). Die Schelle gehörte ja auch zur Tracht des Hofnarren.

Als Quellen für die alten Spitäler sollten uns nicht nur die Dokumente aus altehrwürdigen Bibliotheken dienen, sondern auch die reichlich erhaltenen Monumente. Hierauf hat der Kölner Medizinhistoriker Dieter Jetter, der wohl beste Kenner mittelalterlicher Klosteranlagen, besonders hingewiesen: «An Steinen wird unmittelbar ablesbar, welche hygienischen Grundprinzipien angewandt wurden und welche Ordnungsregeln im gesellschaftlichen Zusammenleben der

Gesunden mit ihren kranken Brüdern, mit hungrigen Pilgern und ermüdeten Königen beachtet worden sind» (1978).

Wir haben aber bei allem auch bemerken müssen, daß die Forschung noch in den Ansätzen steckt und daß vieles noch aus den Quellen heranzuführen wäre, um wirklich einmal das Spitalsystem als Ganzes vor Augen zu haben. Und wir werden schließlich – und nicht zuletzt – dazu angehalten, auch Konsequenzen für die Medizin von heute zu ziehen: im Rückblick eben auf eine Heilkunde, die eher kranken- als krankheitsorientiert war, ein Krankenhaus, das mehr eine Stätte der Barmherzigkeit und der Dienste war. Krankheit wurde immer auch als Schicksal aufgefaßt, als Anfechtung, als Prüfung zur Bewährung und als Memento auf das heilsame Sterben. Die Heilkunde war dabei gar nicht zu denken ohne ein Menschenbild, das eingeborgen war in ein alle verpflichtendes Gesellschaftsbild, in einen wirklich öffentlichen Gesundheitsdienst.

Öffentliche Gesundheitsdienste

Bereits im hohen Mittelalter erfolgte eine weiträumige und systematische Ordnung des Gesundheitswesens, die auch für die sanitäre Basisversorgung der Bevölkerung und damit die weitere Entwicklung der Medizin von großer Bedeutung werden sollte. Im Jahre 1231 hatte Kaiser Friedrich II. von Hohenstaufen die Konstitutionen von Melfi erlassen, die als «Liber Augustalis» ein umfassendes Gesetzeswerk darstellten. Dieser «Liber Augustalis» hatte eine besondere Bedeutung für den Aufbau der Ausbildungsordnung, die zunehmende Professionalisierung der Ärzte und Apotheker, nicht zuletzt auch für die Entwicklung eines öffentlichen Gesundheitswesens, einer «Medicina publica».

Das Modell für diese ersten Ansätze zu einer Staatsarzneikunde ist auch hier wieder im arabischen Kulturbereich zu suchen. Da der Mensch die Mitte der lebendigen Ordnung bildete, lag es dem mittelalterlichen Menschen nahe, die Muster der organischen Gliederung des Körpers mit ihrem natürlichen Stufenbau nun auch auf größere Körperschaften, auf das Staatswesen, zu übertragen. Die gesamte soziale Welt erschien wie ein riesiger Organismus, der bisweilen rein allegorisch mit dem menschlichen Körper verglichen wurde, dann aber auch realiter alle Einzelheiten der Physiologie und der Pathologie erkennen ließ.

Abb. 18: Arzt überwacht die Arbeit der Bauern
(Aus: Buch über die Gegengifte (Kitāb al-diryāq) des Pseudo-Galenos, um 1200, Nordirak; Cod. arab. 2964, BN Paris)

Der Arzt (oben links) überwacht die Bauern, während sein Diener Speisen und Getränke herbeibringt. Man erkennt Pflüger und Schnitter, den von zwei Ochsen gezogenen Dreschschlitten, ferner Bauern, die Korn worfeln und den kleinen beladenen Esel.

Besonders großzügig war die Analogie vom Bau der Welt mit dem menschlichen Organismus ausgelegt worden von den «Lauteren Brüdern» (iḫwānu' ṣ-ṣafā), einer gelehrten Gesellschaft zu Baṣra im 10. und 11. Jahrhundert. Aus den verschiedenen Stufungen der Natur heraus baut sich nach dieser Lehre auch eine wohlgefestigte Stadt auf, die mit ihren 248 Säulen wiederum dem Knochenbau des menschlichen Körpers entspricht. «Alsdann nimmt Gott die innere Ordnung der Stadt in Angriff. Er bestimmt Depots und Schatzkammern, angefüllt mit den verschieden gearteten Substanzen wie Gehirn, Lunge, Herz, Leber, Nieren oder Hoden. Er zieht dann Straßen durch die

Stadt und bestimmt 360 Laufgänge, die den Adern entsprechen, für die Bewohner. 360 Quellen und Bäche, die im Körper den Venen gleichen, läßt er aus diesen Depots hervorgehen. In die Mauern bricht er 12 rundliche Tore, das sind die verschiedenen Körperöffnungen. Die fertige Stadt wird alsdann den Meistern, acht einander helfenden Werkleuten nämlich, übergeben, womit im kleinen Organismus die anziehende, haltende, reifmachende, scheidende, mehrende, zeugende, nährende und formbildende Kraft gemeint ist. Fünf Wächter, das sind die fünf Sinne, sollen die Grundelemente überwachen.» Jede einzelne Körperfunktion wird nun mit der Aufgabe eines Berufsstandes verglichen. Da gibt es Richter und Friedensstifter, die darauf achten, daß jedem Glied seine Nahrung in gerechter Weise zukommt; in gleicher Weise sind die Handwerker, die Kaufleute und die Bauern am Werk.

Nun gibt es in einer solchen Stadt aber auch verderbliche Elemente, die als Aufrührer, Verführer oder Eiferer mit bestimmten Krankheiten des Organismus verglichen werden. Von ihnen heißt es, daß sie «die Märkte verbrennen und die Stätten verheeren, das Besitztum rauben und Verderben in der Stadt anrichten». Gegen solche Risikofaktoren kämpfen – gleich dem Wirken der Sultane und ihrer Soldaten – die Heilmittel an, um die schädlichen Elemente aus dem Stadtkreis hinauszujagen. Auf diese Weise wird das ganze bunte orientalische Treiben einer Stadt zur Erklärung der Vorstellung benutzt, daß auch der Organismus zu funktionieren habe wie eine Stadt im Kleinen.

Einer der frühen Repräsentanten dieser medizinisch orientierten Staatsordnungslehre war der Arztphilosoph Al-Fārābī. Neben seinen Studien der Mathematik und Philosophie in Ḫurāsān und Baġdād hatte er sich auch gründliche Kenntnisse in der theoretischen Medizin erworben. Was die Idee eines «gesunden Staates» betraf, so konnte er behaupten: «Wenn sich die Regierung ohne gerechte Philosophie vollzieht, dann ist es unvermeidlich, daß der Staat nach einer gewissen Zeit zugrunde geht.»

Diese Lehre von einem «Regimen sanitatis», das sich vom kleinen Organismus, der «salus privata», unwillkürlich auch auf die Verwaltung des Staatswesens, die «salus publica», erstreckt, ist wenig später von Avicenna systematisch ausgebaut worden. In erster Linie ist es für ihn der Arzt, der aus seinem Wissen um das harmonische Wechselspiel der Kräfte am ehesten einen Sinn für die politische Gerechtigkeit entwickelt. Aus der Kenntnis der Störungssituationen heraus wird er auch in der Lage sein, nicht nur Berater des Kranken, sondern auch Ratgeber seines Fürsten zu werden.

Abb. 19: Gegengift gegen Schlangenbiß
(Aus: Buch über die Gegengifte (Kitāb al-ḍiryāq) des Pseudo-Galenos, um 1200, Nordirak; Cod. arab. 2964, BN Paris)

Ein Günstling des Herrschers, von einer Schlange gebissen (Mitte links unten), wird durch das schnell herbeigeschaffte Gegengift gerettet. In der Mitte des Pavillons der Herrscher mit einem Heiltrank.

Kombiniert mit diesen philosophisch-ökonomischen Traktaten wurde seit der Mitte des 11. Jahrhunderts der Aristotelische «Fürstenspiegel», der unter dem Namen «Geheimnis der Geheimnisse» läuft, aber auch unter Titeln wie: «Die richtige Menschenbehandlung» (als Politik) oder «Die Ausübung der Menschenführung». «Medicina publica» und «Medicina privata» gehen hier noch Hand in Hand.

Die Vorstellung vom «gesunden» Staatskörper wurde dann vor allem von Ibn Ḫaldūn, dem großen Historiker des 14. Jahrhunderts, zur Reife gebracht. Auch Ibn Ḫaldūn sieht mit Aristoteles den Menschen als ein Sozialwesen an, das notwendig nur in der Gemeinschaft existieren könne. Wie seine Vorläufer geht auch Ibn Ḫaldūn von den Bauverhältnissen des Körpers und den Stadien seiner organischen Reifung aus. Er sieht darüber hinaus den ausgereiften Körper von Natur aus in einem Verhältnis zur Umwelt stehen, das äußerst differenziert sein kann und den Menschen zu ebenso differenzierten Auseinandersetzungen zwingt. Das erweist sich bereits auf dem scheinbar so natürlichen Feld der Ernährung, wo der Mensch als ausgesprochenes Mängelwesen erscheint. Über seine natürliche Lebenswelt hinaus muß der Mensch sich daher eine künstliche Ersatzwelt bauen. Mit dieser seiner zweiten Natur erst wird er zu einem Kulturwesen, wobei es gerade diese Kultur sein soll, die dem Menschen gleichsam wie ein vitaler Trieb eingepflanzt ist.

Der Staat als ein Zusammenschluß vieler solcher vitaler Individuen erhält damit Funktionen, die zwar die Einzelinteressen vertreten, mehr aber noch eine sinnvolle Bewältigung der Umwelten und der Lebenswelten intendieren. Innerhalb des Lebensraumes einer solchen sich nur in Gemeinschaft gestaltenden Sozietät nimmt die Medizin einen bevorzugten Platz ein. Sie wird von Ibn Ḫaldūn vor allem deshalb unter die «vornehmen» Fertigkeiten gerechnet, weil sie in erster Linie dazu geschaffen ist, mit den Leitern eines Gemeinwesens direkt in Beziehung zu treten, sowohl in ihrem intimsten Privatleben als auch bei allen öffentlichen Funktionen. Gerade im Stadium der entarteten Zivilisation mit dem sie begleitenden Luxus wird ein Staatswesen immer dringlicher und ausschließlicher auf die Medizin angewiesen sein. Die Heilkunde wird im staatsbiologischen Modell dann zu einer Disziplin, die vor allem der «alternde» Staat benötigt. Auch das Altern eines Staatswesens wird durchaus biologisch verstanden; es kann nicht aufgehalten werden. Wie der kleine Organismus seine Jugend, seine Blüte und sein Alter hat, wie er seine Gesundheit und seine Krankheiten durchmacht, so kennt auch das große Staatswesen die gleiche Entwicklung und wird betroffen vom gleichen Verfall. Von einem linearen Fortschritt der Gesellschaft zu einem geordneten Zustand der Endzeit, wie er manchen philosophiehistorischen Entwürfen der Neuzeit zugrunde liegt, ist in dieser biologischen Staatstheorie keine Rede.

Aus der Vielfalt der damals aufkommenden öffentlichen Gesundheitsdienste wollen wir drei Bereiche herausgreifen, die für das mittelalterliche Gesundheitswesen besonders charakteristisch waren: 1) die Kultur des Badens, die vorwiegend auf antike und arabische Modelle zurückgreift; 2) die Organisation der Irrenpflege, die in der islamischen Irrenfürsorge einen ersten, beachtlichen Höhepunkt findet, und

3) die Altersfürsorge als ein öffentlicher Gesundheitsdienst, der allerdings erst im «Herbst des Mittelalters» zum Tragen kommt.

Der Kanon mittelalterlicher Sozialpflege fand aber in allen Bereichen seinen repräsentativen Ausdruck in der Schutzmantelmadonna, etwa zu Florenz, deren Mantel in acht Medaillons die «Werke der Barmherzigkeit» darstellte, oder auch in der Florentinischen Misericordia-Bruderschaft, deren Leitspruch lautete: «Alle Barmherzigkeit schafft Raum für einen jeden» – was für das Jenseits wie das Diesseits galt.

Das Badewesen

Im «Parzival» erzählt uns Wolfram von Eschenbach die wundersame Geschichte von der Zubereitung des Bades für einen jungen Ritter durch liebliche Mädchen:

«Da er sehr müde war, schlief er so, daß er sich kaum einmal auf die andere Seite kehrte. So lag er bis in den Tag. Als der Vormittag vorüber war, ließ ihm der wackere Fürst ein Bad bereiten, gleich am Ende des Bettes, auf dem er lag. So gehörte es sich am Morgen: man warf Rosen oben ins Wasser. Wie wenig Geräusch man auch dabei machte, der schlafende Gast erwachte doch. Der junge, edle, süße Mann setzte sich alsbald in die Badekufe.

Ich weiß nicht, wer es sie geheißen hatte, aber Jungfrauen in reicher Kleidung und minniglich anzuschauen kamen züchtig hereingeschritten. Sie wuschen und strichen sogleich mit weißen, linden Händen die blutige Beule. Wirklich, er konnte sich wohl heimisch fühlen, der ein Waisenkind an Klugheit war. So ließ er die Freundlichkeit über sich ergehn. Die Mädchen hatten gar nichts gegen seine Einfalt. Die zagen und zugleich kecken Jungfrauen dienten ihm also auf diese Weise. Wovon sie parlierten, dazu durfte er wohl ruhig schweigen. Sie hatten so schon ihre Unterhaltung mit ihm. Er konnte nicht meinen, daß es noch früh und dämmrig sei, denn von der Mädchen Schönheit strahlte ein zweiter Tag. So lag Glanz mit Glanz im Streit, aber seine Schönheit verdunkelte die beiden Helligkeiten: daran mangelte es ihm nicht. Man reichte ihm ein Badelaken, aber er sträubte sich, es zu nehmen. Denn er schämte sich vor den Mädchen. Er wollte sich nicht vor ihnen aus dem Bad erheben und sich das Tuch umlegen. Die Jungfrauen mußten erst hinausgehen. Sie durften nicht länger dableiben – freilich, ich glaube, sie hätten gern nachgesehen, ob ihm auch unten am Körper etwas geschehn wäre, denn die Frauen sind treu besorgt: Wenn es ihrem Freunde schlimm ergangen ist, so haben sie für seinen Schmerz lebhaften Anteil.»

Es ist kein Zufall, daß sich das Badewesen zunächst im orientalischen Kulturkreis zu einem kulturpolitischen und soziologischen Faktor erster Ordnung entwickelte und bald auch Bestandteil der Medizin wurde. Das Wasser war zu allen Zeiten und unter allen Völkern ein universales Lebensmittel, doch es mußte vor allem bei den Völkerschaften der Wüstenränder zu einem Inbegriff des Lebens werden. Es ist auffällig, daß bereits im mesopotamischen Kulturkreis der Heilkundige als der Wasserkundige galt. Aus der Kenntnis orientalischer Traditionen heraus hat Thales von Milet das Wasser als das beständigste Element angesehen, da es aus dem ruhenden Meere entspringt, während alles Strömen und Fluten nur Schein ist.

Die Bedeutung des Wassers innerhalb der Kulturkreise des Orients muß ganz vom Religiösen her interpretiert werden. Nach den altindischen Veden ist das Wasser heilkräftig gegen alle Krankheiten. Im Alten Testament ist von einem Engel die Rede, der Brot und Wasser segnet und damit alle Krankheit fernhält. Aus dem Vermächtnis altpersischen Glaubens wissen wir, daß gerade im Wasser, diesem zartesten Element, die Allgegenwart Gottes sich dokumentiert. Die äußere Reinigung durch Wasser dient somit immer auch der inneren Heiligung. Der Mensch soll untertauchen in den geistlichen Fluß, er soll in die Tiefe des Lebensbrunnens steigen, von dem die arabischen Märchen Wunderbares zu berichten wissen. Wasser gilt innerhalb dieser mythischen Lebenswelt immer als zweierlei: als Mutterstoff und Zeugungskraft.

Vor diesem weltanschaulichen Hintergrund haben wir auch die Bedeutung des öffentlichen Badewesens im Islam zu würdigen. Es überrascht uns nun nicht mehr, daß der Prophet die tägliche Körperwaschung elementar mit dem täglichen Ritualgebet verbunden hat (Koran 4,44; 5,7). In diesen Ritus wurden Elemente des altarabischen Heidentums, des Judentums sowie des christlichen Taufkultus aufgenommen. Die rituellen Prinzipien sind im orientalischen Raum kaum von den hygienischen zu trennen.

Damit wird verständlich, warum im ersten islamischen Jahrhundert die öffentlichen Badeanstalten in der Nähe von Moscheen angelegt wurden. Wir finden zahlreiche Reste solcher Anlagen in Nordafrika, im ägyptischen Raum und in Vorderasien. Mit der Errichtung der Bäder war auch die Konstruktion von technischen Hilfsmitteln zur Beförderung und Verteilung des Wassers verbunden. Archäologische Funde wie auch zahlreiche Beschreibungen und Skizzen aus späterer Zeit vermitteln uns ein Bild solcher Badeanlagen: Ihre äußere Fassade war in der Regel fensterlos und nur durch künstlerisch gestaltete Portale unterbrochen, die denen der Moscheen ähnelten.

Abb. 20: Bademädchen im höfischen Dienst
(Miniatur aus der «Wenzelsbibel», um 1400, NB Wien)

Aus gelegentlichen balneologischen Hilfsdiensten entwickelte sich im späteren Mittelalter ein eigener Stand, dem sich in der Regel junge Mädchen zur Verfügung stellten; hier eine junge Maid mit dem Badezuber und dem typischen Badewedel, dem Symbol der Badedienste.

Abb. 21: Körperpflege im Badehaus
(Cod. lat. 1474 (s. XIII), Biblioteca Angelica, Rom)

Nach orientalischem Vorbild entstanden besonders im Süden Europas, wenngleich nicht so üppig wie im arabischen Kulturbereich, zahlreiche Badehäuser, die der allgemeinen Körperpflege dienten und auch niedere chirurgische Dienste ermöglichten. Über den Gebrauch der Heilbäder – hier eines der typischen «Wildbäder» – gaben die «Badefahrtenbücher» reiche Auskünfte.

Das eigentliche Merkmal war eine imponierende Kuppelkonstruktion, die das Bad von weitem her kenntlich machte. Im Gegensatz zur Schlichtheit des Äußeren stand die Ausstattung im Inneren. Die Innenräume bestanden aus Ziegelstein; Treppen und Sockel, Becken und Brunnen waren vielfach aus Marmor, Decken und Wände zeigten künstlerische Gipsstukkaturen oder kostbare Mosaikausführungen. Diese Anlagen traf man gleicherweise im Osten wie im Westen, unter dem Abbasidenkalifat wie bei den Umaiyaden. So hören wir, daß die Stadt Cordoba um die Mitte des 10. Jahrhunderts über 300 öffentliche Bäder besessen hat. Bagdad soll um dieselbe Zeit an die 2000 Badehäuser gehabt haben. Unbeschadet vom kulturpolitischen Abstieg der islamischen Reiche blieben diese Badeanlagen bis in die neueste Zeit erhalten. Ägypten kannte im 13. Jahrhundert etwa 80 Badehäuser, zur Zeit der französischen Expedition (um 1798) gab es allein in Kairo noch 100 öffentliche Bäder. Die Benutzung dieser öffentlichen Badehäuser war unabhängig von Klassenunterschieden; jedermann hatte freien Zutritt. Die Häuser waren entweder fromme Stiftungen fürstlicher Persönlichkeiten oder direkte Moscheebäder oder aber profane staatliche Einrichtungen.

Wegen des trockenen Klimas benutzte man Wasserdampf, der in bestimmte Räume des Bades ausströmte, nicht aber Heißluft wie in römischen Badeanstalten. Dafür ähnelte die innere Aufgliederung dem antiken Badehaus: Die Baderäume selbst lagen meist im Souterrain, von wo man über Stufen und durch einen Korridor in einen ungeheizten Aufenthaltsraum gelangte, der mit Springbrunnen und mit Bänken ausgestattet war und auch zum Trocknen der Wäsche diente.

Wichtiger als die Beschreibung der äußeren Einrichtung erscheinen uns die medizinischen Baderegeln, die in zahlreichen Schriften überliefert sind. Die körperliche Verfassung eines Badenden wird zunächst durch die luftklimatischen Verhältnisse im Baderaum alteriert. Hinzu kommt die Eigenqualität des Wassers, wobei Salze und Eisen neben der Temperatur eine Rolle spielen. Als Therapeutikum wird auch das Verhalten des Badenden selbst angesehen, der sich durch Massage und Manipulationen während der Ölung einer Reiztherapie zu unterziehen hat. Als bester Zeitpunkt für ein Bad gilt der Zustand nach einem mäßigen körperlichen Training und vor einer Mahlzeit.

Die Notwendigkeit des Badens beruht nach dem arabischen Arzt ʿAlī b. al-ʿAbbās auf drei Punkten: Das Bad befreit von den schlechten Säften, die die körperlichen Übungen nicht beseitigen konnten; es macht den ausgetrockneten Körper feucht; es reinigt den Körper von den Fäulnisstoffen, die aus Schweiß und Staub entstanden sind. So gesund das Bad jedoch nach den Übungen ist, so schädlich ist es nach der Mahlzeit. Allenfalls dürfen kleine Mengen vorher gegessen werden, doch am besten badet man vor dem Essen. Die physiologischen Wirkungen des Badens sind vielfältig: Es macht den Körper feucht, stärkt die natürliche Wärme, fördert die Verdauung, nimmt die Müdigkeit, vergrößert die Poren, entleert die Schlacken, lindert Schmerzen, bekämpft Blähungen. Wichtig ist auch die Luft des Bades, die in den drei Baderäumen unterschiedlich ist: Im ersten Raum soll die Luft lau sein, im zweiten von mittlerer Temperatur, im dritten sehr warm. Die verschiedenartige Wirkung differenziert sich je nach der Verweildauer in den Räumen und nach der Säftebeschaffenheit des Badenden. Neben der sorgfältigen Beachtung des Mikromilieus wird auch die seelische Seite des Badenden nicht vernachlässigt. Auf das Singen im Bade wird ein besonderes Augenmerk gerichtet. Auch empfiehlt man das Bad bei Liebeskummer, wobei Wasser und Luft im Baderaum gut temperiert sein sollen, damit das verwirrte Gemüt einen Ausgleich findet.

Vom Bad als einer psychohygienischen Kur wird ferner in folgender Episode berichtet: «Es geschah einmal, daß ein Mann von den Philosophen gefragt wurde, woher es komme, daß ein angstverwirrter Zustand schwerer zu ertragen sei als eine andere Last. Und es heißt, daß er folgendermaßen geantwortet habe: Ein solcher Mensch ist voller Angst und Verwirrung, weil seine Last ganz allein auf seinem Gemüte liegt; alle anderen Lasten können nämlich auf die Seele und den Leib verteilt werden.» Hier erscheint das typische arabische Bild vom «Verteilen einer Last», wobei für den gebildeten Leser der harmonische Ausgleich im seelisch-körperlichen Haushalt als Gesundheit schlechthin empfunden wurde.

Alle diese Berichte lassen das typische orientalische Bad deutlicher vor unseren Augen erstehen. Die Bäder waren als Gewölbe mit Springbrunnen, umgeben von einer Estrade, oft mit verschwenderischem Luxus ausgestattet, wie Beispiele in Damaskus oder in Spanien zeigen. Alles sollte eine behagliche Atmosphäre vermitteln, alle Sinne sollten gleicherweise während des Badens berührt und erquickt werden.

Organisation der Irrenpflege

Der humane Umgang mit Geisteskranken wurde getragen vom Geiste des Wohlwollens (benevolentia) und der Barmherzigkeit (misericordia). Davon ist in den Quellen des öfteren die Rede. Schwieriger wird die Forschungslage, wenn wir den Ansätzen einer organisierten Irrenpflege nachgehen, zumal wir dabei immer wieder auf Phänomene der auszutreibenden Besessenheit und auf die vielfältigen Erscheinungen des Dämonenglaubens und Hexenunwesens stoßen.

Karl der Große hatte bereits die älteren Satzungen der Paderborner Synode vom Jahre 785 bestätigt, wonach der Glaube an Hexen als Aberglaube zu betrachten sei und energisch bekämpft werden müsse. Im gleichen Sinne sprach sich die Visitationsordnung des Abtes Regino von Prüm (gestorben 915) gegen die teuflische Weissagung aus und gegen die Magie. Und es entbehrt nicht einer historischen Ironie, daß die Hexenprozesse erst einsetzten, als das Mittelalter sich neigte und die Aufklärung blühte. Im Jahre 1419 wurde im deutschen Rechtsgebiet erstmals in Luzern eine Hexe amtlich abgeurteilt, im Jahre 1782 die letzte Hexe in Glarus verbrannt.

Ansätze eines vulgären Dämonenglaubens lassen sich zu allen Zeiten feststellen, auffällig in der Spätantike und von hier aus ins frühe Mittelalter hineinwuchernd. So wendet sich Agobard, der zwischen 816 und 840 Erzbischof zu Lyon war, energisch gegen den Bilderdienst wie auch gegen den Hexenwahn. Er schließt: «So weit ist es nun schon mit der Dummheit der armseligen Menschen gekommen, daß man jetzt sogar unter Christen an Albernheiten glaubt, die sich in früheren Zeiten nicht einmal ein Heide hätte aufbinden lassen.» Ähnlich sein Schüler Annolo, ebenso Erzbischof in Lyon.

Dennoch wurden jene Geisteskranken, die man als «besessen» ansah, streng in das kirchliche Ritual eingebaut und dementsprechend reglementiert. So wird auf der Synode von Elvira in Spanien (um 310) bestimmt: «Der Name eines Energumenen, das heißt eines Menschen, der von einem umherirrenden Geiste gepeinigt wird, darf nicht am Altare mit der Oblation verlesen werden; auch darf ihm nicht gestattet werden, mit eigener Hand in der Kirche Dienst zu tun.» Mit der Oblation war der Besessene auch von der Kommunion ausgeschlossen. Andererseits heißt es auf der Synode von Orange (441): «Wenn getaufte Energumenen sich um ihre Reinigung Mühe geben, sich der Behandlung und Obhut der Kleriker übergeben und ihren Anordnungen folgen, so dürfen sie immer kommunizieren, um sich durch die Kraft des Sakramentes zu stärken gegen den Angriff des Dämoniums, von dem sie belästigt werden, oder sich völlig zu reinigen, wie es bei denen der Fall ist, deren Leben schon gereinigter erscheint.» Hier erscheint die Eucharistie als Heil- und als Schutzmittel.

Frühe Klosteranlagen scheinen bevorzugt jene Geisteskranken aufgenommen zu haben, die damals als «besessen» galten. So unterteilte der heilige Theodosius (gestorben 529) sein Kloster in vier Abteilungen mit ebensoviel Kirchen, von denen er die vierte den Besessenen zuwies. Hieraus entwickelte sich das sogenannte «exorcisterium», ein Exorzismus-Haus, das die Besessenen-Fürsorge regeln sollte. Ein eigener klerikaler Stand, der Exorzist, hatte die Beschwörungsgebete über seine Pfleglinge zu sprechen, aber auch ihre Beschäftigung und ihre Ernährung zu überwachen. Der Ernährung lag der antike diätetische Heilplan zugrunde. Ein solches Exorzisterium könnte man als eine frühe Heil- und Pflegeanstalt betrachten.

Zum Exorzismus benutzte man das geweihte Bad, das ausführlich noch vom Abt Johannes Trithemius in seinem «Antipalus maleficiorum» beschrieben wurde. Vor dem Bad wurde eine Generalbeichte abgelegt und eine Messe gelesen, bei der bestimmte Kollekten einzuschieben waren. Der Ort des Bades war zu verschließen, die Wanne mußte neu und ungebraucht sein. Das Bad selbst wurde aus frischem Flußwasser bereitet. Hinein kamen Gottesackererde, geweihte Asche und geweihte Palmen, Weihwasser, Wachs und Salz, das ebenfalls geweiht war, schließlich neunerlei gesegnete Kräuter. Der Kranke stieg nackt ins Bad, wenn es eine Frau war im Hemd. Der Priester klebte Kerzen an die Wanne, bereitete aus Salz und Weihwasser einen Teig und befestigte ihn auf dem nackten Rücken. Es folgten Gebetssprüche und Weihehandlungen. Neun Tage lang wurde dieses Bad durchgeführt; dabei hatte der Besessene stets einen vorher gesegneten Wein zu trinken.

Zur Vorbereitung auf ein solches Bad wurde eine Periode unter Fasten, Beten und Enthaltsamkeit empfohlen; man sollte in dieser Zeit Gelübde tun, Almosen geben und Wallfahrten machen. Als selbstverständlich galt, daß man vorher eine ärztliche Untersuchung über sich ergehen ließ. Das Gutachten mußte bezeugen, daß es sich bei der Besessenheit um keinerlei Krankheit oder Schwachheit der Natur handelte. Die Kriterien dieser Beurteilung wurden von Trithemius im einzelnen angeführt. Vom exorzisierenden Priester wurde verlangt, daß er reinen Glaubens sei, ein schriftgelehrter und nüchterner Interpret, keusch und ohne Todsünde. Er durfte nichts dafür verlangen als Speis' und Trank sowie reinen Gotteslohn.

Neben solchen theoretischen Vorstellungen und praktischen Anweisungen bei seelischen Störungen sollten wir freilich nicht jene pflegerischen Maßnahmen übersehen, die vor allem im spanischen Kulturbereich – unter islamischem Einfluß – zu einer großangelegten, organisierten Irrenpflege geführt haben. Erste Einflüsse der arabischen Medizin auf das spanische Irrenwesen lassen sich in Valencia dokumentieren, wo auch im 15. Jahrhundert die erste offizielle Irrenanstalt mit pflegerischen Tendenzen und einem therapeutischen Programm gegründet wurde. Ihr Gründer, Juan Gilabert Jofré, geboren 1350 in Valencia, studierte in Lerida und trat in den Orden der Mercedarios ein. Er stiftete und leitete ab 1410 das «Hospital de Inocentes» und starb 1417. Zu einer Zeit, als die psychiatrischen Phänomene mit theologischen Fragen verquickt waren und im Abstrakten erörtert wurden, als man über kriminalistische Methoden oder eine Therapie durch Exorzismus nicht hinauskam, war diese Gründung eines Manikomiums (heute noch ist «manicomio» der spanische Terminus für Irrenanstalt) eine epochale Leistung.

Diese Initiative des Paters Jofré machte im Spanien des 15. Jahrhunderts Schule. Schon 1425 wurde unter Alfons V. in Zaragoza eine ähnliche Anstalt, das «Hospital de Nuestra Señora de Gracia», gegründet, über dessen Tor die Inschrift stand: «Domus Infirmorum Urbis et Orbis». Hier begann man im 15. Jahrhundert mit der Arbeitstherapie (labortherapia), welche noch zu Beginn des 19. Jahrhunderts die Aufmerksamkeit und Bewunderung eines Philippe Pinel erregte. Ähnliche Gründungen erfolgten 1436 in Sevilla und Valladolid, 1456 in Palma auf Mallorca, 1480 in Toledo, 1481 in Barcelona; 1527 errichteten die Katholischen Könige ein Manikomium in Granada. Nach der Entdeckung Amerikas wurden diese Institutionen auch in die Neue Welt exportiert. In Spanien wurde auch der erste Orden zur Pflege der Geisteskranken im Jahre 1539 durch San Juan de Dios gegründet.

Zeugnisse aufkeimender Irrenpflege lassen sich aber auch im übrigen Abendland nachweisen. Ende des 13. Jahrhunderts öffneten die Alexianer in Köln ihr Kloster der Pflege Geisteskranker. 1305 wurde in Uppsala ein «Haus zum Heiligen Geist» für Irre gegründet. Im Jahre 1326 soll in Elbing eine Anstalt bestanden haben, 1352 hatte Bergamo sein Irren-Asyl. Eine Krankenzelle (cista stolidorum) unter öffentlicher Fürsorge gab es 1376 in Hamburg. 1410 eröffnete Padua eine Irrenanstalt (casa di maniaci). Fromme Stiftungen für Geisteskranke gab es um 1100 bereits in Metz. Und auch Zürich besaß schon Ende des 12. Jahrhunderts ein Spital, in das auch Irre aufgenommen wurden. Unruhige kamen hier in Einzelzellen (toubhuslin).

Eine erstaunliche Gemeinschaftstherapie wurde in Haldat bei Nancy durchgeführt, wo man seit dem 14. Jahrhundert seelische Störungen mit einer neuntägigen Kur, der sogenannten «Neuvaine» behandelte. Die Kranken kamen zunächst in eine Zelle innerhalb der Kirche und wurden dort ohne Gewalt bewacht und mit Brot und Milch und

Käse versorgt. Beim ersten therapeutischen Zyklus fand innerhalb dreier Tage je eine Prozession zu einer Heilquelle statt, wo die Kranken mit kaltem Wasser begossen und dann zur heiligen Messe geleitet wurden. Die anschließende Drei-Tage-Kur bedeutete strengste Isolation. Die Kranken wurden sich selber überlassen. Bei Unruhe wurde zur Ader gelassen, bei gesteigerter Aufregung verordnete man den Zwangsstuhl in Art einer Wiege. Die dritte Periode wiederholte den ersten Zyklus. Arzneien wurden nicht verabreicht. Von sechs Personen wurden fünf geheilt.

Dieser ebenso gekonnte wie humane Umgang mit Geisteskranken sollte weit über das Mittelalter hinaus seine Nachwirkungen entfalten. Auch und gerade der Geisteskranke erschien in diesem spirituellen Fluidum als ein integriertes Glied der Gemeinschaft. Der Narr war in der eschatologisch orientierten Welt des Mittelalters ein wesentlicher Bestandteil. Begriffe wie «stultitia» – noch bei Erasmus von Rotterdam – oder «melancholia» – so besonders bei Dürer – gaben dem menschlichen Pathos erst sein spezifisches Kolorit und eine besonders humane Atmosphäre. Der Narr stand gleichsam näher vor Gott, vor dem wir alle – wie Paracelsus sagt – doch in unserer Weisheit gleich den Narren sind: «Darum stehen die Narren als unsere Brüder vor uns. Denn in der natürlichen Vernunft ist einer so klug wie der andere. Und der den Witzigen erlöst hat, hat auch den Narren erlöst.»

Altersfürsorge

Bei der großangelegten durchgehenden Rhythmisierung des Alltags im Mittelalter konnte es nicht ausbleiben, daß über die Harmonisierung der Tage und Monate hinaus auch die Hygiene aller Lebensalter besonders stilisiert wurde. Neben die Kinderpflege ist daher nicht von ungefähr auch die Altersfürsorge getreten.

Das Schicksal des Altwerdens wurde beklagt und bejammert; der alternde Mensch selber fand allgemeine Anerkennung und öffentliche Zuwendung. An eine organisierte Altersfürsorge darf freilich kaum gedacht werden. Es war vor allem das Kloster, das für den älter werdenden Mönch der Ort der Geborgenheit blieb, für abdankende Herrscher zur Stätte der Zuflucht wurde, für Heimatlose und Unheilbare eine letzte Hilfe darstellte. Alternde Damen fanden Aufnahme in frommen Stiftungen oder in den Wohngemeinschaften der Beghinen («beguinae» oder «beguttae», vermutlich wegen der Farbe der für die Armutsbewegung charakteristischen Kleidung aus ungefärbter Wolle), frommen Frauen also, die sich in klosterähnlichen Gemeinschaften vor allem karitativer Tätigkeit widmeten.

Beklagenswert erschien dabei alles Älterwerden. Immer wieder hören wir das Jammern des «Predigers Salomo» über die bösen Tage und die wachsenden Jahre, von denen man sagen wird: «Sie gefallen mir nicht!» Mit dem Alter nämlich ist die Zeit eingetreten, «wo man sich scheut, hinaufzugehen und alle Lust vergeht», bis dann endlich die Nacht einbricht, «da niemand mehr wirken kann». Paracelsus hat die Bitternis dieser Klage ausgekostet in seinem Kommentar zum 89. Psalm: «Es dorrt ja alles aus und hat keinen Bestand.» Am Ende des Lebens gibt es doch nur ein elendes Alter. «Denn was weiter ist: da wird uns das Gesicht genommen, die Bein', die Füße, die Vernunft, die Sinne –, und aller Jammer fällt mit Haufen herein.»

In den spätmittelalterlichen «Regimina senum», Gesundheitsregeln für alternde Menschen, werden gelegentlich auch schon drei verschiedene Perioden des Alters mit je verschiedenen prophylaktischen und therapeutischen Maßnahmen vorgeschlagen. So gilt die Zeit zwischen 50 und 60 als ein frühes Alter; ab 60 wird es schon schwieriger, seinen Geschäften nachzugehen. Vom 70. oder 75. Jahr an herrscht ein allgemeiner Kräfteschwund vor, der zunimmt bis zum Ende.

Das Altersregimen beschäftigt sich aber nicht nur mit den natürlicherweise zunehmenden Altersbeschwerden, sondern versucht auch, die Regeln zur Verlängerung des Lebens zu systematisieren. Hierzu dienen die natürlichen Lebensmuster der klassischen Hygiene, die alle insgesamt zu beachten seien, aber jeweils mit Maß: Speise, Trank, Arbeit, Schlaf, Beischlaf. Hier bezieht sich die Hygiene ausdrücklich auf das gesunde Altern. Sie erhält daher als besondere Alternskunst auch einen eigenen Namen: «Ars Gerocomia» oder «Gerontocomia». So schrieb Gabriele de Zerbis, Professor der Anatomie zu Bologna und Padua, eine eigene «Gerontocomia», der er den Untertitel gab: «De senum cura» (Rom 1489). Eine durchaus mögliche, wenn auch augenscheinlich begrenzte Lebensverlängerung stand dabei im Vordergrund. «De vita longa», so lauten die Titel zahlreicher Traktate, so am Ausgang des Mittelalters 1558 noch die berühmte Schrift des Luigi Cornaro (1467–1566).

Im «Traktat vom mäßigen Leben» (1561) schildert Cornaro dann die besonderen Vorzüge des Alters, jener reifenden Zeit, in der wir erfahren dürfen, daß das Herz noch vollkommen funktioniert und der Verstand oftmals schärfer und heller ist als in der besten Jugend. «Und dies alles», vermerkt Cornaro, «verdanke ich meiner immer strengeren Lebensordnung.» Das Alter erfordert eine solche Diätetik, ein «Regimen sanitatis». Daher die Mahnung in seinen «Ratschlägen, hundert Jahre alt zu werden»: «Die Menschen», schreibt Cornaro, «würden gewißlich länger leben, wenn sie mit zunehmendem Alter das Maß ihrer Speisen verringern wollten und wenn sie etwas öfter, dafür aber immer weniger auf einmal äßen. Denn der Magen alter Leute kann nur geringe Mengen verdauen, und der Greis wird darin gleichsam wieder zum Kinde, daß er des Tages viele Male Nahrung zu sich nimmt.»

In den spätmittelalterlichen Gesundheitsregeln bedeutet der Begriff «altert sich» soviel wie: «erneuert sich» oder «erfrischt sich». So zu lesen etwa in einem Traktat aus dem Jahre 1523 mit dem Titel: «Dies biechlin saget». Im Kreislauf des Lebens wird das Alter aber auch wieder an die Kindheit angeschlossen. «Kehr wieder in deine Kindheit!» ruft Paracelsus dem alten Menschen zu, und weiter: «Kehr dich wieder, kehr wieder in die Kindheit von dem, was du gelernet hast von den Menschen, und laß ihre Unruhe liegen und ihre Sorgen und ihre Ängste, die sie mit ihrer Weisheit gebrauchen. Und gehe du in die Ruhe deiner Kindheit, deiner Einfalt. Was ist Ruhe hier auf Erden? Nix, keine! Das ist eine Ruhe: Dein Gott läßt sorgen!»

Und so schließt sich der Ring. Zwar verändern sich fast alle Vermögen des Leibes mit dem Alter. So hat es um die Mitte des 12. Jahrhunderts Hugo von Sankt Viktor beobachtet; er glaubt dann aber beim alternden Menschen mit dem reifenden Leben auch feststellen zu können: «Während alles übrige im Leben uns einfach davonschwimmt, wächst einzig und allein noch die Weisheit!»

Vierter Teil

Sinn von Kranksein und Leiden

«Christus Medicus» als Leitbild

«*Einen* Arzt gibt es, und das ist Jesus Christus, unser Herr.» So schreibt um das Jahr 100 nach Christi Geburt Ignatius von Antiochien an die Epheser. Und Ambrosius von Mailand ruft in einer Predigt emphatisch aus: «Alles haben wir in Christus. Willst du eine Wunde heilen? Er ist Arzt. Glühst du im Fieber? Er ist der Quell. Brauchst du Hilfe? Er ist die Kraft. Suchst du Speise? Er ist das Brot.» Für alle Lebensbedürfnisse und vorzüglich für die Nöte der Kranken gilt Christus, der Heiland der Welt, als der große Nothelfer: als der Heiler (soter) und der Arzt (therapeutes), als der, der uns die Gesundheit verleiht (dator sanitatis) und der uns allen das Heil schenkt (dator salutis).

Mit diesen wenigen Grundbegriffen ist bereits die Bedeutung umrissen, die «Christus als Arzt» in den ersten christlichen Jahrhunderten gewonnen hat. Er wurde zum «magnus medicus», der uns bereits in der Taufe das heilsame Wasser (aqua medicinalis) zukommen läßt, der uns die Buße als wahres Heilmittel (vera medicina) vermittelt, der sich selber im Herrenmahl gibt als ein «Pharmakon der Unsterblichkeit».

«Als Arzt ist Jesus in die Mitte seines Volkes getreten», schreibt der große protestantische Kirchenhistoriker Adolf Harnack in seinem Beitrag zu «Medicinisches aus der ältesten Kirchengeschichte» (1892). Er nennt die frühe Kirche geradezu eine «statio medicinae», die «große Heilanstalt» und mehr noch «das Lazarett der Menschheit».

Die Tradition eines «Christus Medicus» setzt auffallend früh ein. Sie geht offensichtlich auf hellenistische Quellen zurück, in denen Apollon, der Heilgott, als der große Arzt gefeiert wurde und das Leitbild vom «Apollo Medicus» überging auf seinen Sohn, dem als «Asklepios soter» Weihealtäre errichtet wurden. Immer war es dabei zugleich der Arzt (iatros) und der Heiland (soter), der angerufen wurde, so wie später Jesus Christus, der Heiland, als der große Arzt.

Schon aus der Apostelgeschichte vernehmen wir, daß Petrus, der sich vor dem jüdischen Priesteradel wegen einer Krankenheilung zu verantworten hatte, wie folgt argumentiert (Apg. 4,8–10): «Wenn wir heute wegen einer Wohltat, die wir einem kranken Manne erwiesen haben, darüber vernommen werden, durch wen er gesund geworden ist, so sei euch allen und dem ganzen Volke Israel kund: Durch den Namen Jesu Christi, des Nazareners, den ihr gekreuzigt habt, den Gott aber von den Toten erweckte, durch seinen Namen und keinen anderen steht dieser Mann hier gesund vor euren Augen.»

Der griechische Kirchenvater Klemens von Alexandrien, der um das Jahr 215 starb, vergleicht Christus mit einem Arzt, der geistige Heilmittel gegen alle menschlichen Schwächen einsetzt, so wenn er gegen die Leidenschaften chirurgische Operationen empfiehlt, wenn er von Abszessen an der Wahrheit spricht und von Hypersarkomen des Hochmuts, wenn er den moralischen Tadel mit einer Arznei vergleicht und von Christus dabei erwartet, daß er alles wieder wahr und gesund machen solle (Paedag. I,8).

Solche Zeugnisse häufen sich im dritten und vierten Jahrhundert. So nennt Tertullian (gestorben 220) Christus einen «salvator» und «salutificator», den wahren «artifex salutis» und wirklichen Heilkünstler. Arnobius (284–305) ruft ihn an als «Christus sospitator», einen Heilbringer, der wahrhaft ein «conservator» sei, ein Bewahrer der Gesundheit. Origenes (185–255) preist Christus als den «himmlischen Arzt», und für Novatianus Romanus (gestorben 250) ist Christus der Arzt für Leib und Seele (et corporum et animarum medicus). Lactantius (um 320) nennt ihn schlicht und einfach «Iesus Salvator», und als der «wahre Arzt» gilt Christus auch bei Evodius im vierten Jahrhundert, der ihm den umfassenden Ehrentitel verlieh: «Medicus Salvator Christus».

Das Leitbild vom «Christus Medicus» hat nicht nur griechische Wurzeln, es findet sich in Ansätzen auch schon im Alten Testament, in der ausgeprägtesten Form bei «Jesus Sirach» (38,1–15), der in der Zeit von 180 bis 170 vor Christi Geburt in Erscheinung trat. Da heißt es klar und lapidar, daß es Gott ist, der die Krankheit schickt und der sie heilt, wobei der Arzt als ein Mittler fungiert, ein Nothelfer, den man nicht genug ehren kann. So beginnt Jesus Sirach: «Ehre den Arzt, der ja nötig ist, und gib ihm, was ihm gebührt; denn auch ihn hat der Herr geschaffen. Denn vom Höchsten kommt die Heilung...»

Im Auftrag des Höchsten vermittelt der Arzt demnach die Heilmittel: «Der Herr bringt aus der Erde Arzneien hervor, und ein kluger Mann wird sie nicht verschmähen. Ist nicht (wie bei Moses) durch ein Holz das Wasser süß geworden, daß man seine Kraft erkenne? Einsicht gab er den Menschen, damit sie sich seiner Wundertaten rühmen. Durch sie heilt er und lindert den Schmerz; mit ihnen bereitet der Apotheker sein Medikament.»

Der «weise Mann» wird alsdann bei Jesus Sirach darauf hingewiesen, daß die Krankheit ein Symptom der zum Heile bestimmten, aber gestörten Schöpfung sei, und daß daher im Heilungsgeschehen alles darauf ankomme, mit der Reinigung des Gewissens und dem Ablegen der Sünde in Zukunft nur noch gottgefällige Werke zu vollbringen. Denn Gott wolle die Wiederherstellung der gestörten Ordnung und damit auch Wohlstand und Frieden. Darum hat ja auch Jesus «unsere Schwachheiten von uns genommen und unsere Krankheiten weggetragen» (Jesaja 53,4). Christus wirkte als Heiland und als Arzt. Auf die Notwendigkeit des Arztes wird abschließend noch einmal verwiesen: «Auch dem Arzte gewähre Zutritt; denn auch ihn hat der Herr geschaffen. Nicht soll er wegbleiben; denn auch er ist nötig. Zu gegebener Zeit nämlich liegt in seiner Hand der Erfolg, und auch er betet ja zum Herrn: daß er ihm die Behandlung gelingen lasse und die Heilung zur Erhaltung des Lebens.»

Christus als Arzt für Leib und Seele

Zur Erhaltung und Heilung des Lebens ist «Christus Medicus» auf die Welt gekommen. Augustinus (354–430) hat in zahlreichen Schriften Jesus als «Christus medicus noster» und als «medicus et salvator noster» angerufen. Er hat ihn gepriesen als «omnipotens medicus» und «supernus medicus». Daher wird immer wieder die Analogie Christi mit dem erfahrenen Arzt betont (Sermo 247). Christi Wort wird nicht von ungefähr als «medicamentum» bezeichnet. Seine Sorge gilt als Inbegriff des Heils der Seele wie des Leibes.

Christus ist eben nicht nur der Seelenarzt, wie der Titel «Medicina animae» nahelegen könnte. Er heilt die Natur des Menschen im ganzen. Christus Medicus ist der Menschheitsarzt. Der göttliche Arzt heilt und hält den schwachen Menschen. Er korrigiert beständig seinen Lebensstil. Im «Decretum» des Burckhard von Worms führt Christus neben dem Titel «medicus» auch den eines «corrector». Und in einem Traktat mit dem Titel «Medicina animae», den Hugo von Folieto um die Mitte des 12. Jahrhunderts verfaßte, wird Christus mit Hippokrates verglichen und gepriesen als der «summus medicus».

Vom «summus medicus» spricht im 13. Jahrhundert noch der Arzt Petrus Hispanus, der spätere Papst Johannes XXI., in seinem «Thesaurus pauperum». Und in den Predigten des 14. Jahrhunderts ist immer wieder die Rede von dem «guten Arzt», dem «himelschlich arztat», der daher auch den Titel eines «Caelestis Medicus» führt.

Am Ende des Mittelalters erst und zunehmend mit dem Beginn der Neuzeit verblaßt das alte Leitbild vom «Christus Medicus». Es wird zum Motiv einer verflachenden Volksfrömmigkeit und entartet zu blassen Votivtafeln, die Christus rein schematisch als Arzt oder als Apotheker zeigen. Vom «Christus medicus» bleibt nicht viel mehr als Christus der Seelenfreund, der Herzenströster: der Arzt allein noch der Seele.

In seinem Erbauungsbuch mit dem schönen Titel «Das Liliental» spricht Thomas von Kempen von Christus als einem Freund und Tröster und weist auf das Sprichwort hin, wonach es ein Trost sei, im Unglück einen Freund zu haben. «Wer ist aber», so fährt er fort, «dieser gute und milde Gefährte, der mit Kranken und Schwachen Mitleid haben kann? Das ist unser Herr Jesus Christus, der für uns gelitten hat und gekreuzigt wurde, der selbst sich im Evangelium Arzt und Hirte der Seelen, Tröster der Betrübten, der Armen und Kranken, der Gefallenen und Verwundeten nennt. Auch spricht er: ‹Nicht die Gesunden bedürfen des Arztes, sondern die Kranken›... Und fürwahr, es muß für die Traurigen und auf mancherlei Weise Betrübten ein großer Trost sein, daß auch Christus versucht, traurig und von vielen Schmerzen heimgesucht wurde.»

Vielleicht war Paracelsus, der große Arzt und Laienprediger, der letzte, der in der Tradition des Heilgottes Apollon (Apollo Medicus) vom Geheimnis des Apollinischen Geistes (spiritus Apollinis) gewußt hat: eines göttlichen Geistes, der sich nicht zuletzt zeigte im Gewand des Heilandes, des «Christus Medicus». Mit all seiner Leidenschaft bekennt Paracelsus, daß alle Arznei von Gott komme: «Und ist Er doch selbst der Arzt! Also will Er's haben, daß wir die Krankheit vertreiben durch die Arzenei: die durch das, die durch ein anders. So nun sein göttlicher Wille also ist und also die Arzenei von der Erde beschaffen, warum wollte sich dann der Mensch wider Gott einlegen und Ihm sein Ordinanz verachten?» Christus ist die Wurzel der Arznei, welche die Not wendet; denn Er ist die «Wurzel der Barmherzigkeit». «Darum also, daß sie (die Barmherzigkeit) ist, darum ist der Arzt beschaffen und geboren und die Arzenei: auf daß Gottes Barmherzigkeit gefunden werde. Niemand möchte sonst in die Krankheiten greifen, dieselbigen zu heilen. In diesem Punkte liegt die Barmherzigkeit Gottes» (IX,603).

Paracelsus will uns sagen, «daß Gott Ursacher sei aller Krankheiten» (IX,228). Wir sollen wissen, daß wir für die letzten Zusammenhänge blind sind und daß es letztlich Gott ist, der uns Gesundheit und Krankheit gibt und die Arznei dazu (IX,226). Der Arzt soll sich zwar aller menschenmöglichen Mittel bedienen, um die Natur in ihrem inneren Zusammenhang kennenzulernen, dabei aber nicht vergessen, «daß all unsere Krankheiten Flagellen sind und Exempel und Anzeigung». Daher schreien nur die Ungläubigen um Hilfe zu den Menschen, «aber ihr sollt zu Gott schreien; Er wird euch wohl zuschicken den Gesundmacher, es sei dann einen Heiligen oder einen Arzt oder sich selbst» (IX,229).

«Christus Medicus» will hier auf Erden die Barmherzigkeit. So lesen wir in einer noch unveröffentlichten Handschrift zu Wolfenbüttel (Cod. Guelf. 18.25 Aug. 4°, f. 48^{r}), wo es in einer Auslegung des Evangelisten Matthäus heißt: «Christus will Barmherzigkeit auf Erden haben, und nicht Strafen, sondern Gnaden. Darum ist Er da, und darum ist auch der Arzt da: auf daß die Barmherzigkeit Gottes erkannt werde, gefunden und gespürt.»

Der kosmologische Hintergrund

Bei Hildegard von Bingen erscheint «Christus Medicus» noch einmal in seinem vollsten Glanz in der Blüte des hohen Mittelalters. In der dritten Schau des ersten Buches von «Wisse die Wege» (Scivias) stellt sich Christus sehr souverän als «der Arzt» vor: «Ich bin der große Arzt (magnus medicus) für alles Siechtum, und ich handle wie ein Arzt, wenn er den Kranken aufsucht, der mit heißem Herzen die Genesung ersehnt.» Er ist bei Hildegard immer «der große Arzt», der alle Notleidenden an sich ziehen möchte. In Christus Medicus ist die Destruktion des Todes vollzogen und die Reparation des Lebens geschenkt worden. Der ganze Mensch ist eingepflanzt in Seinen Tod, der Mensch als Ganzes ist erlöst worden und geheilt durch den großen Salvator.

Alle sakramentalen Heilmittel haben daher eine direkte Beziehung zum körperlichen Heil. So kann Hildegard davon sprechen, daß «das Durchdringen mit dem Feuer des Heiligen Geistes die schwankende Natur des Menschen» besiegt, ja, daß «die minderwertige Art des Menschen in eine bessere, als sie durch seine Empfängnis gegeben war», umgewandelt wird. Der Mensch wird durch die Sakramente gleichsam «ein anderer in seiner Natur, weil das, was himmlisch ist, das, was irdisch ist, überwindet». Diese sakramentale Heilkraft ist «eine Speise des Lebens», ein wahres Lebensmittel, durch das «Seele wie Leib geheiligt werden». So ergänzen sich denn auch Leib und Seele, irdische und himmlische Heilmittel: beide führen zum Heil. Und so kann auch Christus Medicus, der Heiland der Welt, in bezug auf die geistigen Heilmittel sprechen: «Das Sakrament der Hülle Meines Wortes ist euer Heil!»

Bei aller sakramentalen Durchgliederung der Lebensordnung und Lebensführung wird die elementare Bestimmung und natürliche Konstitution des Menschen in seinem konkreten Alltag niemals vergessen. Dafür war Hildegard von Bingen zu sehr vertraut mit dem medizinischen Grundwissen ihrer Zeit. Hildegard kannte sich vortrefflich aus in der antiken Elementen- und Temperamentenlehre und zog daraus auch ihre Konsequenzen. Das Spannungsfeld der Veranlagungen erklärt sich ihr aus dem Fließgleichgewicht der Säfte, so daß wir geradezu von einer Konstitutions-Typologie sprechen können, wie sie etwa am Geschlechtsverhalten exemplarisch dargestellt wird, aber auch als Typologie des Krankseins beachtet werden sollte.

Da gibt es Menschen mit harter Veranlagung, die alles auf sich selbst beziehen und wenig Rücksicht auf andere nehmen, was sich besonders drastisch auch beim Kranksein äußert. Andere haben eine luftige Veranlagung und verhalten sich entsprechend wankelmütig. Wieder andere zeigen ihre stürmische Veranlagung und lassen sich nicht bremsen und nicht trösten. Eine letzte Gattung legt eine leidenschaftliche Veranlagung an den Tag; sie sind ruhelos und verfallen der Verfremdung, und dies wiederum in gesunden wie kranken Tagen.

So heißt es zum Beispiel über die Menschen mit luftiger Veranlagung: «Wenn der Mensch, dessen natürliche Qualität jenem Wehen der Winde entspricht, die umgewandelte Luft in sich einzieht und wieder ausstößt, so daß die Seele sie aufnehmen kann, um sie ins Innere des Körpers weiterzuleiten, dann ändern sich auch die Säfte in seinem Organismus und bringen ihm Krankheit oder Gesundheit. Das geschieht auch, wenn der Mensch, dessen guter Wille mit jenem Anhauch übereinstimmt, seine Sehnsucht vom Bösen loslöst und sich damit auseinandersetzt. Und weil die Seele dies sehr geheimnisvoll in sich selber austrägt, bringen die Stürme der Gedanken in seinem Inneren Überschwemmung und Umwandlung, so daß sie ihm bald Glück, bald Widerwärtigkeiten verheißen. Die Säfte erheben sich nämlich zuweilen im Menschen wild wie ein Leopard; dann mäßigen sie sich wieder, so wie der Krebs bald vorwärts, bald rückwärts geht. Und so weisen sie hin auf vielfache Veränderung. Auch zeigen sie ihre Widersprüchlichkeit gleichsam im Springen und Stoßen des Hirschen. Denn selbst wenn der Mensch von der Gottesfurcht durchdrungen ist, so steigen doch mitunter Gedanken in ihm auf, die im Überdruß eine Ablenkung in lauter eitlen Dingen suchen. Mit dem

Krebs ermahnen sie ihn, zuversichtlich fortan zu schreiten, und dann stürzen sie ihn wieder in Zweifel. Mit dem Hirschen wiegen sie ihn in Sicherheit und machen ihn doch wieder wankelmütig. Solche Gedanken bestürmen den Menschen bald wie ein reißender Wolf, bald wie ein Hirsch, bald wie ein Krebs» (Patrologia latina 197,799 A/B).

Die im Organismus herumschweifenden, wechselnden Säfte verwirren auf diese Weise des Menschen Gedanken, bringen sein Gemütsleben durcheinander und befallen in verheerendem Maße die einzelnen Organe. Wir greifen dafür als Beispiel die Galle heraus, welche nach antiken Vorstellungen aus der Milz die schwarze Galle produziert, die dann wieder als «melancholia» die Ursache einer vielschichtigen Krankheitssyndromatik wird.

Besonders hat sich Hildegard augenscheinlich auf die «melancholia» spezialisiert. Am Schwarzgallekomplex erklärt sich – nach dem Verlust der «genitura mystica» (der «constitutio prima») – überhaupt das Gebrechliche der Natur (die «destitutio»), aber auch ganz konkrete Beschwernisse wie Schlaflosigkeit und Ängste und sonstige Molesten. Solche natürlichen Anlagen gilt es zu verstehen, meint Hildegard, man kann nicht darüber hinweggehen. Sie hängen einfach mit unserer Erbmasse zusammen, unserer genetischen Matrix, wie wir das heute nennen. Aus christlicher Sicht werden diese geheimnisvollen Determinanten, Veranlagungen, Belastungen auf die «Erbschuld» zurückgeführt, es sind die sich häufenden und verstärkenden Folgen böser, schuldhafter Handlungen seit Anbeginn.

Gerade als ein leidendes Wesen ist der Mensch eingegliedert in die große Schöpfung: Er ist ausgeliefert den Wehen der ganzen Schöpfung, angewiesen auf die Tröstung aller Kreatur. Die Schmerzen der Schöpfung hat Hildegard beschrieben in ihrer erschütternden «querela elementorum», der Klage der Elemente, wo sie das Leid der Kreatur schildert, das sein Ende erst findet am Ende der Zeiten.

Erst vor diesem kosmologischen Hintergrund und mit einer solchen eschatologisch orientierten Perspektive verstehen wir des Menschen Krank-Sein, den «homo destitutus» in seiner «natura deficiens». Seinen ursprünglichen Stand hat der «homo destitutus» grundsätzlich verloren, er wurde hinfällig und krank. Er verlor die lebendig erhaltende Grünkraft, die «viriditas». Er entgleist ständig in seiner labilen Komplexion, er wird krank. Kranksein ist somit kein Geschehen, sondern ein Unterbleiben, kein produktives Agieren, sondern ein Deformieren. Es ist kein Krankheitsprozeß, sondern eher eine Fehlentwicklung.

Christlicher Umgang mit dem Leid

Im Umgang mit dem Leid erfahren wir eine ganze Kategorientafel des Betroffenseins und der Beeinträchtigungen. Bei Hildegard erscheint der Mensch immer wieder als «homo mutabilis» in einer Ratlosigkeit, beladen mit den Lastern der Unrast und dem geistigen Umherschweifen, am Kreuzweg der irdischen Sorge, beladen und belastet in unserer «schiffbrüchigen Welt» mit all dem, was wir heute als Risikofaktoren registrieren und bereits zu seiner «Hierarchie der Risikofaktoren» klassifiziert haben.

Wie ist denn unsere Risikosituation, und dies wohl zu allen Zeiten? Nach Hildegard hat der Mensch keinerlei Gewißheit, weder über seine Zukunft noch über das, was vergangen ist. Wir sind verblendet und blind und haben daher auch keinerlei Sicherheit. All unser Tun ist uns zweideutig und zweifelhaft. Und so schwinden dem Menschen alle Tage nur so dahin und werden in die Vergessenheit geführt. Denn nur das ewige Leben ist beständig und immer neu, und es allein bringt immer neue Frucht hervor. «Würde dir immer nur das Glück hold sein», schreibt Hildegard einem Abt in Ravensburg, «du würdest einem Krebse gleichen, der nicht vorwärts geht, sondern zurück. Daher läßt Gott es zu, daß du Leid erfährst.»

Vor diesem existentiell labilen Hintergrund manifestieren sich nun konkret die Krankheiten. Immer wieder lesen wir in Hildegards Briefen oder in der «Vita» oder aus Selbstberichten, daß sie «mit schweren Krankheiten aufs Lager niedergeworfen» sei. Die Kränklichkeit und Zartheit ihres Körpers, schreibt Erzbischof Philipp von Köln, habe sein Herz beunruhigt und erschreckt, und auch Hildegard selbst ist diese «zitternde Unruhe» zeitlebens nicht losgeworden, wie aus ihren Selbstzeugnissen erschütternd hervorgeht.

Immer wieder hören wir von ihr: «Ich bin durch Krankheiten stark gehemmt und derart in Schmerzen verstrickt, daß sie mich umzubringen drohen.» Oder: «Da durchbohrte Traurigkeit mir Leib und Seele.» Und: «Meine Seele ward derartig erschüttert, daß ich fast vorzeitig gestorben wäre.» «Ständig bin ich von zitternder Furcht. Keine Sicherheit irgendeines Vermögens besitze ich. Wie eine Feder bin ich gehalten, die vom Winde verweht wird.» «Ich war von Krankheit bedrängt und so erschöpft, daß ich kaum auf den Beinen stehen konnte», ich «armselige Frau». Und in dem berühmten Schreiben an Bernhard von Clairvaux hat sie sich bekannt als «erbärmlich und mehr als erbärmlich in meinem Sein als Frau». Von Kindheit an habe sie niemals in Sicherheit gelebt, «niemals, nicht eine Stunde».

Neben solcher allgemeinen pathographischen Szenerie schildert Hildegard aber auch sehr detailliert jene kritischen Situationen, die vielfach psychologisch, auch tiefenpsychologisch gedeutet und mehr noch mißdeutet wurden. So berichtet sie (Vita II,5): «Eine Zeitlang waren meine Augen umdunkelt; ich vermochte kein Licht mehr zu sehen. Ich fühlte meinen Körper von einer derartigen Last niedergedrückt, daß ich mich nicht erheben konnte; ich lag mit heftigen Schmerzen darnieder. Dies aber mußte ich deshalb leiden, weil ich die Schau, die mir gezeigt worden war, nicht offenbaren wollte...» Drei Jahre litt Hildegard an einer solchen Krankheit. «Bei all dem wurde das Gefäß meines Leibes wie in einem Ofen gekocht.»

Aus solchen sehr persönlich gehaltenen Berichten lassen sich allgemeinere, wesentliche Merkmale zur Auffassung des Leides herauslesen. Das Leid betrifft uns, jeden einzelnen von uns, auf je besondere Weise. Es macht uns betroffen, läßt uns innehalten im tagtäglichen Trott, läßt suchen nach Sinn. Und so geht es auch weniger um Hildegards objektivierte Krankheiten, sondern um das Krank-Sein als existentielles Phänomen. Nach der Trennung von Richardis von Stade etwa klagt Hildegard, schreit geradezu heraus: «Schmerz steigt in mir auf, und der Schmerz tötet das große Vertrauen und tötet alle Tröstung, die ich an einem Menschen besaß.» Wo ist ein Schmerz gleich meinem Schmerz! Sofort aber, im brennenden Leid schon, beginnt nun die Trauerarbeit, das «donum lacrimarum», so daß Hildegard schließlich schreiben kann: «Ich habe ihn aus meinem Herzen verbannt», diesen großen, diesen schneidenden, diesen tödlichen Schmerz.

Vor allem in der bereits geschilderten Heilung einer geisteskranken Frau sehen wir eine Form der Krankheitsbewältigung am Werk, die Patient wie Arzt in das gleiche Sorge-System einbindet. Es ist jene «Begegnungs-Struktur», wie Martin Buber das nannte, der die «Sorge-Struktur» (so Martin Heidegger) des Daseins zugrunde liegt. Hildegard hat dies «cura pastoralis» genannt: die Sorge des Hirten um die Seinen, wofür ihr wiederum Christus zum Vorbild wird, der «magnus medicus», der die Wachenden wachhält, die Schlafenden aufrüttelt und die, welche im Bösen verharren, zugrunde richtet (PL 197,350 B).

Dann folgt unmittelbar die flehende Bitte an den «Christus Medicus», er schenke uns Einsicht und Vorsicht, Umsicht und Vorhut in allen so notwendigen Bedürfnissen des Lebens. Doch solle man bei allen leiblichen Bedürfnissen auch eine menschliche Einstellung (humanitas) walten lassen. Die Lebensordnung (ordo vitalis) bedarf einer Lebensführung (regula vitae), des «Vorwaltens eines oberen Leitenden», das Goethe «Geist» nannte. Denn – so Hildegard in einem Schreiben an den Abt Bertulf – «die Werke eines Menschen sind wenig wert ohne die Vorsorge eines Meisters». Man solle sich daher hüten, in seinen alltäglichen Geschäften lässig zu werden. Daher der geradezu beschwörende Anruf: «Sei wachsam, solange du noch ein Auge hast. Biete den Deinen das Licht dar in mütterlicher Zärtlichkeit, und trockne ihre Wunden ohne den Geruch der Hartherzigkeit. Denn der gute Arzt salbt ohne Zögern die Wunden der Menschen mit seiner Barmherzigkeit.»

Leitbild des Heils ist jener «Christus Medicus», der von Hildegard als der «medicus magnus» gepriesen wird. Alle, die Gott berufen hat, Menschen zu führen, zu betreuen, zu heilen, haben Christus als Vorbild. Ihn müssen sie nachahmen mit den Tugenden der Umsicht (discretio) und der Barmherzigkeit (misericordia). Denn der Mensch ist nun einmal zahlreichen Risikofaktoren ausgesetzt, die eine noch so bewußte Führung des Lebens beeinträchtigen (Liber Divinorum Operum 761 D).

Es sollte von größter Bedeutung für die abendländische Hygiene und Diätetik werden, was hier im Mittelalter bereits als «Theorie der Lebensordnung» (ordo vitalis) und als «Praxis der Lebensführung» (regula vivendi) herausgearbeitet wurde. Die moderne, auf naturwissenschaftliche Modelle reduzierte Medizin hat dieses Konzept einer Alltagskultur freilich vergessen und verdrängt und seit der Mitte des 19. Jahrhunderts mehr und mehr der Lebensreformbewegung oder den Naturheilkunden überlassen. Zu unserer Zeit erst, im Zeitalter der bedrohlich anwachsenden Zivilisationskrankheiten, tritt nun das mittelalterliche Konzept einer ganzheitlichen Daseinsgestaltung wieder in den Vordergrund.

Die Theorie dieser Lebensordnung wird getragen von einer uralten anthropologischen Grundfigur, die den Kosmos als den Menschen im Großen und den Menschen als eine Welt im Kleinen zu begreifen verstand. Aus dieser kosmologischen Idee einer Weltordnung sind nicht von ungefähr im hohen Mittelalter die ersten grundlegenden Muster einer Lebensführung, der «Ars vivendi», entstanden. Alle Lebensordnung ist dabei nur ein Weg zur Heilsordnung; alle Lebensführung dient uns als Wegweisung zum Heil.

Lebensordnung und Lebensführung

Beständigkeit statt Ausschweifung

«Und ich sah eine Gestalt, die aussah wie ein junger Mann, nur daß ihm die Kopfhaare fehlten. Dabei hatte er das Gesicht und trug auch den Bart eines ganz alten Mannes. Er hing in der dort vorherrschenden Finsternis in einem Tuche wie in einer Wiege, die vom Winde hin und her geschaukelt wurde. Kleider trug er nicht. Bisweilen aber streckte er sich aus diesem Tuche heraus, um sich dann wieder darin zu verkriechen. Und die Gestalt begann zu sprechen.»

Bevor wir diese merkwürdige Gestalt zu Worte kommen lassen, sollten wir sie noch kurz vorstellen. Sie erscheint an zentraler Stelle in einem Katalog von 35 Tugenden und 35 Lastern, die uns Hildegard von Bingen um die Mitte des 12. Jahrhunderts in ihrem «Buch der Lebensverdienste» vor Augen geführt hat. Es handelt sich dabei um die Gestalt der «Vagatio», des ausschweifenden Wesens der Jugend mit ihrer angeborenen Grauhaarigkeit und ihrer oft so modischen Entfremdung und Verfremdung. Und nun beginnt diese Figur zu sprechen:

«Das wäre mir doch ein törichtes Verlangen, wenn ich immerfort an der gleichen Stelle und stets bei denselben Leuten verkehren sollte. Nein, überall möchte ich mich mal sehen lassen. Überall soll man bei jeder nur passenden Gelegenheit von mir hören. Wenn man mich so allerorts zu Gesicht bekommt, wird mein Prestige nur wachsen. Wächst doch überall das Gras und geht doch so frei die Blüte daraus hervor. Wäre es bei den Menschen anders, welche Ehre hätten sie zu erwarten? Drum bin ich nun mal so, mit all meiner Gescheitheit und Gewitztheit, bin wie dieses Gras, komme in meiner Schönheit zur Blüte und zeige mich hier wie dort und überall so plastisch, wie ich nun einmal bin.»

Dieser heillosen Lebenshaltung mit ihrer Gier nach einem profilierten Image antwortet die «Stetigkeit» (stabilitas) wie folgt: «Wie blühendes Gras zu Heu wird, so wirst du bald mit deinen Tricks dahinwelken, und wie über den letzten Dreck am Wege wird man über dich hinweggehn. Du hast die Worte der Vernunft noch nicht durchgesiebt. Wie eine Heuschrecke springst du dahin, hierher, dorthin. Wie Schneegestöber wirst du irgendwohin verwirbelt. Von der Speise der Weisheit hast du jedenfalls noch keinen Brocken gekostet, auch nicht den Trank der ‹discretio› genossen. Dein Leben gleicht den Vögeln ohne Nest und Heimat. Moder und Asche haften im Grunde an dir, und nimmer wirst du je zur Ruhe kommen.»

Die besagte Gestalt des verbummelten Weltmannes, die «Vagatio», wird nach der symbolistischen Methodik dieser Schrift nun noch systematischer interpretiert: «Ein solcher Mensch läuft wie ein Vagabund daher, indem er alles, was recht geordnet ist, ins Maßlose verkehrt. Sein jungenhaftes Aussehen weist darauf hin, daß er weder das Himmlische mit Freude noch das Irdische mit Ernst und Sorge bedenkt. Kein Ding nimmt er in Vorsicht und Vorhut, keins teilt er recht ein oder auf. Alles erledigt er vielmehr mit dieser infantilen Unbekümmertheit.» Nach außen hin will er den Schein der Tüchtigkeit und Ehrbarkeit erwecken; drinnen aber strotzt alles vor Überdruß und Langeweile. Gefesselt im Eigensinn bringen solche Typen kein Vertrauen zum Nächsten auf. Beides möchten sie haben: Sie jagen nach immer neuen Zerstreuungen und wollen zugleich ihrer geruhsamen Bequemlichkeit frönen. Nirgendwo finden sie einen rechten Anfang, nichts bringen sie richtig zu Ende; sie werden vielmehr in ihrer Ambivalenz durcheinandergewirbelt wie ein unruhiges Gewölk. Überall machen sie sich auf die Suche, und immer gehen sie irre. Immer und überall sind sie auf der Jagd nach dem großen Unbekannten, und immer nur vermögen sie in fremde Behausungen einzubrechen.

Dieses Laster der «Vagatio» wird lebenslang begleitet von einer unheimlich konkret gewordenen Verlogenheit. Die Lüge aber ist das «vitium inhumanum», das Laster an sich; denn wer lügt, stellt sich damit außerhalb der Menschheit. Alle anderen Schwächen, und zumal die im sexuellen Bereich, haben doch etwas sehr Menschliches an sich. «Wer aber der Lüge folgt, der verläßt den Bereich der Menschlichkeit.» Die Lüge kennt nicht das Licht der Heiterkeit; ihr fehlt völlig das Leben in Freude. Ist sie doch ohne Gott entstanden und Seinem Wesen völlig fremd. Wer daher auf die Lüge sein Leben aufbaut, der ist in Wirklichkeit tot.

Noch einmal antwortet die Gestalt der «Beständigkeit» (stabilitas) in ihrer ausgeglichenen Gemütsruhe der heillosen Figur der «Ruhelosigkeit» (vagatio), indem sie hinweist auf Salomons Worte im Hohenlied der Liebe, das voller göttlicher Weisheit ist. Immer wieder ist davon die Rede, daß Schöpfer und Schöpfung sich verhalten wie Bräutigam und Braut. «Alles Gehorchen der Kreatur war nur ein Verlangen nach dem Kusse des Schöpfers. Und alle Welt empfing diesen Kuß, da Gott ihr alles schenkte, was sie nur brauchte.» Wie ein Bräutigam mit seiner Braut, so steht der Schöpfer mit seiner Schöpfung gleichsam in einem ehelichen Bunde. «Er spendet aller Kreatur grünende Lebensfrische und fruchtbare Lebenskraft. Ganz schwarz würde die Natur werden, würde sie sich der dienenden Verpflichtung dem Leben gegenüber entziehen; wohlgebildet aber erblüht sie, solange sie in der rechten Verbindlichkeit ihren Aufgaben nachkommt.»

Jede Art von Leben – schließt Hildegard – steht im Rahmen einer geordneten Lebensführung voll verantwortlich in der Welt. «Nur so gedeiht ein guter Ruf, weil alle Bedürfnisse wohl durchdacht und recht geordnet auch befriedigt werden.» Über eine vernünftige Lebensführung (regula vitae) kommt der Mensch zu einer wohlgeformten Lebensordnung (ordo vitalis).

Lebensformung und Lebenskultur

Der Konstanzer Historiker Arno Borst hat eine seiner monumentalen Abhandlungen den «Lebensformen im Mittelalter» gewidmet (1973). Darin ist von den elementaren Lebensbedingungen und von ihren fundamentalen Umformungen in einer Kultur die Rede, von ursprünglichen Lebensmustern als Konstanten der Menschennatur und von Lebensmustern als kulturellen Lebensformungen. Für letztere erscheinen Formeln wie «Forma vivendi», «Vivendi ordo» oder auch «Forma vitae», die berühmte Lebensform. Unter Lebensformung ist alles zu verstehen, was die vitalen natürlichen Bedürfnisse wie Essen und Trinken, Schlafen und Beischlafen, Atmen und Sichbewegen kultiviert. Diese kultivierten Lebensformen dienen dem Menschen in gesunden Tagen, und sie werden zu Heilmitteln bei jeder Art von Störung. Zu den Lebensformen gehören auch die Gesundheitsregeln.

Die mittelalterlichen Gesundheitsregeln bezogen sich durchweg auf ein geheimnisumwobenes Grundbuch, das den Titel «Secretum secretorum» führte und fälschlicherweise Aristoteles zugeschrieben wurde, der diese Lebensregeln für Alexander den Großen aufgestellt haben soll. In Wirklichkeit handelte es sich um eine Sammlung orientalischer Lebensweisheit, in die auch Regeln der antiken Diätetik übernommen wurden. Im 12. und 13. Jahrhundert wurde das Werk aus dem Arabischen ins Lateinische übersetzt, in Handschriften und Frühdrucken verbreitet und in nahezu alle Volkssprachen übertragen.

In einer der ältesten deutschen Übersetzungen beginnt der Traktat wie folgt: «Das ist die Botschaft, die Aristoteles sendet an Alexander, den mächtigsten und höchsten König: wie er möcht seinen Leib behalten vor Siechtum, eine Botschaft, die Johannes von Spanien aus dem Griechischen ins Arabische und vom Arabischen ins Lateinische gebracht und sandte sie der Königin Hispaniens und heißet: die Tugend der Tugenden des Aristoteles.»

In dieser Sammlung spielten schriftliche wie mündliche Überlieferungen eine Rolle. Vor dem Hintergrund einer gewaltigen, vielschichtigen Überlieferungslandschaft trat bereits im arabischen Mittelalter das spätantike Schema von den sechs «nicht-natürlichen Lebensmustern» (res non naturales) hervor, das dann zu einem klassischen Kanon der mittelalterlichen Lebensordnung wurde. Es handelte sich dabei um sechs Punkte: 1. um den gebildeten Umgang mit Licht und Luft, mit Wasser und Wärme, mit Boden und Klima, der äußeren Umwelt also, die diese Welt erst zu einem Zuhause machte; 2. um die Kultivierung der Lebensmittel im engeren Sinne, Kultur also von Speise und Trank; 3. um die Rhythmisierung des Alltags durch den Wechsel von Bewegung und Ruhe, von Schaffen und Feiern; 4. um den Wechsel von Schlafen und Wachen, ein Wechselspiel, das kosmisch eingebunden war in die großen Rhythmen von Tag und Nacht; 5. um die sorgfältige Beachtung aller Absonderungen und Ausscheidungen, der «excreta et secreta», worunter wir das gesamte innersekretorische Gleichgewichtssystem zu verstehen haben, und 6. um den zivilisierten Umgang mit unseren Emotionen und Affekten, all den Leidenschaften und auch Freudenschaften, Umgang also mit uns selbst und unseresgleichen.

Natur will Kultur! So weiß es die mittelalterliche Lebenskunde. Als Heinrich der Teichner sich um die Mitte des 14. Jahrhunderts die Frage stellte, wer wohl als der Bessere geschaffen sei, der Bürger oder der Bauer, da lautete seine lapidare Antwort: Der Mensch sei durch den Umgang mit der Gemeinschaft in ein Leben hineingestellt, das von Natur aus nicht vorgegeben sei («das natur nicht hat geben»).

Dabei wird aber auch betont, daß es bei der menschlichen Lebensführung nicht nur um die private Wohlfahrt geht, unser persönliches Glück, um das bloße Wohlbefinden (salus) des einzelnen. Vielmehr greift die «salus privata» über auf die «salus publica» und konzentriert sich auf eine mittlere, vermittelnde Schicht, die «salus communis». Das Individuum allein ist kaum in der Lage, seine Verhältnisse zu ordnen. Es muß einen Gefährten finden, der ihm hilft, die notwendigen Dinge des täglichen Lebens in die Hand zu nehmen. Der Mensch – so bei Thomas, so schon in der Nikomachischen Ethik – muß unterstützt werden durch einen anderen; er muß den sozialen Verkehr aufnehmen. Er ist das «zoon politikon», ganz gewiß, aber auch noch etwas mehr; er ist, wie es bei Albertus Magnus heißt: ein Lebewesen, das eher auf die eheliche Verbindung als auf die Gesellschaft angelegt ist (animal magis conjugale quam politicum). Hier ist offensichtlich die kleinste Gemeinschaft gemeint, die alle Ökonomik konstituiert und aller Politik die Maßgabe und Richtschnur gibt, das «conjugium» einer Ehegemeinschaft.

Eine solche wahrhaft menschliche Lebensführung aber ist nicht möglich ohne eine gewisse Kunst und Kultur, einen eigenen Lebensstil: die Kunst, vernünftig zu leben, die «ars vivendi» in einem «ordo vitalis». Diese Art der Lebenskunst ist ganz selbstverständlich eingebaut in die ältere Heilkunde, die es seit Jahrtausenden als ihre erste und oberste Aufgabe angesehen hat, die Gesundheit zu kennen, zu bewahren und womöglich zu steigern. Erst in zweiter Linie weiß sie sich der Aufgabe verpflichtet, die verlorene Gesundheit wiederherzustellen oder bei chronischen Leiden zu lindern oder zu trösten. Vorrangig erscheint immer der Auftrag, den Krankheiten durch eine vernünftige Lebensführung zuvorzukommen.

Im «Spiegel des menschlichen Lebens» (Speculum vitae) ist dann ganz selbstverständlich auch der «Krankenspiegel» zu betrachten, der sich den menschlichen Leiden ebenso zuwendet wie den diätetisch-hygienischen Heilmaßnahmen. In einem solchen Spiegel wird gezeigt, wie Arzt und Kranker, beide, sich «recht und christlich verhalten» sollen. Zu dieser «Speculum»-Literatur – und schon direkt in die Praxis der Lebensführung übergreifend – gehört nun auch jene Literaturgattung, die sich mit der «Versehung des Leibs wie der Seele» befaßt. Eine solche frühe «Versehung Leib Seele Ehre und Gut» erschien bereits 1490 bei Hans Schopsser zu Augsburg. Hier findet sich erstmals eine geschlossene Kategorientafel prophylaktischer Maßnahmen, die sich zu erstrecken haben auf 1. einen jeden, sich in seinem Gesundsein selbst zu versehen; 2. bei Notdurft den Kranken zu warten und zu pflegen; 3. einen seligen Abschied von dieser Welt zu vermitteln; 4. in der letzten Stunde mit Ermahnungen beizustehen und 5. die Versehung des Guts und der Habe zu besorgen.

In all diesen diätetischen Grundschriften hat die Medizin eindeutig den methodischen Vorrang vor der Philosophie, nicht nur wegen ihres konkreteren Wissens vom Menschen, sondern auch in bezug auf die ethische Unterweisung. Es ist immer der Arzt, der dem Menschen sagt, wie er zu essen, zu wohnen, zu leben hat, und wie er allein damit schon zu Einsicht, zu Geschicklichkeit und zu einer Lebenskultur kommt. In zahlreichen illuminierten Handschriften, in kostbaren Tafelwerken und Hausbüchern, in einer eigenständigen Literaturgattung schließlich, den «Regimina sanitatis», werden uns die sechs Regelkreise einer gesunden Lebensführung anschaulich vor Augen geführt. Wir finden darin immer wieder jene sechs Punkte, die stets im Ensemble gesehen werden müssen, wenn sie unserer gebrechlichen Natur zu einem kultivierten Lebensstil verhelfen sollen.

Vorrangig: Schutz der Gesundheit

Daß Gesundheitsschutz vor der Krankenbehandlung zu stehen habe, leuchtete dem mittelalterlichen Menschen schon deshalb ein, weil es – wie es in der «Practica» des Meisters Bartholomaeus heißt – «weitaus besser ist und auch leichter zu realisieren, die gegenwärtige Gesundheit zu behüten als die verlorene mühsam wiederherzustellen».

Daß die Wahrung der Gesundheit auch im arabischen Mittelalter als erste Aufgabe der Medizin galt, geht aus einer Geschichte hervor, die uns Ibn abī Uṣaibiʿa in seiner «Ärztebiographie» erzählt. Eines Tages kamen zwei berühmte Ärzte, Abū'-l-Ḥasan al-Ḥarrānī und Sinān, zum Sultan ʿAḍūd ad-Daula (936–983), um ihm ihre Dienste anzubieten. Der Herrscher lehnte sie mit der Begründung ab: «Wir befinden uns in guter Gesundheit und brauchen die Ärzte nicht.» Sie baten trotz der Ablehnung erneut um Audienz, wurden schließlich vorgelassen und erklärten dem Sultan: Die Aufgabe ihrer Kunst sei in erster Linie die Wahrung der Gesundheit und nicht die Behandlung der Krankheiten; niemand aber bedürfe mehr der Gesundheit als der Sultan. ʿAḍūd ad-Daula pflichtete ihnen bei, beschenkte sie und nahm sie unter seine Leibärzte auf.

Daß es gar nicht so einfach ist, seine Gesundheit ein Leben lang zu bewahren, wird in den Gesundheitsregeln der arabischen wie lateinischen Scholastik mit ausführlichen Argumenten betont. Allzeit gesund zu leben sei einfach unmöglich. Gesundheit sei ja im Grunde kein Zustand, sondern eine Haltung, ein Habitus (bona dispositio), wobei die dispositionelle Bandbreite von Gesundsein enorm ist. Hinzu kommt, daß wir längst nicht so viele Namen für die Gesundheiten wie für die Krankheiten kennen. Vielfach können wir Gesundsein nur negativ umschreiben durch Äußerungen über das, «was uns fehlt», wie ja auch die Krankheit letztlich nichts ist als der Verlust der Gesundheit. Medizin ist die Kunst, vor diesem Verlust zu schützen.

So wundert es uns nicht, daß sich seit dem hohen Mittelalter – und mit einer wahren Flut im Übergang zur Neuzeit – die Schriften häufen, die in ihrem Titel tragen: «Ordnung der Gesundheit», «Regiment der Gesundheit», «Garten der Gesundheit», «Schatz der Gesundheit», und in späterer Zeit: «Spiegel des menschlichen Lebens» oder auch einfacher: «Wie man die Gesundheit bewahrt» oder «Wie man sein Gesundsein steuert».

Gesundheitsregeln dieser Art liegen auch heute noch verborgen in zahlreichen unerschlossenen Handschriften und Frühdrucken europäischer Bibliotheken. Ich greife als Beispiel eine Wolfenbütteler Handschrift aus dem 14. Jahrhundert heraus, einen «Sanitatis Conservator» (Cod. Helmst. 429). In diesem «Bewahrer der Gesundheit» heißt es gleich zu Beginn: «Wenn der Mensch sich am Morgen vom Schlafe erhebt, beeile er sich, alle überflüssigen Stoffe aus dem Körper zu entfernen, was durch Stuhlgang und Urin geschieht, aber auch durch Räuspern, durch die Nase und die Ohren. Alsdann wasche er die Hände, sein Gesicht und die Augen, im Sommer mit kaltem, im Winter mit warmem Wasser. Man kämme sich, reibe alsdann den Kopf und den ganzen Körper tüchtig ab und putze seine Zähne mit einem rauhen Lappen. Alsdann sollt ihr euren Frieden machen mit eurem Herrn Jesus Christus.»

Nach der Morgentoilette und dem Morgengebet kleidet man sich an und begibt sich mit gutem Appetit ans Frühstück. Es folgen alsdann die klassischen Lebensregeln eines «regimen sanitatis». Abschließend wird aber auch zu bedenken gegeben, daß es mit zur Lebenskunst gehört, über die nötigen Lebensmittel zu verfügen, damit man als freier Mann sein Leben führe und nicht allzusehr verhaftet sei den weltlichen Geschäften.

Zu diesen «Regimina sanitatis», Anweisungen zu einer gesundheitsbewußten Alltagskultur, zählen weiterhin die Gesundheitsregeln für Reisende zu Wasser und zu Lande. Wir finden ein solches «Regimen iter agentium» ebenso bei den arabischen Arztphilosophen Rhazes und Avicenna wie in den Gesundheitsbüchern eines Gilbertus Anglicus, Adam Cremonensis oder Bernhard von Gordon. Behandelt wird alles, was einem auf den im Mittelalter oft so abenteuerlichen Reisewegen begegnen kann: Hitze und Kälte, Hunger und Durst, Läuse und Flöhe, das Wundreiten oder auch die Erschöpfung, ferner Nachschubfragen, Lagerplätze, Trinkwasser, Verletzungen.

John Gaddesden, ein Magister aus Oxford, schrieb 1492 «De regimine itinerantium», und Hartmann Schedel verfaßte ebenfalls im 15. Jahrhundert sein «Regimen pro iter agentibus in mare». Bei ausgedehnten Reisen auf dem Meere waren besondere Regeln angebracht. So erfahren wir, daß man bei drohender Seekrankheit aufgerichteten Hauptes sitzen solle, sich an einem Balken haltend und den Blick auf ein fernes Ziel gerichtet. Die Augen soll man nicht wandern lassen und den Kopf nur mit der Bewegung des Schiffes bewegen.

Wichtig sei die «Lüftung» des verdorbenen Wassers, was durch Abkochung oder Filtrierung durch Sand geschah, gelegentlich auch mit Hilfe eines Wachsfilters. Soweit John Gaddesden in seiner «Rosa anglica».

Die Prinzipien der mittelalterlichen Lebensordnung lassen sich auch – um noch ein besonders anspruchsvolles Beispiel zu nehmen – aus zahlreichen Schriften Hildegards herauslesen, am geschlossensten aus ihrer «Explanatio Regulae S. Benedicti». Hildegard bezeichnet sich einleitend als armselige Frau, die in der feinen Bildung ungeschult sei und sich nur als Instrument des Heiligen Geistes verstehe. Aus diesem Geist heraus habe auch Benedictus seine Lebensregeln gegeben. Er selber sei dabei wie ein geschlossener Brunnen gewesen, der nur in aller Diskretion die Lehre weiterquillen ließ. Den scharfen Nagel der Vorschrift habe dieser milde Gesetzgeber nicht zu hoch und nicht zu tief eingeschlagen, vielmehr habe er stets die Mitte des Lebens-Rades getroffen. Und so habe ein jeglicher – der Starke wie der Schwache – je nach Vermögen und völlig ausreichend davon trinken können.

Hildegard führt alsdann den Ablauf des Tages mit seinem Arbeiten und Ruhen vor, dem Essen und Fasten, dem Reden und Schweigen, dem Wachen und Schlafen. Über Wohnung und Kleidung hinaus gibt Hildegard genaue Anweisungen für das Essen und Trinken auch der jungen Mönche, die noch zart sind und wachsen sollen wie ein Baum. Bei ihnen müssen mit Mark und Blut auch die geistigen Kräfte reifen und zur «stabilitas» geführt werden, in die «constantia». «Trage Vorsorge für Deinen Garten», schreibt Hildegard von Bingen an Bischof Hermann von Konstanz, «den Gottes Gabe gepflanzt, und sei auf der Hut, daß seine Heilkräuter nicht verdorren. Schneide vielmehr das Faule von ihnen ab, wirf weg, was im Wachstum erstickt, und bringe so alles wieder zum Blühen... Verfinstere Deinen Garten nicht durch träges Schweigen, sondern tadle, was getadelt werden muß im wahren Lichte und mit der Gabe der Unterscheidung...» (Briefe, 59).

Hier wird der Grundbegriff einer «cultura» noch ganz ernst genommen, einer Kultur, die ganz und gar als Bildung des Leibes, als leibhaftige Lebensführung und als Stilisierung des Alltags gedacht ist. In diesem Zusammenhang kommen auch wieder beide Bereiche der Medizin zur Sprache: Gesundheitsschutz und Krankenversorgung. Daher auch das Motto, das dem «Garten» beides zuschreibt: «den Gesunden ein Ergötzen, Labsal den Kranken», Heilung und Linderung also, oder wenigstens Tröstung.

Nicht genug hervorgehoben werden kann, daß es damals schon ganz genaue Gesundheitsregeln gab für das Greisenalter wie für das Kindesalter, für alle Situationen des Alltags, für die Reisenden zu Wasser wie zu Lande, für die Kranken wie die Pilger und für alle kritischen Situationen. Das Geheimnis eines solchen «Regimen sanitatis» aber war, daß alle diese Punkte niemals isoliert behandelt wurden, daß sie vielmehr nur als Ensemble zur Wirkung kamen, als volles Orchester einer ganzheitlichen Daseinsgestaltung.

Es sind bei diesem Gesundheitsschutz durchgehend die zeitlichen Abläufe eines befristeten Lebens, die einer stetigen Stilisierung bedürfen: der Tagesablauf mit Wachen und Schlafen, Arbeiten und Feiern, den Mahlzeiten und dem Affekthaushalt; ferner die Kultivierung der Monate unter den «Zeichen des Himmels»; schließlich der Lebensrhythmus insgesamt mit Geburt und Aufzucht, mit Reifen und Krisen, dem Altern und Sterben. In allem aber haben wir – wie es heißt – «täglich für unsere Gesundheit zu sorgen und zu schauen, wie weit wir es bringen möchten».

Der Mensch bringt es mit seiner Gesundheit am weitesten, wenn er um die Mitte weiß und das Maß hält. So lesen wir in der «Küchenmeisterei», einem Wiegendruck aus dem Jahre 1494: «Denn wer das rechte Maß trifft und also ordentlich lebt, der ist sich selbst hold und bleibt bei Gesundheit und bei langem Leben.»

Wege zu Heilung und Heil

Als Wegweisung zum Heil wird immer wieder in den Texten des hohen Mittelalters das Gleichnis vom barmherzigen Samariter herangezogen und zu interpretieren versucht. Eine besonders originelle Deutung findet sich bei Hildegard von Bingen, die das Gleichnis einem Armenpfleger im Spital vor Augen führte, der an seiner Aufgabe irre geworden war. Da heißt es:

«Es ging ein Mann von Jerusalem nach Jericho.» Nun fügt Hildegard in Klammern ihre Deutungen an: («Damit meint der Sohn Gottes den ersten Menschen. Als dieser verstanden hatte, daß er sündigen könne, traf er in freier Wahl seine Entscheidung. Der Verstand ist hier gleichsam der Mann, und die Wahl ist gleichsam die Frau; beide sind aufs innigste miteinander verbunden. Nach seiner Tat aber stieg Adam herab, dem Monde gleich, der abnimmt».) Dann fährt Hildegard fort: «Und er fiel unter die Räuber. (Das bedeutet den Eigenwillen des ersten Menschen, der ihn betrog, wie auch ein Räuber die Menschen hinterlistig berückt, bis er sie fängt.) Diese zogen ihn aus (beraubten ihn all seiner Herrlichkeit, die er im Paradies hatte).

So gelangte der Mensch in die Entfremdung, bis der göttliche Samariter ihn wieder aufhob. Dieser goß Öl und Wein in seine Wunden (das Öl seiner Menschwerdung, das dem Wein, der Bußgesinnung des Sünders, entgegenkam). Dann hob er ihn auf sein Lasttier, führte ihn in die Herberge und sorgte für ihn. (Sein Leib ist hier das Lasttier, mit dem Er den Menschen auf seinen Schultern trug. So durch die Menschwerdung verbunden, konnte der Mensch in aller Kreatur seinen Gott erkennen. Und Gott gab dem Menschen die ganze Welt zur Wohnung, wie eine Herberge gleichsam, und Er führte ihn selber in diese Herberge, als Er ihn durch sein Leiden frei machte von der Schuld und in Mitleid und Buße Sorge für ihn trug.)

Des anderen Tags zog er zwei Denare hervor und gab sie dem Wirt. (So legt auch Gott seinen Jüngern auf, so zu handeln wie Er getan, um das zu bewirken, was Er gewirkt.)»

Der unter die Räuber gefallene Mensch wird schon von dem griechischen Kirchenvater Origenes mit Adam verglichen. Die Herberge, die den Gefallenen aufnimmt und versorgt, ist für viele Kirchenväter die Mutter Kirche, die den Armseligen Zuflucht gewährt. In den Kirchenfenstern zu Chartres wird das Gleichnis in die Schöpfungsgeschichte und in die Erlösung einbezogen. Der kranke Mensch, der in Not geraten ist, der an die Grenzen seiner Existenz geführt wurde, bedarf einer Zuwendung und Tröstung, die ihm von der ärztlichen Kunst allein niemals zuteil werden kann.

In dieser kritischen Situation antwortet dem bedürftigen Menschen bei Hildegard von Bingen die Weisheit, die spricht aus Salomons Mund: «Wie ich alles ordnete, da ich das Rund der Himmel durchlief, so sprach ich auch aus Salomon: aus der Liebe des Schöpfers nämlich zu seinem Geschöpfe wie auch des Geschöpfes zu seinem

Abb. 22: Vom dreifachen Amt der Musik
(Lateinische Handschrift des 13. Jahrhunderts; Biblioteca Laurentiana, Florenz)

Der «Musica» wird nach spätantiker und frühmittelalterlicher Überlieferung eine dreifache Funktion zugesprochen: als «musica mundana» (oben) ordnet sie den Kreislauf der großen Welt, die Harmonie der Sphären; als «musica humana» (Mitte) bestimmt sie die Proportionen und Funktionen des Mikrokosmos Mensch; als «musica instrumentalis» (unten) gliedert sie die Möglichkeiten des Musizierens. Für die Medizin als Kunst der «moderatio» wurde die «musica humana» das verbindliche Leitbild.

Schöpfer. Hat doch der Schöpfer sein Geschöpf dadurch geschmückt, daß er ihm seine große Liebe schenkte.»

Gerade am leidenden Menschen und auf den so vielfältig verschlungenen Wegen der Heilung zeigt sich das wesentliche Merkmal christlicher Existenz: daß nämlich der ganze Mensch angenommen wird und gehalten ist. Was nicht angenommen wird, wird auch nicht geheilt! So lautet das bei Gregor von Nazianz. Und auch Thomas von Aquin zeigt sich davon überzeugt, daß die Gnade nicht die Natur aufhebt, sondern sie vollendet. Dieser Naturbegriff umgreift den Begriff der vollen Person und macht auch vor noch so grotesken Erscheinungen des Krankwerdens und Verfallens nicht halt.

Ohne diese Stellung des mittelalterlichen Menschen in der Welt, die immer auch Einstellung zu seiner Existenz bedeutet, würden die naturkundlichen Befindlichkeiten und heilkundlichen Möglichkeiten ohne ihr eigentliches Fundament bleiben. Denn des Menschen Existenz ist prinzipiell eine entfremdete, grundsätzlich abgewichen von seiner ursprünglichen Verfassung, dem Stande des Heiles, zu dem er doch berufen ist. So Hildegard von Bingen: «Was wäre auch in diesem Leben überhaupt an Lebendigem zu finden, das nicht in der Sorge existieren würde!» Bei all seiner Endlichkeit bleibt der Mensch gleichwohl auf das Ende hin gerichtet, wobei er im Endstand, mitsamt seiner Leiblichkeit, zur Heilsbestimmung kommt. Der Mensch im Heil wird jetzt schon, in einem ständigen Leben der Umkehr und Buße, verwandelt und als der verlorene Sohn schließlich heimgeführt zur Gemeinschaft mit der Welt der Engel und ihrem Lobgesang, dem «carmen angelicum».

Die Tugenden als Wegweisung zum Heil

Nicht denen ist Gott nahe, die auf den Bergen wohnen und möglichst nahe am Himmel, sondern denen, die bedrückten Herzens sind und der Hilfe bedürfen. Auf den Wegen vielfältiger Heimsuchungen ereignet sich die Heimführung. Als Wegweisung aber und als Geleit dienen die Tugenden – die Musterbilder eines richtigen, vernünftigen und damit auch gesunden Lebens.

In den Vordergrund treten dabei die Kardinaltugenden (von lat. cardo, Türangel), auch «vier angel tugent» genannt. In mittelhochdeutschen Texten heißen sie «die gezierten Tugenden», auch «menschliche Tugenden» oder «Tugend eines gereinigten Gemütes». Tugend weist hin auf Gott, den «Bildner aller Ding», und so ist auch die «Bildung aller Tugend» allein in Ihm verankert.

Im hohen und späten Mittelalter häufen sich die Tugend- und Lasterkataloge, die – oft in Tabellenform – «Hauptstücke des christlichen Lebens» darstellen und sowohl als Beichtspiegel als auch der Erbauung dienen. Die Auseinandersetzung der Tugenden, der «vier Angeltugenden» vor allem, mit den Lastern finden wir bereits in der spätantiken «Psychomachia» des Prudentius. Wir finden sie in Hildegards «Liber Vitae Meritorum» ebenso wie im «Rosenroman» des Guillaume de Lorris oder in spätmittelalterlichen Schachzabelbüchern und Sittensprüchen. Tugenden erscheinen an zentraler Stelle in den theologischen Systemen eines Bonaventura wie auch eines Thomas von Aquin. Sie sind ohne physiologische Voraussetzungen kaum zu denken, und sie tragen ausgesprochen therapeutische Intentionen in sich. Das wird besonders deutlich bei der Tugendlehre der heiligen Hildegard von Bingen.

Die Tugend spielt im Schrifttum Hildegards eine überragende Rolle. Immer wieder vergleicht sie den Grundbegriff – virtus – mit: Kraft (vis), Mann (vir) oder Leben (vita). Sie besingt diese Tugendkraft hymnisch als «admirabilis, clarissima, serenissima, splendidissima» oder auch «viridissima» – eine aufgrünende Lebenskraft im Säftesystem des Organismus. Diese «virtutes» bleiben nie stumm; sie beginnen vielmehr zu leuchten in lichtgrüner Strahlkraft; sie klingen auf wie eine Sinfonie und verströmen – erfüllt von «viriditas» – ihren alles belebenden Duft.

Mit dem Tugendbegriff wird aber nicht nur ein menschliches Vermögen, sondern auch Gottes Schöpferkraft gedeutet. Im Ursprung hat Gott die Fülle der Schöpfung wohl begründet. Mit allen Gaben der Schöpfung zielt Gott auf den Menschen, und Er rechnet mit ihm. Gottes Schöpferkraft und menschliches Streben begegnen sich in den Werken der Tugend.

Hildegard sieht die Tugend so eng auf den Menschen gerichtet, daß sie die vier Tugenden jeweils mit den vier Elementen vergleicht: «Wie die Elemente im Menschen ihre Funktion ausüben, so auch die Tugenden. Das Feuer des Heiligen Geistes entzündet alles Gute, besonders die Demut. Die Luft ist ein Hinweis auf Glaube, Hoffnung und Liebe. Das Wasser bedeutet die Reue, das Verlangen nach dem Himmlischen. Und selbst die Erde tut kund, daß der Mensch seinen Leib Gott zum Opfer bringen soll.» Weil der Mensch gleichsam das Herz der Natur ist, so geht vom Herzen des Menschen auch ein Weg aus zu den Elementen der Welt, «mit denen der Mensch das in die Tat umsetzt, was in ihm lebendig ist». Gehen wir diesen Kardinaltugenden im einzelnen nach.

Die Klugheit. Da erscheint zunächst die Klugheit (prudentia) als eine besondere Vorhersicht (providentia). In ihr ist alle Struktur des Kosmos geordnet und aller Lauf der Geschichte gebahnt. Auch der Mensch besitzt diese Gabe der Vorausschau und damit auch alle Umsicht und Vorsorge. Seiner natürlichen Konstitution nach ist er bereits einem Kulturauftrag verpflichtet. So zieht er sehr bewußt seine sittliche Spur durch den Acker der Zeit. Ein «Jenseits von Gut und Böse» wäre für den mittelalterlichen Menschen ein Niemandsland, ein Vakuum, das nicht einmal denkbar wäre.

Gott will im vernünftigen Menschen die ganze Welt zur Vernunft kommen lassen. Über diese Vernunft hat Er den Menschen eingebunden in die Welt der Engel. Der ganze Mensch ist erfüllt von einer mit nichts zu vergleichenden Spiritualität. «Auch das Herz hat seine Vernunft», und mehr noch: Auch in der Geschlechtskraft blüht allenthalben noch diese Geistigkeit.

In der Tugendlehre des Thomas von Aquin herrscht demgegenüber die «ratio» vor als die sittliche Fähigkeit der rationalen Einsicht in das Gute. In gleicher Weise verstehen die deutschen Tugendlehren des späteren Mittelalters unter «ratio» eher die Wohlgeordnetheit; außerdem bedeutet sie noch die vernünftige Regelung einer Sache, nicht zuletzt auch das «mündige» Wesen, das einer als Glied der Gemeinschaft zeigt.

Bei Hildegard ist in der «ratio» eher jene göttliche Kraft der Weisheit (sapientia) eingeborgen, die den Kreislauf des Alls umfaßt und begreift. Kraft seiner Vernunft besitzt auch der Mensch – das «volle Werk Gottes» – das Auge der Weisheit. Als die Fülle der Schöpfung führt er im Licht der Natur die Welt zu ihrer Reife.

Die Gerechtigkeit. Die Gerechtigkeit (justitia) läßt jedem das Seine und respektiert prinzipiell den anderen. Denn jedes Wesen auf dieser Welt hat Rücksicht zu nehmen auf alle anderen. Der Mensch lebt nun in erster Linie am Kreuzweg der irdischen Sorge. Nichts lebt ja ohne Sorge. Mit aller Welt teilt der Mensch diese Sorge, die sich in ihm zur Verantwortlichkeit steigert. Aus der Sorge-Struktur des Daseins aber ergeben sich die Möglichkeiten der Hilfe und des Heilens.

Die «justitia» heißt nicht nur «rein und alles durchstrahlend», sondern wird auch als liebenswürdig und lebenserhaltend bezeichnet. Die Gerechtigkeit wird als Frucht des Ausgleichs aller Kräfte, als Harmonisierung gepriesen. Jede Eigenkraft, jedes Element soll zu seinem angemessenen Recht kommen: Das allein wäre physiologisch gedacht und ärztlich gehandelt. Auch hier ist Hildegard wieder so erfrischend konkret, wenn sie etwa die Leber, die große Stoffwechselzentrale des Organismus, als «Kraftzentrum der Gerechtigkeit» bezeichnet. Alles gerechte Sein manifestiert sich somit als eine äußerst konkrete Wirklichkeit des Miteinander. Alles steht in einer universellen Antworthaltung, wie sie besonders der Frau ziemt: dem Wesen, das Antwort gibt.

Die Tapferkeit. Gerade als Frau repräsentiert Hildegard die dritte der Tugenden, die «fortitudo», die als «fortitudo germinans» sonst nur als Sinnbild für des Mannes Potenz gilt. Tapferkeit als «fortitudo» umgreift auch die Aggression gegen die üble Welt und den heiligen Zorn angesichts der Verkehrtheit – das mannhafte Aufstehen und Standhalten und Angreifen. Zwei Momente aus Hildegards Leben seien angedeutet: zum einen ihr leidenschaftlicher Kampf gegen das «tempus muliebre», gegen ihr weibisches Zeitalter. Als schwaches Weib, als «paupercula forma», tritt Hildegard in die Öffentlichkeit. Sie erhebt ihre Stimme auf den Marktplätzen in Köln und Trier, in Metz oder Bamberg. Sie eröffnet den Kampf gegen die Katharer. Nicht übersehen werden sollte zweitens ihr persönliches Bekenntnis zur «fortitudo», wenn sie sich in ergreifender Weise zu behaupten sucht gegen die Querelen einer fragilen Existenz: «Ich aber, ich werde der irdischen Gebrechlichkeit nicht weichen. Mannhaft will ich wider sie kämpfen; und wie ein Löwe sich verteidigt, so werde auch ich schon meinen Mann zu stehen wissen.»

Das Maßhalten. Damit kommen wir zur vierten und letzten der Kardinaltugenden, der «temperantia». Sie gilt als die «mater virtutum», als die Grundwurzel, die «radix prima» allen menschlichen Tuns und Lassens. Mit «temperantia», die sich in der «discretio» äußert, ist das Unterscheidungsvermögen und Maßhalten gemeint im Sinne der «moderatio». Mit ihr als «modus» wollte Isidor von Sevilla in seinem Traktat «De medicina» die Medizin geradezu definieren (medicina, id est a modo).

Einem Abt zu Elostat, der Hildegard um eine Unterweisung in der Lebensführung, um ein «regimen», gebeten hatte, empfiehlt Hildegard zunächst die unverdrossene Arbeit als ein wahres Gotteslob. Dann aber kommt sie auf das Maßhalten zu sprechen: «Nur wer den Acker seines Leibes mit Diskretion umpflügt, dem wird das plötzliche Hereinbrechen des Endes nicht schaden, weil die Musik des Heiligen Geistes und ein Leben in Freude ihn aufnehmen werden. Hüten aber soll sich der Mensch davor, daß er durch zuviel Arbeiten seinen Leib zugrunde richtet.» Die Seherin schließt diese Lebensregel mit einer allgemeinen Ermahnung: «Denke stets daran, daß es Dir nicht möglich ist, den Menschen zu schaffen. Deshalb bitte Gott auf diskrete Weise, daß Er Dir ein besseres Leben schenken möge. Gott möge Dich bilden zu einem Tempel des Lebens!»

In dieser Wiedergewinnung des Heilsweges, dem Geheimnis der Wiedergeburt zum Leben, ist es gerade die maßvolle Unterscheidungskraft, die alles zu regeln weiß: «discretio temperat omnia». Sie allein ist auch das Maß jener Liebe, die alles in allem ist. Denn diese Liebe übersteigert und überstürzt nichts, sie versteigt und vertieft sich nicht, sie zerstreut und zerfließt nicht, weil sie inmitten und mitteninne bleibt.

Tränen als Heilmittel

Als das wirksamste Heilmittel in Hildegards «Heilkunde» erscheint keineswegs der technische Eingriff, auch nicht das Arzneimittel; als vornehmstes Heilmittel erscheint – was den modernen Menschen besonders überraschen muß – die Tugend der Reue, die als «quasi medicina» bezeichnet wird. Es muß uns auffallen, wie sehr in diesem Schrifttum das Seufzen und Klagen, die Tränen und die Zerknirschung, das Schluchzen und Erschüttertsein eine Rolle spielen. Der Mensch als Ganzes gerät in Bewegung, wird aufgewühlt und lernt sich zu öffnen, kommt zur Einsicht und über die Einkehr auch zur Umkehr, zur Wende der Not.

Hildegard beschreibt die außerordentliche Bedeutung dieser affektiven Restitutionsfaktoren wiederum in einem schlichten, aber eindrucksvollen Bild: am Schicksal der Maria Magdalena. «Der Mensch, der – wie Maria Magdalena, die auf des Herrn Füße weinte – durch die Tränen aufrichtiger Reue seine Schuld abgewaschen hat, braucht fürderhin nicht mehr darüber zu erröten.» Die reumütige Gesinnung ist eine allgewaltige Kraft, die danach verlangt, immerzu zu wirken, so wie die Frau danach verlangt, mit dem Manne vereint immer am Werke zu sein. «Oftmals sendet dann die Seele mit den Seufzern der Freude und Fröhlichkeit in milder Weise die Tränen zu den Augen und läßt sie ausströmen wie einen süßen Quell», als ein «Heilmittel der Buße» und als den Weg, als die Kehre zur «integritas».

In Hildegards «Liber Vitae Meritorum» erscheint die uns allen innewohnende «Herzenshärte» als eine Gestalt, die sich nicht rührt und nicht regt, vielmehr mit großen schwarzen Augen nur ins Leere starrt. Und sie spricht: «Ich habe nichts produziert, nichts ins Dasein gesetzt: Warum sollt' ich mich kümmern um irgendwas? Da soll doch der liebe Gott für geradestehn und schön sorgen auch für sein All! Warum sollt' ich auf all die Stimmen der Freude oder der Trauer auch noch antworten? Ich weiß nur von meiner eigenen Existenz: Soll jeder selber doch sehen, wo er bleibt!»

Dieser kalten, versteinerten Selbstsucht antwortet sogleich die «Barmherzigkeit» mit einem Hinweis auf die Schönheiten dieser Welt: «Die Kräuter schenken einander den Duft ihrer Blüten; ein Stein strahlt seinen Glanz auf den andern, und alles, was lebt, hat einen Urtrieb nach liebender Umarmung. Alle Welt steht ja dem Menschen zur Verfügung und legt ihm in liebendem Dienst freudig ihre Güter ans Herz.» Daher darf die «Barmherzigkeit» bekennen: «Übervoll ist mein Herz, jedwedem Hilfe zu schenken. Ich nehme Rücksicht auf alle Not. Den Gebrechlichen helfe ich auf und führe sie zur Genesung. Salbe bin ich für jedes Weh, und meine Worte tun wohl.»

Barmherzigkeit ist ein Grundbegriff, der nach dem Herzen gebildet wurde, dem Organ des Betroffenseins, von dem aus heute eine neue, mehr kranken- als krankheitsorientierte Medizin eine «Phänomenologie der Betroffenheit» aufbauen könnte: vom bloßen Affiziertwerden über die Phasen eines pathischen Angerührtseins bis zur Erschütterung und Zerknirschung, um darin auch die «entsklerotisierende» Wirkung von Seufzen (suspirium) und Schmachten (gemitus) wieder zu lebendiger, heilsamer Erfahrung werden zu lassen.

Aus erschüttertem Inneren erst erhebt sich die grünende Frische der Reue (viriditas poenitentiae), quasi eine «medicina», und führt den Menschen aus seinem Elende wieder zum Leben zurück. Die Tränen erquicken den Menschen und machen ihn frei.

Vom Dienen in Barmherzigkeit

«Lerne die Wunden durch Barmherzigkeit heilen», schreibt Hildegard ihrem Neffen, dem Bischof Arnold von Trier, «wie ja auch der höchste Arzt uns ein heilsames Beispiel hinterließ.» Nur in der dienenden Haltung des barmherzigen Samaritan kann der Arzt dem Leben dienen. Hildegard empfiehlt dem Arzt das Mitleid: «Einen Menschen aber, der Wunden hat und sie mit Öl bestreicht, aber das Eingießen von Wein in die Wunde nicht aushält, einen solchen Menschen soll der Arzt eher mit Mitleid salben, damit sich der übelriechende Eiter nicht festsetzt. Denn der Aussatz wird letzten Endes getilgt durch den höchsten Arzt.»

Dem höchsten Arzt gleich verhält sich die Barmherzigkeit wie der Samariter im Gleichnis. Hildegard nennt die «misericordia» daher eine «magna medicina», ein liebliches Heilkraut, ein Heilmittel von großer Wirksamkeit. Denn sie, die Barmherzigkeit, wendet sich hin zu den Menschen, sie leidet mit den Elenden; sie verhält sich in allem wie der barmherzige Samariter.

Vorbildlich in Fragen der zu praktizierenden Barmherzigkeit wurde dem hohen Mittelalter die Liebestätigkeit der Königin Radegundis, die im Jahre 587 verstarb. Zweimal in der Woche wusch sie mit eigener Hand die Kranken und behandelte ihre geschwürigen Hautleiden. Selbst aussätzige Frauen umarmte und küßte sie und beschenkte sie mit Geld und Kleidern. Auch wußte sie um heilkräftige Kräuter. An einer Stelle wird Radegundis sogar als «medica» bezeichnet.

In seinen Gedichten schildert Venantius Fortunatus zu Poitiers gegen Ende des 6. Jahrhunderts das Idealbild jener Frau, die milde Gaben an die Bedürftigen austeilt, die die Kranken wartet und pflegt und sich persönlich um die Speisung und Kleidung der Armen kümmert. Immer wieder heißt es, daß alles, was sie jetzt verschwenderisch weggebe, ihr dereinst zur reichen Ernte im anderen Leben gereichen werde.

Ein letztes Mal am Ausgang des Mittelalters, aber noch ganz und gar getragen vom Geist des frühen Christentums, erscheint das Bild der Barmherzigkeit in den Werken des Theophrastus von Hohenheim, der sich später Paracelsus nannte: «Das Amt des Arztes ist, Barmherzigkeit zu erweisen den anderen.» Als ärztliches Ethos ist diese Barmherzigkeit in der Heilkunst fest verankert als die «virtus», die Tugend des Arztes. Der Mensch als ein Mängelwesen, «zum Umfallen geboren», bedarf eines Helfers, der ihm die Not wendet. Dem Bedürftigen hat Gott – über den Arzt und die Arznei – Seine Barmherzigkeit geschenkt: «Darum das Notwendigste ist, zu traktieren die Barmherzigkeit; denn sie ist das Werk der Lieb'.» An der Barmherzigkeit wird der Kranke allein die Güte Gottes spüren. Und während andere Menschen nur für sich selbst zu sorgen haben, sorgt der Arzt für sich und die anderen. Daher nochmals: «Des Arztes Amt ist nichts, denn Barmherzigkeit zu erteilen den anderen.»

Solche Dienste können nach Paracelsus nicht hin und wieder oder von Fall zu Fall erwiesen werden; sie bestehen in einem beständigen Akt des Dienens. «Und wie die Barmherzigkeit Gottes nicht feiert, sondern für und für arbeitet in der Lieb', also sollen wir emsiglich im Fußtritt nachfolgen, strenger denn der Rhein und der Nilus fließen. Und zu gleicher Weis, wie das Feuer im Holz arbeitet, also sollen wir im Dienst an den Kranken uns üben und nichts außen lassen, sondern alles zu wissen begehren.» So allein lernt der Arzt die Kunst. «Dieser Kunst Übung aber liegt im Herzen: Ist dein Herz falsch, so ist auch der Arzt bei dir falsch; ist es gerecht, so ist auch der Arzt gerecht.» Daher weiß der Christ, daß alles Helfen und Dienen allein aus der Barmherzigkeit kommt. «Darum weiß er, daß die Barmherzigkeit der Arzt selber ist: Ist sie groß, groß ist auch der Arzt; auch die Lieb', ist sie groß, so sind auch groß die Werke des Arztes.»

Der Mensch soll im Stückwerk seines hinfälligen Lebens zu seiner verborgenen Ganzheit finden, zur «integritas» in der heilen Ordnung eines Lebensganzen, die Paracelsus mit «Gesunde und Gänze» umschreibt. Der Arzt muß es verstehen, die Krankheiten über die planvolle Wiederherstellung der menschlichen Gestalt wiederum in Gesundheit – «das ist: eine fixe Gesundheit» – zu verwandeln. Eine wahrhafte Heilkunst kann sich dabei nicht mit dem wissenschaftlichen Stückwerk einer bloßen Heiltechnik begnügen. Heilkunde und Lebenskunst treten wieder in einen brüderlichen Verbund: Kultur wird das integrierende Element der Natur des Menschen und seiner Welt. Diese ganzheitliche Art von Philosophie war es, die Paracelsus in die Medizin einzuführen gedachte: «Darum ist die Philosophie nichts anderes, als allein das Ganze zu wissen, und eine Erkenntnis des Dinges, das den Glanz im Spiegel gibt.»

Eine solche Gemeinschaft «mit gleichen Herzen» kennt keine sozialen Schichten mehr. In den Armen und Kranken erkennt Paracelsus seine «Brüder im Reiche Gottes». Allen Ernstes empfiehlt er den Theologen, «sie sollten ihre weißen Hemden den armen Kranken geben und dafür die beschissenen tragen!» Auch sollten alle Pfarrhöfe und Kaplanhäuser tunlichst enteignet und möglichst den Kranken und Armen überlassen werden. «Den Reichen wartet man wohl, die Armen wartet niemand. Auch im Spital liegen die Gesunden im Bett, die Kranken, Bedürftigen, Bresthaftigen aber, die liegen im Stall. Soll das nit eine Erbarmung sein über uns Christen?» (VIII,323). Die Christen reden nur, aber sie tun nichts. «Und das Maul redet, das Herz tut's nit!» Das aber ist nicht nach der Parabel Christi gehandelt, in der uns der Samariter zu Jericho auf den rechten Weg brachte. «Daher ermahne ich euch an die Armen, die vor euren Türen liegen, fallen und schäumen, daß ihr da helfet, ratet und euch nützlich erweist!» Gott hat befohlen, die Kranken zu betreuen und ihr Anliegen zu verwalten.

«Darum sollet ihr einen ganzen Arzt finden, nit ein Stück, sondern beieinander alles, was beieinander sein soll» (VIII,326). Paracelsus entwirft einen alle Glieder verbindenden Horizont, der alle ärztlichen Dienste in ein geschlossenes System und eine in sich gestufte Partnerschaft einbindet. Einer solchen Gemeinschaft gegenüber soll auch der Kranke gehorsam sein und alles das tun, «was ihm geboten und auferlegt wird vom Arzt». Das kann er in seiner Gebrechlichkeit freilich nicht allein und aus seiner eigenen Person heraus. Dazu gehören die Dienste der Diener, «die ihm kochen, warten, die ihn heben und legen, daß dieselbigen des Kranken Herz, Gemüt, Begehren aufnehmen und bei sich haben, also daß alles ein Herz sei» (IV,498). Nur so wird das Gebot erfüllt, daß man seinen Nächsten lieben soll wie sich selbst. Nur so ist der Kranke der Nächste seines Wärters, der ihm dient.

Es gehört zum Wesen der Barmherzigkeit, daß sie dienen will. Der Arzt ist dabei nur das Medium, durch das die Natur uns ihre Heilmittel schenkt, nicht aus Gerechtigkeit heraus, sondern immer nur aus Liebe und Barmherzigkeit. «Nicht daß der Arzt die Barmherzigkeit sei, sondern das Mittel, durch welches Mittel die Natur in das Werk gebracht wird.» «Deshalb ist des Arztes Amt nichts als Barmherzigkeit zu erteilen den anderen» (VIII,264). Das Wichtigste an der Medizin ist daher das Herz: «Der Kunst Übung lieget im Herzen», sagt Paracelsus. Und aller Künste Ziel und Ende ist die verklärte Schöpfung im Reiche Gottes.

Epilog

Auf einer ihrer Missionsreisen den Main hinauf hatte die Äbtissin Hildegard von Bingen das Kloster Ebrach im Steigerwald, das zwischen Kitzingen und Bamberg liegt, aufgesucht. Dort hatte sie ein langes Gespräch mit Abt Adam, einem Freund des Bernhard von Clairvaux. Er und seine Brüder befanden sich damals in einer besonders kritischen Situation, die vermutlich eingehend diskutiert wurde. Wenig später schrieb Abt Adam an die «Herrin Hildegard, seine geliebte Mutter, die Meisterin der Schwestern von Sankt Rupert» und bat sie um Stärkung und Tröstung. Hildegard antwortete ihm mit einem wundersamen Bild und Gleichnis über die Liebe:

«In einer wahren Schau meines Geistes, mit wachem Körper, sah ich ein überaus schönes Mädchen. Es strahlte in solch hellem Leuchten seines Antlitzes, daß ich nicht vollkommen hineinzuschauen vermochte. Es trug einen Mantel, weißer als Schnee und leuchtender als die Sterne. Auch hatte es Schuhe an wie aus reinstem Golde. Auf seiner Brust war eine Tafel aus Elfenbein, auf der eine Menschengestalt von saphirblauer Farbe erschien. Und alle Welt nannte dieses Mädchen seine Herrin...

Und ich hörte eine Stimme, die zu mir sprach: Das Mädchen, das du da siehst, das ist die Liebe. In der Ewigkeit hat sie ihre Heimat. Da Gott nämlich die Welt erschaffen wollte, da neigte Er sich herab in der zärtlichsten Liebe. Alles, was nur zum Leben notwendig war, sah Er voraus, und dies ganz in der Weise, wie auch ein Vater seinem Sohne das Erbe zubereitet. Und so bildete Er im glühenden Eifer der Liebe alle Seine Werke. Wie in einem Augenblick ward die ganze Welt durch die Liebe gebildet. Daher nennt auch die ganze Welt dieses Mädchen seine Herrin. Denn aus der Liebe ist die Schöpfung hervorgegangen; aus Liebe hat Gott sich um des Menschen willen mit der menschlichen Natur bekleidet.

Als das Geschöpf aber im Anfang das All umkreiste, so daß es in seinem Drange auffliegen wollte und doch nur fiel, da hoben die Schwingen der Liebe es wieder empor. Und als der schreckliche Hochmut den Adam zu Boden warf, da achtete Gott genau darauf, daß er im Fallen nicht ganz und gar zugrunde gehe, weil Er ihn ja durch Seine Menschwerdung erlösen wollte.

Und so hat die Liebe den Menschen erschaffen; die Demut hat ihn erlöst. Die Hoffnung aber ist wie das Auge der Liebe, die Liebe zum Himmlischen ist ihr Halt. Der Glaube indes ist das Auge der Demut, der Gehorsam ihr Herz, die Verachtung des Bösen ihr Halt. Und so war die Liebe in Ewigkeit, und sie brachte im Anfang aller Heiligkeit jedwedes Geschöpf ans Licht.» Liebe erschuf die Welt, und sie wird uns wieder erlösen, die Liebe.

Von diesem liebenswerten Bild aus fällt noch einmal Licht auf die Kranken im Mittelalter und auf das, was ihre Besonderheit ausmacht: die vielfältigen Erscheinungsformen von Not und Leid, die persönlichen Begegnungen zwischen den Kranken und ihren Helfern, die Verknüpfung schließlich von Kranksein und Heilwerden mit dem Ursprung der Schöpfung und dem Schicksal der Welt.

Kranksein und Heilwerden sind eingebunden in einen geschlossenen Lebensentwurf, Heilkunst und Heilslehre kaum noch zu trennen. Der Kranke begegnet uns als ein leidender Mensch (homo patiens), der ohne die Hilfe eines mitleidenden Mitmenschen (homo compatiens) nicht gedacht werden kann. Kranksein ist im Mittelalter eine Lebensform, in der Kranke und Gesunde gemeinsam ihr ewiges Heil wirken in der uns zugemessenen irdischen Lebensfrist.

Anhang

Literatur

Zur Einführung in die Welt des Mittelalters

Borst, Arno: Lebensformen im Mittelalter. Frankfurt, Berlin 1973.

Bumke, Joachim: Höfische Kultur. Literatur und Gesellschaft im hohen Mittelalter. 2 Bde. München 1986.

Curschmann, Fritz: Hungersnöte im Mittelalter. Ein Beitrag zur deutschen Wirtschaftsgeschichte des 8. bis 13. Jahrhunderts. Leipzig 1900.

Curtius, Ernst Robert: Europäische Literatur und lateinisches Mittelalter. Bern 1948.

Duby, Georges: Die Zeit der Kathedralen. Kunst und Gesellschaft 980–1420. Frankfurt am Main 1984.

Elias, Norbert: Über den Prozeß der Zivilisation. Soziogenetische und psychogenetische Untersuchungen. 2 Bde. Bern 1969.

Ennen, Edith: Die europäische Stadt des Mittelalters. Göttingen 1972.

–: Frauen im Mittelalter. München 1984.

Evans, Joan: Das Leben im mittelalterlichen Frankreich. Köln 1960.

Finke, Heinrich: Die Frau im Mittelalter. Kempten 1913.

Flasch, Kurt: Einführung in die Philosophie des Mittelalters. Darmstadt 1987.

Fuhrmann, Horst: Einladung ins Mittelalter. München 1987.

Grabner, Elfriede (Hrsg.): Volksmedizin. Probleme und Forschungsgeschichte. Darmstadt 1967.

Grundmann, Herbert: Die Frauen und die Literatur im Mittelalter. Arch. Kulturgesch. 26 (1936) 129–161.

–: Religiöse Bewegungen im Mittelalter. Darmstadt 1961.

Günter, Heinrich: Der mittelalterliche Mensch. Historisches Jahrbuch, Bd. 44. München 1924.

Gurjewitsch, Aaron J.: Das Weltbild des mittelalterlichen Menschen (Moskau 1972). München 1980.

Haskins, Charles Homer: The Renaissance of the Twelfth Century. Cambridge 1927.

–: Studies in Medieval Culture. Oxford 1929.

Heer, Friedrich: Mittelalter. Kindlers Kulturgeschichte. Zürich 1961.

Heyne, Moriz: Das deutsche Nahrungswesen von den ältesten geschichtlichen Zeiten bis zum 16. Jahrhundert. Leipzig 1901.

–: Körperpflege und Kleidung bei den Deutschen von den ältesten geschichtlichen Zeiten bis zum 16. Jahrhundert. Leipzig 1903.

Huizinga, Johan: Herbst des Mittelalters. Studien über Lebens- und Geistesformen des 14. und 15. Jahrhunderts in Frankreich und in den Niederlanden. München 1928.

Jaeger, Wolfgang: Die Heilung des Blinden in der Kunst. 2. Aufl. Sigmaringen 1976.

Ketsch, Peter: Frauen im Mittelalter. Bd. 1: Frauenarbeit im Mittelalter. Quellen und Materialien. Hrsg. Annette Kuhn. Düsseldorf 1983.

Koch, Josef (Hrsg.): Artes Liberales. Von der antiken Bildung zur Wissenschaft des Mittelalters. Leiden, Köln 1959.

Kristeller, Paul Oscar: Studies in Renaissance Thought and Letters. Roma 1956.

Kühnel, Harry (Hrsg.): Alltag im Spätmittelalter. Graz, Wien, Köln 1984.

Langosch, Karl: Hymnen und Vagantenlieder. Lateinische Lyrik des Mittelalters mit deutschen Versen. Darmstadt 1954.

LeGoff, Jacques: Les intellectuels au Moyen Age. Paris 1957; dt.: Die Intellektuellen im Mittelalter. Stuttgart 1985.

–: La civilisation de l'occident médiéval. Paris 1964; dt.: Kultur des europäischen Mittelalters. München 1970.

MacKinney, Loren C.: Early Medieval Medicine with Special Reference to France and Chartres. Baltimore 1937.

Mollat, Michael: Die Armen im Mittelalter. München 1984.

Niederhellmann, Anette: Arzt und Heilkunde in den frühmittelalterlichen Leges. Berlin, New York 1983.

Ohler, Norbert: Reisen im Mittelalter. München, Zürich 1986.

Pirenne, Henri: Sozial- und Wirtschaftsgeschichte Europas im Mittelalter. 2. Aufl. München 1971.

Schipperges, Heinrich: Die Benediktiner in der Medizin des frühen Mittelalters. Leipzig 1964.

–: Die Assimilation der arabischen Medizin durch das lateinische Mittelalter. Wiesbaden 1964.

–: Arabische Medizin im lateinischen Mittelalter. Berlin, Heidelberg, New York 1978.

–: Der Garten der Gesundheit. Medizin im Mittelalter. 2. Aufl. Zürich und München 1987.

Schöner, Erich: Das Viererschema in der antiken Humoralpathologie. Wiesbaden 1964.

Seidler, Eduard: Die Heilkunde des ausgehenden Mittelalters in Paris. Wiesbaden 1967.

Sudhoff, Karl: Tradition und Naturbetrachtung in den Illustrationen medizinischer Handschriften und Frühdrucke vornehmlich des 15. Jahrhunderts. Studien zur Geschichte der Medizin, Heft 1. Leipzig 1907.

–: Eine Verteidigung der Heilkunde aus den Zeiten der «Mönchsmedizin». Archiv für Geschichte der Medizin 7 (1913) 223–237.

Talbot, C. H.: Medicine in Medieval England. London 1967.

Wunderli, Peter (Hrsg.): Der kranke Mensch in Mittelalter und Renaissance. Düsseldorf 1986.

Zum ersten Teil: Bewertung von Gesundheit und Krankheit

Ariès, Philippe: Studien zur Geschichte des Todes im Abendland. München, Wien 1978.

–: Geschichte des Todes. München, Wien 1980.

–: Bilder zur Geschichte des Todes. München 1984.

Ariès, Philippe et Georges Duby (Edd.): Histoire de la vie privée. 2 vols. Paris 1985.

Arnaldi de Villanova Parabolae medicinae. Hrsg. Paul Diepgen. Leipzig 1922.

Arnold, Klaus: Kind und Gesellschaft in Mittelalter und Renaissance. Beiträge und Texte zur Geschichte der Kindheit. Paderborn, München 1980.

Berthold von Regensburg: Deutsche Predigten. Bd. 1. Hrsg. F. Pfeiffer. Wien 1862. Bd. 2. Hrsg. J. Strobl. Wien 1880.

Der Physiologus. Übertragen und erläutert von Otto Seel. Zürich, Stuttgart 1960.

Elsässer, Günter: Ausfall des Coitus als Krankheitsursache in der Medizin des Mittelalters. Abh. Gesch. Med. NW., Heft 3. Berlin 1934.

Elster, Hanns Martin (Hrsg.): Des Königlich Fränkischen Kaplans Andreas 3 Bücher Ueber die Liebe. Dresden 1924.

Fumagalli, Mariateresa: Heloise und Abaelard. München, Zürich 1986.

Gesta Romanorum. Die Taten der Römer. Das älteste Märchen- und Legendenbuch des christlichen Mittelalters. Übersetzung von Johann Georg Theodor Gräße. Dresden 1842.

Gottfried, Robert S.: Doctors and Medicine in Medieval England 1340–1530. Princeton, New Jersey 1986.

Hildegard von Bingen: Wisse die Wege. Der heiligen Hildegard von Bingen Wisse die Wege. Scivias. Nach dem Urtext des Wiesbadener kleinen Hildegardis-Kodex ins Deutsche übertragen und bearbeitet von Maura Böckeler. 6. Auflage. Salzburg 1976.

–: Heilkunde. Das Buch von dem Grund und Wesen und der Heilung der Krankheiten. Nach den Quellen übersetzt und erläutert von Heinrich Schipperges. 4. Aufl. Salzburg 1981.

–: Naturkunde. Das Buch von dem inneren Wesen der verschiedenen Naturen in der Schöpfung. Nach den Quellen übersetzt und erläutert von Peter Riethe. Salzburg 1959.

–: Welt und Mensch. Das Buch «De operatione Dei». Aus dem Genter Kodex übersetzt und erläutert von Heinrich Schipperges. Salzburg 1965.

–: Lieder. Nach den Handschriften herausgegeben von Pudentiana Barth, M. Immaculata Ritscher und Joseph Schmidt-Görg. Salzburg 1969.

–: Briefwechsel. Nach den ältesten Handschriften übersetzt und nach den Quellen erläutert von Adelgundis Führkötter. Salzburg 1965.

–: Der Mensch in der Verantwortung. Das Buch der Lebensverdienste (Liber Vitae Meritorum). Nach den Quellen übersetzt und erläutert von Heinrich Schipperges. Salzburg 1972.

Irsigler, Franz und Arnold Lassotta: Bettler und Gaukler, Dirnen und Henker. Randgruppen und Außenseiter in Köln 1300–1600. Köln 1984.

Janowsky, Hans Norbert (Hrsg.): Geert Groote, Thomas von Kempen und die Devotio moderna. Olten, Freiburg i. Br. 1978.

Klein-Franke, Felix: Vorlesungen über die Medizin im Islam. Wiesbaden 1982.

Kyll, Nikolaus: Tod, Grab, Begräbnisplatz, Totenfeier. Zur Geschichte ihres Brauchtums im Trierer Lande und in Luxemburg. Bonn 1972.

Lauchert, Friedrich: Geschichte des Physiologus. Straßburg 1889.

Maier, Johann: Die Wertung des Alters in der jüdischen Überlieferung der Spätantike und des frühen Mittelalters. Saeculum 30 (1979) 355–364.

Maschke, Erich: Die Familie in der deutschen Stadt des späten Mittelalters. Heidelberg 1980.

Portmann, Marie-Louise: Die Darstellung der Frau in der Geschichtsschreibung des frühen Mittelalters. Basel 1958.

Rosenfeld, Hellmut: Der mittelalterliche Totentanz. Köln, Graz 1968.

Rudolf, Rainer: Ars moriendi. Von der Kunst des heilsamen Lebens und Sterbens. Köln, Graz 1957.

Schipperges, Heinrich: Hildegard von Bingen. Gotteserfahrung und Weg in die Welt. 2. Aufl. Olten, Freiburg i. Br. 1979.

–: Hildegard von Bingen. Ein Zeichen für unsere Zeit. Frankfurt 1981.

Seybold, Klaus und Ulrich B. Müller: Krankheit und Heilung. Stuttgart, Berlin, Köln, Mainz 1978.

Siebenthal, Wolf von: Krankheit als Folge der Sünde. Eine medizinhistorische Untersuchung. Hannover 1950.

Sprandel, Rolf: Gesellschaft und Literatur im Mittelalter. Paderborn, München, Wien, Zürich 1982.

Stüber, Karl: Commendatio animae. Sterben im Mittelalter. Bern, Frankfurt 1976.

Theophrast von Hohenheim, gen. Paracelsus: Medizinische, naturwissenschaftliche und philosophische Schriften. Hrsg. Karl Sudhoff. Bde. 1–14. München 1922–1933.

Zum zweiten Teil: Das Spektrum der Krankheiten

Ackerknecht, Erwin H.: Geschichte und Geographie der wichtigsten Krankheiten. Stuttgart 1963.

Bauch, Andreas: Ein bayerisches Mirakelbuch aus der Karolingerzeit. Die Monheimer Walpurgis-Wunder des Priesters Wolfhard. Regensburg 1979.

Bauer, Veit Harold: Das Antonius-Feuer in Kunst und Medizin. Berlin, Heidelberg, New York 1973.

Bosselmann-Cyran, Kristian: «Secreta mulierum» mit Glosse in der deutschen Bearbeitung von Johann Hartlieb. Pattensen 1985.

Brandt, Otto H. (Hrsg.): Die Limburger Chronik. Jena 1922.

Bulst, Neidhard: Der Schwarze Tod. Demographische, wirtschafts- und kulturgeschichtliche Aspekte der Pestkatastrophe von 1347–1352. Saeculum 30 (1979) 45–67.

Choron, Jacques: Der Tod im abendländischen Denken. Stuttgart 1963.

Diepgen, Paul: Frau und Frauenheilkunde in der Kultur des Mittelalters. Stuttgart 1963.
Dölger, Franz Joseph: Der Exorzismus im altchristlichen Taufritual. Paderborn 1909.
Engelhardt, Dietrich von: Darstellung und Deutung der Lepra in der neueren Literatur. In: Aussatz, Lepra. Hrsg. Jörn Henning Wolf. Würzburg 1986, S. 309–320.
Fehlmann, Hans Rudolf: Das Mirakelbuch Anno II. Erzbischof von Köln (ca. 1010–1075) als Quelle heilkundlicher Kasuistik. Diss. rer. nat. Marburg 1963.
Fichtenau, Heinrich: Askese und Laster in der Anschauung des Mittelalters. Wien 1948.
Franz, Adolph: Die kirchlichen Benediktionen im Mittelalter. Freiburg 1909.
Haage, Bernhard: Aberglaube und Zauberei in der mittelhochdeutschen Dichtung. Mannheimer Berichte aus Forschung und Lehre 30 (1986) 53–72.
Hecker, Justus Friedrich Carl: Der schwarze Tod im vierzehnten Jahrhundert. Nach den Quellen für Ärzte und gebildete Nichtärzte bearbeitet. Berlin 1832.
–: Die großen Volkskrankheiten des Mittelalters. Historisch-pathologische Untersuchungen. Hrsg. August Hirsch. Berlin 1865.
Hirst, Leonard Fabian: The Conquest of Plague. A Study of the Evolution of Epidemiology. Oxford 1953.
Huard, Pierre et Mirko D. Grmek: Mille ans de chirurgie en occident. 5ᵉ–15ᵉ siècle. Paris 1966.
Hurd-Mead, Kate Campbell: A History of Women in Medicine. From the earliest times to the beginning of the nineteenth century. Haddam, Conn. 1938.
Ilberg, Johannes: Die Überlieferung der Gynäkologie des Soranos von Ephesos. Leipzig 1910.
Jansen, Jürgen: Medizinische Kasuistik in den «Miracula Sancte Elyzabet». Medizinhistorische Analyse und Übersetzung der Wunderprotokolle am Grab der Elisabeth von Thüringen (1207–1231). Frankfurt, Bern, New York 1985.
Klövekorn, G. H.: Der Aussatz in Köln. München 1966.
Koss, Martha: Die Frauenheilkunde der Hildegard von Bingen (1098–1179). Med. Diss. Berlin 1942.
Lechner, Karl: Das große Sterben in Deutschland in den Jahren 1348 bis 1351 und die folgenden Pestepidemien bis zum Schlusse des 14. Jahrhunderts. Innsbruck 1884.
Die Legenda aurea des Jacobus de Voragine. Hrsg. Richard Benz. 10. Aufl. Heidelberg 1984.
McNeill, William H.: Seuchen machen Geschichte. Geißeln der Völker (1976). München 1978.
Mittler, Mauritius (Hrsg.): Bericht über die Translation des heiligen Erzbischofs Anno und Annonische Mirakelberichte (Siegburger Mirakelbuch). Siegburg 1966–68.
– (Hrsg.): Miracula Sancti Annonis. In: Siegburger Studien III. Siegburg 1966.
Radloff, Hartmut: Der Kariesbefund und die Abrasion der Zähne der fränkischen Bevölkerung aus dem Siedlungsraum Eltville, Rheingaukreis, zwischen 500 und 800 n. Chr. Medizinhist. J. 8 (1973) 201–235.
Rath, Gernot: Die Pest. Ciba-Zschr. 73 (1955) 2405–2436.

Reier, Herbert: Leben, Krankheiten und Heilungen im Mittelalter (800–1400). Kiel 1987.

Rennau, Therese: Die Gynäkologie des Arnold von Villanova. Med. Diss. Freiburg 1912.

Schneble, Hansjörg: Krankheit der ungezählten Namen. Ein Beitrag zur Sozial-, Kultur- und Medizingeschichte der Epilepsie anhand ihrer Benennungen vom Altertum bis zur Gegenwart. Bern, Stuttgart, Toronto 1987.

Schönfeld, Walther: Frauen in der abendländischen Heilkunde. Stuttgart 1947.

Schumacher, Joseph: Die seelischen Volkskrankheiten im deutschen Mittelalter und ihre Darstellungen in der bildenden Kunst. Berlin 1937.

Siggel, Alfred: Gynäkologie, Embryologie und Frauenhygiene aus dem «Paradies der Weisheit über die Medizin» des Abū Ḥasan ʿAlī b. Sahl Rabban aṭ-Ṭabarī. Qu. u. Stud. Gesch. NW u. Med. 8 (1941) 216–272.

Sticker, Georg: Abhandlungen aus der Seuchengeschichte und Seuchenlehre. Bd. 1: Die Pest. Gießen 1908–1910.

Trüb, Paul: Heilige und Krankheit. Stuttgart 1978.

Weisser, Ursula: Zeugung, Vererbung und pränatale Entwicklung in der Medizin des arabisch-islamischen Mittelalters. Erlangen 1983.

White, Lynn jr.: Die mittelalterliche Technik und der Wandel der Gesellschaft. München 1968.

William, Daniel (Ed.): The Black Death. The Impact of the Fourteenth-Century Plague. New York 1982.

Wittich, Johann: Vade mecum, Teil II: Frauen-Leiden. Leipzig 1607.

Wolfhardus: Miracula S. Waldburgis Monheimensia. In: Mon. Germ. SS XV, p. 538–555.

Zimmermann, Gerd: Ordensleben und Lebensstandard. Die Cura corporis in den Ordensvorschriften des abendländischen Hochmittelalters. München 1973.

Zimmermann, Volker: Rezeption und Rolle der Heilkunde in landessprachigen handschriftlichen Kompendien des Spätmittelalters. Stuttgart 1986.

Zum dritten Teil: Einrichtungen des öffentlichen Gesundheitswesens

Becker, E.: Geschichte der Medizin in Hildesheim. Zschr. klin. Med. 38 (1899) 308–349.

Berges, Wilhelm: Die Fürstenspiegel des hohen und späten Mittelalters. Leipzig 1938.

Brunner, Conrad: Über Medizin und Krankenpflege in schweizerischen Landen. Zürich 1922.

Craemer, Ulrich: Das Hospital als Bautyp des Mittelalters. Köln 1963.

Duft, Johannes (Hrsg.): Studien zum St. Galler Klosterplan. St. Gallen 1962.

Engelhardt, Dietrich von, Thomas Henkelmann und Annette Krämer: Florenz und die Toskana. Eine Reise in die Vergangenheit von Medizin, Kunst und Wissenschaft. Basel, Boston 1987.

Ferckel, Christian: Die Gynäkologie des Thomas von Brabant. Ein Beitrag zur Kenntnis der mittelalterlichen Gynäkologie und ihrer Quellen. München 1912.

Haage, Bernhard D.: Chirurgie nach Abū l-Qāsim im ‹Parzifal› Wolframs von Eschenbach. Clio Medica 19 (1984) 193–205.

–: Naturkundliche Thematik deutscher Dichtung im Paradigmawechsel um 1250. Leuvense Bijdragen 75 (1986) 495–516.

Hein, Wolfgang-Hagen und Kurt Sappert: Die Medizinalordnung Friedrich II. Eine pharmaziehistorische Studie. Eutin 1957.

Jetter, Dieter: Zur Typologie des Pesthauses. Sudhoffs Arch. Gesch. Med. 47 (1963) 291–300.

–: Geschichte des Hospitals. Bde. 1–5. Wiesbaden 1966–1982.

–: Die ersten Einrichtungen für Arme und Kranke in Westeuropa. Sudhoffs Arch. 55 (1971) 225–246.

–: Klosterspitäler; St. Gallen, Cluny, Escorial. Sudhoffs Arch. 62 (1978) 313–338.

–: Das europäische Hospital. Von der Antike bis 1800. Köln 1986.

Probst, Christian: Das Hospitalwesen im hohen und späten Mittelalter. Sudhoffs Arch. 50 (1966) 246–258.

Reicke, Siegfried: Das deutsche Spital und sein Recht im Mittelalter. 2 Bde. Stuttgart 1932.

Schreiber, Georg: Byzantinisches und abendländisches Spital. Regensburg, Münster 1948.

Seidler, Eduard: Geschichte der Pflege des kranken Menschen. 4. Aufl. Stuttgart 1977.

Sudhoff, Karl: Beiträge zur Geschichte der Chirurgie des Mittelalters. Leipzig 1914–1918.

Thomas von Aquin: Über die Herrschaft der Fürsten. Übers. Friedrich Schreyvogel. Stuttgart 1981.

Uhlhorn, Gerhard: Die christliche Liebestätigkeit. 3 Bde. Stuttgart 1882–1890.

Von der gesunden Lebensweise. Nach dem alten Hausbuch der Familie Cerruti (Tacuinum sanitatis in medicina). München 1985.

Wagner, Gertrud: Das Gewerbe der Bader und Barbiere im deutschen Mittelalter. Phil. Diss. Freiburg 1917.

Zotter, Hans: Antike Medizin. Die medizinische Sammelhandschrift Cod. Vindobonensis 93 in lateinischer und deutscher Sprache. Graz 1980.

Zum vierten Teil: Sinn von Kranksein und Leiden

Berg, Klaus: Der Tugenden Buch. Untersuchungen zu mittelhochdeutschen Prosatexten nach Werken des Thomas von Aquin. München 1964.

Berthold von Regensburg: Predigten. Hrsg. Franz Pfeiffer und Kurt Ruh. Berlin 1965.

Guillaume de Lorris: Der Rosenroman. Hrsg. Gustav Ineichen. Berlin 1956.

Hirth, Wolfgang: Studien zu den Gesundheitslehren des sogenannten «Secretum secretorum». Phil. Diss. Heidelberg 1969.

Ihm, Eduard: Gesundheitsregeln aus den Causae et Curae der Äbtissin Hildegard von Bingen. Med. Diss. München 1949.

Jacobus de Voragine: Legenda aurea. Hrsg. Richard Benz. Heidelberg 1984.

Müller, Johann Valentin: Gesundheits-Almanach oder medicinisches Taschenbuch auf das Jahr 1797. Aerzten und allen Liebhabern der Gesundheit gewidmet. Frankfurt 1797.

Petrus Alfonsi: Die Kunst vernünftig zu leben (Disciplina clericalis). Hrsg. Eberhard Hermes. Zürich, Stuttgart 1970.

Schipperges, Heinrich: Kosmische Grunderfahrungen mittelalterlicher Heilkunde. In: Religiöse Grunderfahrungen. Quellen und Gestalten. Hrsg. W. Strolz. Freiburg, Basel, Wien 1977, S. 112–141.

–: Heilkunde und Lebenskunst im Weltbild Hildegards von Bingen. Blätter der Carl-Zuckmayer-Gesellschaft 5 (1979) 79–94.

–: Menschenkunde und Heilkunst bei Hildegard von Bingen. In: A. Ph. Brück (Hrsg.): Hildegard von Bingen 1179–1979. Mainz 1979, S. 295–310.

–: Diätetische Lebensführung nach der «Regula Benedicti» bei Hildegard von Bingen. Arzt und Christ 26 (1980) 87–97.

–: Die Kardinaltugenden im Weltbild der Hildegard von Bingen. Grenzgebiete der Wissenschaft 29 (1980) 19–34.

–: Mensch und Kosmos in der Medizin des hohen Mittelalters. In: Mensch und Kosmos. Hrsg. Maja Svilar. Bern 1980, S. 212–230.

–: Sorge um den Kranken und Dienste am Kranken. Ein Beitrag der Benediktiner zur Medizin des Abendlandes. Arzt und Christ 26 (1980) 125–134.

Schmidt, Margot: «Discretio» bei Hildegard von Bingen als Bildungselement. In: Spiritualität heute und gestern, Bd. 2. Salzburg 1983, S. 73–94.

Schmitt, Wolfram: Theorie der Gesundheit und «Regimen sanitatis» im Mittelalter. Med. Habil.-Schr. Heidelberg 1973.

Schmitz, Hermann Josef: Die Bußbücher und die Bußdisziplin der Kirche. Mainz 1883.

Schulze, Paul: Die Entwicklung der Hauptlaster- und Haupttugendlehre von Gregor dem Großen bis Petrus Lombardus. Greifswald 1914.

Tacuinum sanitatis. Das Buch der Gesundheit. Hrsg. L. Cogliati Arano. Einführung von H. Schipperges und W. Schmitt. München 1976.

Literatur-Nachtrag

Baader, Gerhard und Gundolf Keil (Hrsg.): Medizin im mittelalterlichen Abendland. Darmstadt 1982.

Bertini, Ferruccio (Hrsg.): Heloise und ihre Schwestern. Acht Frauenporträts aus dem Mittelalter. München 1991.

Brunhölzl, Franz (ed.): Histoire de la littérature latine du moyen âge. Vol. I/II. Turnhout 1990/91.

Fumagalli, Mariateresa: Heloise und Abaelard. München, Zürich 1986.

Goetz, Hans-Werner: Leben im Mittelalter vom 7. bis zum 13. Jahrhundert. München 1986.

Haage, Bernhard Dietrich: Liebe als Krankheit in der medizinischen Fachliteratur der Antike und des Mittelalters. Würzburger medizinhistorische Mitteilungen 5 (1987) 173–208.

Hecht, Konrad: Der St. Galler Klosterplan. Sigmaringen 1983.

Herrmann, Bernd (Hrsg.): Mensch und Umwelt im Mittelalter. 4. Aufl. Stuttgart 1989.

Keil, Gundolf: «Chirurg, Chirurgie». Lexikon des Mittelalters. Bd. III, Spalte 1485–1859. München, Zürich 1983.

Keil, Gundolf: Die medizinische Literatur des Mittelalters. Artes mechanicae in middeleews Europa. Hrsg. Ria Jansen-Sieben. Brüssel 1989, S. 73–111.

Keil, Gundolf (Hrsg.): Das Lorscher Arzneibuch. Klostermedizin in der Karolingerzeit. Lorsch 1989.

Keil, Gundolf und Paul Schnitzer (Hrsg.): Das Lorscher Arzneibuch und die frühmittelalterliche Medizin. Lorsch 1991.

Kristeller, Paul Oskar: Studi sulla scuola medica salernitana. Napoli 1986.

Kleineidam, Erich: Wissen, Wissenschaft, Theologie bei Bernhard von Clairvaux. Leipzig 1955.

Kühnel, Harry (Hrsg.): Frau und spätmittelalterlicher Alltag. Wien 1986.

Kümmel, Werner Friedrich: Musik und Medizin. Ihre Wechselbeziehungen in Theorie und Praxis von 800 bis 1800. Freiburg, München 1977.

Ohler, Norbert: Sterben und Tod im Mittelalter. München, Zürich 1990.

Siraisi, Nancy G.: Medieval and Early Renaissance Medicine. Chicago, London 1990.

Stoll, Ulrich: Das ‹Lorscher Arzneibuch›. Ein medizinisches Kompendium des 8. Jahrhunderts (Codex Bambergensis Medicinalis 1). Sudhoffs Archiv, Beiheft 28. Stuttgart 1992.

Weijers, Olga: Dictionnaires et repertoires en moyen âge. Turnhout 1991.

Wolf, Jörn Henning (Hrsg.): Aussatz, Lepra, Hansen-Krankheit. Ein Menschheitsproblem im Wandel. Würzburg 1986.

Personenregister

Sachregister

Nicht aufgeführt wurden durchgehende Schlüsselbegriffe wie: Arzt, Kranker, Krankheit, Leib, Seele, Therapie.

Anzeigen